ちくま学芸文庫

消費社会の誕生

近世イギリスの新規プロジェクト

ジョオン・サースク
三好洋子 訳

筑摩書房

エリザベス一世素描　アイザック・オリヴァ作　ウィンザー城王室図書館所蔵

図はエリザベス一世（在位一五五八～一六〇三）である。まず、女王の首を飾る豪華なひだ襟に注目されたい。深いひだをとった幅の広いこのひだ襟――おそらくカンブリック製――は上等の広幅のレースでふちどりされているが、その先端まできちんと糊づけされている。グィラム・ブーンの妻が糊づけしたものであろう（本文一四一頁参照）。コルスレット（本文八六頁）でウェストをきつく締めつけ、コルセットの張り骨（本文三四頁）を大きく張り出すことは、当時の婦人服の流行であった。この図は、女王の威厳を示すかのように、コルセットの張り骨をとくに大きく張り出し、その上を宝石をちりばめたたっぷりとした布で蔽っている。これを描いたアイザック・オリヴァ（一五六二?～一六一七）はフランスで生れたが、宗教的迫害を逃れて幼い頃イギリスに移住し、当代一流の細密画家として大成した。

日本語版への序文

現在、世界における先進諸国の生活の著しい特徴の一つは消費商品のあふれるほどの豊かさである。その結果、発展途上国を訪問した者は、消費商品の欠如を経済貧困のもっとも明白な外観上の標識として指摘する場合も少なくない。したがって、この消費用品への執着がいつから始まったかを調べてみたい好奇心に、歴史家が駆りたてられるとしても、それはきわめて当然のことであろう。

本書において、わたくしは、消費用品の起源を、イギリスについて一六世紀までさかのぼって尋ねてみたい。一六世紀には、生活必需品以外のつまらぬ贅沢品が、極貧の人びとを除くすべての人びとにとって購入できる価格となったのである。これまで、大規模な消費用品の国内市場の成立は一九世紀の産業革命との関連で考えられていた。また、たしかに、機械生産が、入手できる安物商品の範囲を著しく拡大したことも真実である。しかし、実際には、消費社会は二世紀ほど前に誕生していた。この時、経済的および社会的諸要因が諸国民間の製造業的・商業的・個人的接触をより積極的に促進し、ごく簡単な技術上の改良が商品の大量生産を容易にした。なかでも特に重要なことは、全く雇用されていない、さらには不完全にしか雇用されていない労働力を動員して、手作業で消費用品の製造を行ったことである。同時に、ルネサンスと宗教改革とが新生活体制と新流行とを先導する新思想を浸透させた。その結果、新しい需要の安定した水路——これには創意に富む人びとだけが新しい方法で対応することができた——が創り出された。新大陸の発見、印刷術の発明などは地平線の拡大に役立ったばかりでなく、職人の手に新しい原料をもたらしたのである。

この発展を促進した諸状況のめぐり合わせを提示し、イギリスにおける消費革命の究極的意味を明らかにするために、わたくしは歴史が演じた番狂わせのいくつかについても、ここで述べよう。というのは、輸入削減のため、消費用品の製造を、初期のころ、試験的に奨励した政治家は、当初、全く予想もしなかった起業(プロジェクト)の時代へと人間を駆りたてる活動力を放出したからである。ついに、一六、一七世紀の新規起業は一八世紀の産業革命の基盤を用意したばかりでなく、諸国民の富についての経済学的思考を変化させた。諸国民の富を国内に蓄積された金・銀の量で測定するという考え方は、労働人口の数でこれを測定するという新しい方法へと道を譲った。しかし、この話の始めの部分を知っていた者は、誰も、それがどのような結末になるかを推測することはできなかった。

わたくしは、現在をより長期的展望のなかで考察するために、過去を蘇生させようとするこの人間経験探究の書を日本語版の読者が喜んで下さることと思う。また、日本の読者は本書の記述の中に、イギリスの経験と日本のそれとの類似点をいくつか認められることであろう。この類似点こそ、過去三〇年余にわたって、わたくしたちイギリス・日本両国の経済史家を結び、多くの友情を培ってきた共通テーマの一つである。本書の日本語訳の出版も、このような友情の一端に由るものである。聖心女子大学教授三好洋子氏は拙著の翻訳を提案され、これを完成された。訳業に費やされた彼女の時間と労苦とにたいして、十分に感謝する言葉を知らない。この訳書の出版を機に、本書のイギリスおよび日本の読者が相互の友情をますます深めることは、わたくしたちにとって、この上ない喜びである。このことを願って筆を擱く。

一九八四年四月

オックスフォド大学セント・ヒルダス・カレッヂ

ジョオン・サースク

はしがき

簡潔が知の真髄であるならば、フォード講義（レクチュア）の主旨もまたそれである。わたくしは原文をきりつめ、広範な主題をわずかなスペースに圧縮したため、公刊にさいして、これを原型にもどしたい誘惑にかられた。しかしわたくしは、さきの講義の主題をより広範な経済的背景の中で考察するための終章を加え、これをほぼ原形のままここに公刊する。

一九七五年冬学期のオックスフォード大学のフォード講義に、わたくしをお招きくださった詮衡委員各位に、深く感謝する。当時わたくしは手許にテーマを準備していなかったが、一六世紀後半から一七世紀に設立された新しい産業と新しい型の雇用に興味をもっていた。それまでに、わたくしは靴下編み工業とタバコ栽培業とについて多少の研究を進めており、そのほかの職業についても目録作りを始めていた。さらにその頃、わたくしは『一七世紀経済史資料』*という書物の索引を作り終えたところであった。この退屈な作業は思いがけないことに、わたくしの心の眼を開いてくれたのである。真鍮の料理鍋、上質の亜麻織物、金・銀糸、帽子、ナイフ、レース、ポルタヴィス織、リボン、ひだ襟、石けん、テープなどの消費用品がそこであまりにも繰返し語られていることにわたくしは驚いた。索引作りという作業は、このような瑣細な品目にあっさりと眼を走らせることを許さなかった。わたくしは一つ一つの品物に注意し、一七世紀経済に占めるこれらの商品のもつ意味を考えずにはいられなかった。そのなかには、一五四七年ころ、この国から金塊を強奪する安ぴかの舶来品として徹底的に批難された消費用品が入っていることを知った。しかもこれらの品物は、一七世紀には、日用品となっていたばかりでなく、さらに注目すべきことには、イギリス国内でつくられていたのである。わたくしはこれらの商品の由来をたずねることに決めた。結局、本書に記されているように、政策が慎重審議のすえ、消費用品の国内製造を奨励したことがわかった。この政策は成功し、多くの予期しなかった成果をもたらした。新職業は大量の雇用を提供したばかりでなく、商品の多様化と消費の拡大とによって国内市場に新しい局面を拓いたのである。ついに、これらの新職業は古い経済学を浸蝕し、これを変形させるという結果を導いた。一八世紀中葉、アダム・スミスが「消費はあらゆる生産の唯一の目的である」と述べ、分業の最適の例としてピン製造業を取上げたとき、スミスは一七世紀の経験のエッセンスを抽出して理論へと昇華したのである。

＊Joan Thirsk and J. P. Cooper (eds.), *Seventeenth Century Economic Documents* (Oxford, 1972).

本書は、経済政策、製造業と農業とにおける新職業の誕生、経済学の新理論の発生の由来などをたずねつつ、明らかに研究を深化すべき価値があると認められる一七世紀の多くの職業について、簡単に考察するものである。わたくしは大青栽培、糊製造、ピン製造について詳しく語りたいと思うが、ほかの方々がわたくしの熱意に共感され、これまでほとんど看過されてきたこのほか多くの消費用品の製造業に興味をもたれるように希望する。

主題の展開につれ、わたくしとともにこの問題に関心を寄せてくださった多くの方々に感謝する。なかでもわたくしの大学院生 Paul Brassley, Peter Edwards, Peter Large, Mary Prior, Adrienne Rosen, Malcolm Thick, Barbara Todd, Roger Vaughan の諸氏は実例の素材を注意深く集めてくれた。ここにいちいち御名前を記せぬほど多くの同僚たちは、時には知らぬ間に、正しいものの観方を教えてくれた。しかし、Professor Maurice Beresford, Dr. Maxine Berg, Dr. John Chartres, Mr. J. P. Cooper, the late Mr. J. W. Gough, Mr. Negley Harte, Mrs. Carolina Lane, Professor Peter Mathias, Dr. Roger Richardson, Dr. Paul Slack, and Mrs. Marion Stowell の諸氏にたいしては是非にも御名前をここに記して感謝の意を表したい。最後になったが、Dr. Christopher Hill にたいしてはとくに深い感謝の意を捧げたい。かれの励ましによってわたくしはこの主題を最後まで追求することができたのである。

一九七七年三月　オックスフォード　ジョオン・サースク

目次

略語表

AHEW	*The Agrarian History of England and Wales, IV: 1500–1640*, ed. Joan Thirsk (Cambridge, 1967)
APC	Acts of the Privy Council
BL	British Library
CSPD	*Calendar of State Papers Domestic*
DNB	*Dictionary of National Biography*
EcHR	*Economic History Review*
Eng. Hist. Rev.	*English Historical Review*
HMC	Historical Manuscripts Commission
LQR	*Law Quarterly Review*
Oxf. Rec. Soc.	Oxfordshire Record Society
PRO	Public Record Office
RO	Record Office
TED	R.H. Tawney and E. Power, *Tudor Economic Documents* (London, 1924)
Thirsk and Cooper	Joan Thirsk and J.P. Cooper (eds.), *Seventeenth-Century Economic Documents* (Oxford, 1972)
VCH	Victoria County History

凡　例

一、本書は Joan Thirsk, *Economic Policy and Projects: The Development of a Consumer Society in Early Modern England*, Oxford, 1978 の本文の全訳である。

一、原書の脚註は巻末にまとめた。ただし、未刊行史料からの引用・参照等の出典提示、および文献・資史料等の指示に関する謝辞などを記した原書の註は、行文上必要なものを除き、そのほとんどを省略した。また、著者の了解を得て、日本人には余りにもなじみのないごく一部の商品名を割愛した。

一、本文中〔　〕内および段落の間の註は訳者によるものである。

一、三頁の図版は原書にはないが、読者の便宜を考えて附したものである。

一、文庫化に際し本書のキーワードである project, projector の訳語を、今日のイギリス史研究の研究成果にもとづき、前者を適宜「起業」「新規事業」等に、後者を「起業家」に変更した。

消費社会の誕生

近世イギリスの新規プロジェクト

I　序章

一つの時代の著作にしばしばあらわれる言葉、しかもその時代の雰囲気と傾向を想起せしめる言葉の根元をたずねることは楽しい作業であり、また教えられるところが多い。一五三〇年代、四〇年代の説教、パンフレットには「貪欲」と「コモンウィール」*の二語が繰り返しあらわれる。この二語は正反対の意味をもち、この時代の渇きと温もりをはっきりと照し出す。金持ちの貪欲がのさばり、社会的良心をもつ思慮深い人びとに焦燥感を与えた。「コモンウィール」は古い社会に代る新しい社会を模索する人びとの願望を端的に示す言葉であった。かれらは一時、コモンウェルス派という名称でよばれるほどがっちりと結合したグループを組織した(1)。摂政サマセット公の時代、かれらは政府にたいして大きな勢力をもち、公の失脚とともにその勢力を失った。しかし、コモンウェルスメンの理念は施政者層のなかに支持者を得て、一六世紀後半の経済政策と社会立法に大きな影響を与えた(2)。その後六〇年間、「コモンウィール」という言葉は社会経済思想・政策を説明するものであった。

＊コモンウィールは民富と訳すこともできるが、それよりはるかに広く、かつ深い意味をもち、本書における重要なキイ概念の一つであるため、原語のまま使用する。

しかし、一六世紀末に近づくと、コモンウィールというこの抽象的理念への関心はもっと具体的な関心に変り、一七世紀になると、新しい時代を特徴づける要（かなめ）の言葉は「起業（プロジェクト）」と「起業家（プロジェクター）」という二語となった。未来に夢を託す人びとは、それが金儲けの夢であれ、貧困者雇用の夢であれ、あるいは地の果て探険の夢であれ、いずれも「起業」した。起業という具体的な名詞は重要である。起業とは具体的なものを開発するための実際の計画であり、勤勉と考案の才なくしてこれを実行に移すことはできなかった。それはコモンウィールというような実現不可能な夢ではなかった。しかもそれは雇用を創造し、社会諸階層の間により多くの現金をまき散らし、実質的にはコモンウィールを大幅に増進させた。一七世紀の起業が経済の内部に浸透するにつれ、経済構造は変化した。新規事業は地理的にも社会的にも富の再配分を達成した。つまり、地理的には新製造業と新農作物がこれまで陽のあたらなかった辺境地域に新しい雇用と新しい商業観とを導入し、社会的には現金が新しい水路を通って社会の底辺に生きる労働諸階層をこれまでより広範囲にうるおしたのである。

新規事業が僅かながらも外国貿易のパターンを変化させたのはかなりあとのことである。

一七世紀末までに、多くの新規事業は安定した産業となり、外国貿易会計帳に記録されているような商品をつくり出すまでになった。一六世紀には、毛織物が輸出品の首位を占めていたが、一七世紀になると、植民地商品の再輸出のみならず、本来、国内市場向けに生産されたさまざまな国産品が毛織物と肩をならべて輸出されるようになった。たとえば、毛の編み靴下、編み帽子、フェルト帽、鉄製鍋、フライパン、ナイフ、刀剣の刃、短剣、釘、ピン、ガラスびん、手袋、陶製つぼ、銅器などで、農場や市場向け菜園の特産物であるサフランやホップももちろん輸出された。これらの商品は、一六世紀後半から一七世紀にかけて新規事業として立派に成長し、なかには非常に小さな事業もあったが、ついには輸出貿易を行うまでになった諸種の業種について語ってくれるのである。一六六〇～一七〇〇年の間、これらの雑貨の輸出伸長の速度は「再輸出の伸びに劣らなかった」[3]とラルフ・デイヴィス教授は書いている。

しかし、海外貿易の数字は経済に占める新規事業の重要性の正しい尺度とはなりえない。これを基準とするならば、新規事業の発展を過小評価することになろう。外国貿易は国内の農工業総生産のごく一部にすぎない。一六八八年、グレゴリィ・キング〔一六四八～一七一二。系譜学者、彫版師など活躍した分野は広いが、統計家として著名〕は、総生産額四八〇〇万ポンドのうち輸出は三四〇〇万ポンド、つまり総生産額の七パーセントにすぎないという概算を示した。[4]本書で考察する新規事業の大部分は国内消費用に生産された非常にさまざまな商品、つまり総計四四六〇万ポンド、総生産額の九三パーセントを占める商品に関する事業のうち、とくに目につくものである。

ところで、上述の諸事業は国内消費用品を製造し、あるいは畑で生産する計画であった。それらは主として国内市場に供給するものであったから、むつかしい手続きをとることなく、国内のあちこちに分布し、統計的史料を残していない。このような商品を行商人は背中にしょったり、駄馬の荷鞍につんで地方を売り歩いた。また、このような商品は梱包されて河川を上下する伝馬船で輸送されることもあり、さらに袋や箱につめこまれて、大小の荷馬車をかかえる定期輸送業者に委託されることもあった。かれらは田舎町の商人宿をバス停のように利用したのである。田舎町には通行税や仲介手数料の徴収台帳がほとんど残っていないので、このような商売の規模はさっぱりわからない。さまざまな規模の行商人たちは月夜の闇商人よりももっとひっそりと商品を売りさばいていたのである。

したがって、新規事業は拡大しつつあるイギリス国内の商業網に非常に多くの種類の商品を供給していたのであるが、それらがこの国の経済にどの程度の重要性を占めていたかを測定する商業上の数字はない。それを計るには、諸事業が創出した労働量によるほか方法がない。新規事業は大体はじめのうちは専業ではなく、副業で雇用を提供した。とくに農村地域では、新規事業は人びとが保有地や共有地の権利から得る収入を補う現金をもたらしたのである。しかし、ほんの僅かなこの臨時の現金収入はかなりの収入となった。たとえば、大青栽培は妻と子供二人を雇用したため、夫だけの農業収入週三シル四ペンスの農家の収入は五シルないし六シルに増加し、当時の人が述べているように、「かれらの生活は非常にらくになった」[5]。村にできた新しい事業は乞食同然の貧農たちのみすぼらしい集団を自尊心ゆたかな共同体につくりかえたのである。

つぎに、二つの事業を取上げ、その労働力需要をやや詳細に検討し、新しい雇用の規模を知ることにしよう。一つは大青栽培である。大青栽培への関心は一五八〇年代初頭から増大し、その栽培はイギリス南半部の地域に驚くほどの速度で普及した。一エーカの大青栽培には四人の婦女子の労働を四カ月間必要としたと推定される[6]。オックスフォドシャ北部のあるジェントリは――特別に大規模な栽培業者だったと思われるが――一五八六年に一〇〇エーカの大青を栽培した。したがって、かれは四〇〇人の婦女子に仕事を与えた。しかも、かれの住んでいた教区の一五二三年の納税者は八人にすぎず、一六六五年の戸数は二八しかない[7]。一五八六年にこの教区の住民総数が一〇〇を超えていたはずはない。この大青栽培業者は自分の村だけではなく、近隣の農村からも労働力を雇用したにちがいないのである。

ハンプシャ、サセックス、サリの諸州では一五八〇年代のころ、二〇、三〇、四〇、時には六〇、七〇エーカの大青栽培業者は珍しくなかった。同時に、同じ村の中には一～二エーカという零細な土地しかもたない農民がいた。そこではたった一つの教区におそらく一〇〇〜三〇〇人分の仕事、つまり、いくつもの教区が与えたであろうより、はるかに多くの仕事があったのである。一五エーカの作付で、おそらく平均的一村落の手隙きの労働力のほとんどを雇用するに十分だったと考えられる。[8]

目を転じて、より広範な地域の大青栽培を検討しよう。一五八六年には南部一二州全体で四九一〇エーカに大青が播種された。かりにこれを五〇〇〇エーカと概算すると、二万人が一日四ペンスの賃銀で四カ月間雇用されたことになる。これは人口八〇〇の中規模の市場町二五、あるいは人口二〇〇の村落一〇〇の全人口に匹敵する。[9]

この計算が空論にきこえ、現実とはちがうというならば、大青栽培に関する詳細な会計帳二巻を開いてみよう。一巻は一五九一年および九二年のノッティンガムシャのワラトンの大青栽培業のものである。大青はワラトンの耕地四〇エーカに栽培された。通常のやり方により、その葉は毎年夏、二回ないし三回摘まれた。一五九一年の第二回の摘葉にさいし、八月の二日間の賃銀勘定書（賃銀は一日四ペンスと推定される）には延べ七七五人、一日当り三八七人分の賃銀支払いが記録されている。第三回の摘葉のさいの勘定書には八三二人分の賃銀が記載され、また翌一五九二年六月の第一回摘葉には一〇〇〇人の雇用が記されている。同じ会計帳によれば一五九二年の摘葉にはワラトンだけではなく、ノッティンガムとその近隣五村、つまりレントン、ビーストン、チルウェル、ラッドフォド、ベイスフォドから人を集めたというが、それは当然のことだったであろう。一日に三〇〇〜四

○○人が雇用されるということはミッドランドの平均的村落の全人口の三〜四倍に相当する。大青栽培に関する第二の会計帳はウォーリックシャのミルコートにあったライオネル・クランフィールドの事業所のもので、ここでかれは一六二六年に四一エーカの大青を栽培した。働いた者の氏名が日毎に記録されている。除草は五月一五日に始まり、一五八人が雇用された。五月一九日にはその数が二三一人に増えた。五月後半の一日の平均雇用者数は二二四人である。六月になると除草と摘葉が併行して行われ、平均二四九人が毎日畑で働いた。八月の一日平均稼動数は一四五人、九月のそれは一三六人であった。労働者は九カ村から集まったが、大部分は隣接するウェルフォドとストラットフォド＝アポン＝エ〔ネ〕イヴォンの両村からで、これに「旅の者」、つまり移動労働者が加わった。その一部は大青栽培の繁忙期に雇われた人びとであったが、そのほかに路傍の臨時の仕事を拾い歩く浮浪者たちがいた。

一六世紀の後半に登場したもう一つの新職業は靴下編み工業である。一七世紀のはじめまでに編み靴下は標準的服装品となった。このため、もし一人平均年間二足（これはたしかに内輪な見積りだが）を消費すると概算すれば、全人口が着用するためにはおよそ一〇〇〇万足の靴下が必要であった。商人は、一人の靴下編み工が一週間に二足を編み上げると勘定した——靴下編みはたいてい副業として行われていたから、これは適正な見積りといえよう。この勘定でいくと、国内市場は約一〇万人を年間五〇週間雇用することになったのである。各戸当り、靴下編みに従事した者一名とすれば、一六九五年、グレゴリィ・キングが推定した労働者および貧困者層の一三パーセントが靴下編みにより副収入を得たことになる。[10]

靴下編み工業や大青栽培は一五六〇年から一六三〇年の間に登場した多くの新職業の一部にすぎない。これらの職業に「新」をつけたのは安易な省略的表現を使ったまでで、これらの職業がどういう意味で「新」なのかをもっと厳密に規定する必要がある。このうちのあるものはたしかにイギリスで全く初めての職業であったが、たいていの職業はそれほど多くなかったというだけで、エリザベス朝以前にも存在していた。以前これらの職業に従事していた労働者は局地的な需要をみたしただけで、その商品は品質がよくないなどの理由で遠くで売られることはなかった。しかし、エリザベス朝になると、これら従来の職業の多くは再生の機会をえて、これまでよりはるかに大量の商品をつくるようになった。その成功の要因はいくつもあるが、とくに重要なことは製造技術ないし耕作方法の改良であった。このことについてはあとで詳しく述べよう。ここでは経済的に重要であると評価される事業に二種類、つまり一つは完全に新しい事業、もう一つは技術改良によって新しい成功を収めた事業の二種類があることをはっきりと提示できれば十分である。

製造業における「新」事業は靴下編み工業、ボタン、ピン、釘、塩、糊、石けん、ナイフや刃物、タバコ・パイプ、鍋や窯などの製造業、明礬（みょうばん）採掘業、リボンやレース織工業、亜麻織物業、エール酢とかビール酢などの酢醸造業、蒸溜酒の醸造業などであった。農業の分野では、油をとるためのあぶら菜の栽培、大麻・亜麻の栽培（油をとるためというより、麻糸、亜麻織物、帆布製造のため）、染料用の大青、茜草、もくせい草（黄色の染料をとる）の栽培、タバコ、生花、野菜、ぶどう、養蚕用桑の栽培などであった。これらの事業のすべてが成功したのではなかった。たとえば桑とぶどうは起業家の思うようにはいかなかった。しかし、どの事業にも同様の熱意と激しい労働が投入された。なぜなら、すべての起業は同じように成功するだろうと期待されたからであった。

新規事業は一定の農村地域および一定の都市で雇用を創設したために経済的にきわめて重要な意味をもったと考えられる。しかし、その重要性はそこで終らなかった。これらすべての事業は一体となって国民経済の心臓部の奥深くまで浸透する経済的活力をかきたて、その心臓の鼓動を強め、また、その脈搏を早めた。一六、一七世紀のきわめて安定した経済活動――毛織物工業、石炭鉱業、鉄、亜鉛鉱業、穀作、酪農、畜産業――にばかり心奪われていたのでは、この時期に経済活動がこれほど活気づいた理由を解く鍵を見出すことはできない。しかし、ここでいくら注意を集中しても、月世界との中間にすえた望遠鏡でイングランドをみる思いである。いちばん大ざっぱな境界しか目に入らない。国民経済の主要な構成要素ははっきりと見えるが、無数の局地的経済構造内部の微妙な変化はさっぱりわからない。しかも、新事業がひっそりと姿をあらわしたのはどこにでもある平凡な共同体においてであった。新事業が一六世紀に登場するまで、村人口の少なくとも三分の二を占める農民や労働者は穀物、食肉、バター、チーズ、織物、燃料などの生活必需品だけを、しかも、たいてい自分たちの必要量だけを生産していた。普通の村(パリッシュ)では、ジェントリやヨーマンだけがある程度の余剰分をいつも生産し、農民、それにおそらく小屋住農や労働者は余剰分を生産することはなかった。要するに、多くの村落社会に住む大部分の人びとは、生活必需品以外の商品の生産を始めるようになるまで、多くの現金を手元に蓄積することはなかった。かれらがこのような商品の生産を始めるや、おもちゃ、ボタン、ピン、レースなど政治家がいみじくも無駄なものとレッテルを貼った品々が商品となったのである。しかし事実は、これらの無駄な商品が思いがけない現金収入の源となり、心もとない生活をわずかながらもゆとりあるものへと変えたのである。

もっと一般的にいうと、新事業の創り出した副業は貴族、ジェントリ、裕福なヨーマン・のみならず、農民、労働者、奉公人をも包括する消費社会の発展を予告したのである。消費社会の発展はかれらに現金と現金で購入できるものを与えた。それはたとえば台所の棚にのせる真鍮のつぼとか色どりの美しい縞の靴下、編み帽子などであった。これらの驚くほど種々雑多な新職業が、一六、一七世紀のこの国のあまりにも多くの町に成立したため、国内商業の活性化を促し、より多くの消費用品の生産を奨励した。これにより国内商業網は密度を増し、貨幣流通の速度はぐっと早くなった。起業はひっそりと始まり、やがて製造業および農業にこれまでになかった多くの新職業をつくり出したのである。

ついに、経済学者たちもことの真実を理解するようになり、一七世紀後半には、著述の中で国民の繁栄を促進する方法を論じ、そこで新しい見解を示すようになった。かれらは外国貿易やその収支決算に饒舌をふるうことを止めた。その代りに、国内向け生産、つまり、労働者を集約的に雇用する手工業的製造業や栽培業におけるそれが将来性の大きいことを主張した。仲介商人にたいする態度も大きく変化した。一六世紀に風靡したある諺では、仲介商人は暴利を貪る者として嫌われ、軽蔑され、樹皮と木質部との間に巣喰う毛虫と批難され、また、別の諺では同職組合や商業組合が繁栄を願うならば、登録を規制し、制限しなければならないことが強調された。ところが、一七世紀末の著作者たちは労働集約的職業を擁護し、「多くの人びとの手を介する」商業を奨励した。

このようにして、諸事業の成功は労働にたいする、また労働集約的企業にたいする態度を変化せしめた。一七世紀の経済学者の筆さきから、新製造業の例がつぎつぎと書き記された。かれらは、新製造業が労働者を雇用し、国富の増進に大きく貢献することを筆をつくして述べたてたのである。一八世紀になると、新製造業は珍しい存在ではなくなった。アダム・スミス〔一七二三〜九〇〕は『国富論』〔一七七六〕の中で、かれの主題の例証として、いたるところでこれらの製造業に言及している。その第一はあの有名なピン製造業の例であり、スミスはこれを分業の経済的効用の説明に使用した。しかし、スミスの産業組織に関するその他の提言および国内経済政策の分析を十分に理解するためには、まず一六、一七世紀に成功した事業、つまりスミスの時代には家内工業としてすでに安定し、一定の機能を果していた事業が語る教訓の助けを借りなければならない。

それにしても、起業はいつ始まったのであろうか。一七世紀の人びとは起業熱について語り、折にふれ、起業熱についてとかくの意見を述べている。とはいえ、その起源をたずねるほどの広い視野をもつ者やこれを記憶している者はいなかった。一六九二〜九三年に『起業に関する試論』を書いたダニエル・デフォー〔一六六一?〜一七三一〕は、「先ごろの内乱時代にたしかにある程度の起業が存在した」ことを認めながらも、「起業の時代」の開始を一六八〇年と考えた。デフォーは、余りにも多くのことについて自信たっぷりに概括しているが、同じように、余りにも多くのものをかれの時代に始まったものと考えた。かれは一六六一年に生れた。「起業の時代」とかれがよぶこの時代は、かれが一九歳になって新しい感覚で周囲の生活をみるようになった時点から始まった。かれの説明は身近な、しかも明白なことに終止した。つまり、対仏戦争により被った損害こそがもろもろの商人たちに損害資産回復のための起業と考案とを追求させたと。必要は発明の母であり、「国民の一般的起業気質」をひき出した。商人およびその保険業者たちは、とデフォーはつけ加えたが（というのは金銭上の利害がデフォーの考えた起業家の世界ではまず何よりも優先した）、かれらは「財産が目に見えて減少していく」のを感じ、知恵をしぼって、「新しい計画、新しい発明、新しい商業、株式、起業など、かれらの資産の絶望的信用を回復するための何かを」[11]がむしゃらに追求した。

デフォーは起業熱のごく一部を垣間見て、これから一般論をひき出した。かれの経歴上、この点に関する経験は十分ではなかったので、かれの見解は狭いものであった。かれはロンドンの靴下仲買人として出発した。かれはモンマス一揆にまきこまれ、それが失敗すると、巧妙にもスペインに逃げ、そこでさまざまな雑貨を売っていた。意地の悪い同時代人はかれが「ジャコウ猫」*を売っていたという。一六九二年、かれはイギリスに帰り、破産し投獄された。その後、かれは借金取りから逃げるためにブリストルにいき、ここでかれは『起業に関する試論』を著わした。要するに、デフォーのそれまでの経歴はかれに外国貿易の複雑なからくりの一部を教え、このため、かれは外国貿易とそのかけひきの世界が「すべての起業、計画、発明」[12]の最良の訓練所であると信じたのである。一六八〇年以降の黄金時代について述べているように、デフォーは金融的商業的起業にしか関心がなかった。ある意味でかれは千里眼的識力をもった抜け目のない男だった。金融的商業的起業はその後上げ潮にのってやたらとその数を増し、一七二〇年の南海泡沫事件まで衰えることはなかった。

＊七世紀ころムーア人が愛玩用に持って来たのが逃げて自生したという。スペインだけにしかいない。

しかし「商品の製造や土地改良の技術と手工芸において」〔年季奉公契約書中の句〕、上記の事業とは別種の事業があった。本書が取扱うのはこのような事業である。デフォーはこの種の事業については、ごく簡単にしか述べていない。かれがとくに賞讃したのは靴下編み機で、かれがいうように、これは「どの靴下編み工の家の屋根裏」にもあった。むかし靴下仲買人をしていたかれはこの例をすぐに思い出したが、この編み機の開始期については不注意な誤りを犯した。それは「われわれの時代に発明された」とかれは述べた。[13] 実際には一五八八年に発明され、デフォーの著作より約一世紀早く、つまり一五九八年には絹靴下編み用に改良されていたのである。わたくしたちは早速にデフォーの「起業の時代」の年代考を捨て、デフォーが生れるよりずっと以前にその開始期を探さなければならない。

初期のころの起業家にサー・リチャード・ウェストン*がいた。かれは一五九一年に生れ、一六五二年に死んだので、一七世紀前半を生きた人であった。かれの事業の一部は農業に関するもので、他は国内商業を促進するための河川改良に関するものであった。かれは一六四五年、息子たちにたいする助言と訓戒の書を著わし、「考案の才がイングランドではじめて花開いた」のは五〇年前のことであると主張した。[14] このことばにより、わたくしたちは一五九五年までさかのぼることができる。だいたい同じような考えをサー・ロージャ・ウィルブリアムも述べている。かれはジェームズ一世治世の初期に非常に多くの事業が詳細に調査されていたことを正しく指摘した人であった。かれはこれをジェームズ一世の即位によるものと考えた。「長いあいだ統治していた王が死亡すると、雇用不足に苦しめられ、心であるいは頭で不満をいだいていた人びとは、ただちに新しい事業、訴訟、発明、請願をどっと新王のもとにもちこむことはごくあたりまえのことで、……そのことはこの時にも起った(15)」。

＊サー・リチャード・ウェストン（一五九一〜一六五二）。かれはおそらくフランドルで教育をうけたか、あるいは少なくとも若い時かなり長期にフランドルに滞在した。帰国後、オランダの閘門式の河川航行法をイギリスに導入し、また農業著作家として諸種の農業改良法（とくにクローヴァ・亜麻・かぶらの栽培を利用した輪作法が有名）を説いた。

ジェームズ一世時代には、たしかに多くの事業が成立した。しかし、それは特別に目新しいことだったのであろうか。おそらく、エリザベス朝時代ほどには目新しいことではなかった。しかし腐敗ははるかにすすんだ。エリザベス朝時代、起業は特許および独占の混乱にまきこまれた。ジェームズ王時代になると、この悪弊が昂じ、これにたいする議会の攻撃は頂点に達した。これは市民革命後まで生き残った人びとの心に払拭しがたい記憶を残した。チャールズ二世は王政復古後になって、特許論争が父王処刑の原因だったときかされた。[16] こうしてジェームズ一世に、考案の時代を開始したという栄誉が与えられた。しかし、事実は、ジェームズ一世こそ腐敗・堕落の最大の責任者だったのである。

しかしながら、新規起業の腐敗は底部を勢いよく流れる清流の表面に浮かぶ泡沫(うたかた)にすぎなかった。そして、わたくしたちが考えなければならないのはこの清流である。それは表面に浮かぶ泥・泡(あぶく)・残骸にかくれてやがてほとんど見えなくなる時が来るだろう――ほとんど見えないとはいえ、しかし全く見えなくなることはない。さいわい、史料は議会関係のものだけではない。一六世紀のイギリスについてほとんど知らない者でも、起業の開始を本気で一六〇三年と考えることはないであろう。発明と実験の清流は五〇年前から勢いよく流れていた。それゆえにこそ、エリザベス朝の冷厳な廷臣や高級官僚までが黄金の夢に酔い、新技術協会の設立に協力し、鉄・鉛などの鉱石を銅や水銀にかえるという現実(うつつ)とは思えぬ事業を育成しようとしたのである。[17] その協力者の中にはバーリィ卿〔ウィリアム・セシル〕、レスタァ卿〔ロバート・ダッドリィ〕、サー・トマス・スミス〔一五一三～一五七七〕も入っていた。起業は想像力をすっかりとりこにし、一五七〇年代には賢明な人びとの頭を狂わせた。

だが、エリザベス朝時代にはもっと健全でしかも永続的な事業が成立した。その一部は以前から歴史家によって注目され、いくつかの個別研究が行われている。鋳鉄業、ガラス製造業、銅鉱業、真鍮器具製造業など政府奨励事業についてはすぐれた記述がある。釘製造業、金・銀糸製造業などの個人事業についても歴史家は注目している。ごく最近、J・W・ガウはその著書『事業家の興隆』において、これまでよりもはるかに多くの事業を対象として非常に面白い記述を行った。しかし、かれとて当時の事業全部を取扱ってはいない。どうしたら当時の事業全部のリストをつくり、その開始期を知ることができるであろうか。ジェームズ一世の治世は独占の悪弊の汚名を冠せられるとしても、同時に、この治世はまじめなそして正直な起業の健全な成功にこれまでよりいっそう意識的な、そして注意深い関心が示された時代として賞讃される。エドマンド＝ハウズについては、ジョン・ストウの『イギリス年代記』に一七世紀の部分を書きついだ地味な著作家であるということの他はいっさい不明であるが、ありがたいことに、かれは成功した事業の信頼できるリストをはじめて作ってくれたのである。[18] ハウズは細心の注意をもって、当時成果を収めつつあった新技術を探しうるかぎり数多く拾ってリストを作った。かれは自らその全部を確認することができなかったと告白している。たしかに、かれはロンドンについては非常によく知っており、ロンドンを根拠とする、あるいはロンドン商人や廷臣が引き立てた職業に重点をおいている。それでもこのリストは立派なものである。

紡錘による紡績技術はヘンリ七世治世に導入され、デヴォンシャ＝カージィ織*やコギッシャル織をはじめてつくることになった。スペインのフェルト帽製造はヘンリ八世時代にイギリスに渡来した。銃製造や鉄の大砲建造（ストウの原著には、この最後の項目のみが新技術として記されている）も伝えられた。ついでハウズのリストには新毛織物の一部、綾織地、タフタ、紗、ヴェルヴェット、サテン、さまざまな種類の絹織物などが挙げられている。一五六四年には大型馬車が使用されるようになり、ついで、馬車製造業が成立した。ほぼ同じ頃、糊の新しい製造方法と糊づけ技術が導入された。さらに、ウーステッド織、ジャージィ織、絹靴下の手編み技術が入ってきた。これと前後して、ピン、スペイン型の針、スペイン式の携帯用オーヴン、陶製つぼ、切れ味のいいナイフとその把っ手、明礬・緑礬の採掘法、数えきれないほど多くの婦人用流行品、たとえばひだ襟、仮面、コルセットの張り骨、マフ、扇子、かつら、装飾用ヘアピン、刺しゅう手袋などの製法が輸入された。一六世紀に導入された新しい農作物や食料品についても、かれはホップ、アプリコット、ピピン＝アプル〔生食用の質のよいりんご〕、鯉・七面鳥の養殖、最後に、甘草・タバコの栽培を記している。

＊カージィ織は粗い布地の毛織物で、毛足の長い羊毛からつくられ、仕事着などに使われた。たいていうね織になっている。

エドマンド＝ハウズが列挙した考案品のすべてがかれの時代に始まったものではなかった。(19)かれは一六世紀初頭のものも知っていたが、だいたいはエリザベス朝初期以降のものである。後に述べるように、ここにすべてが網羅されているわけではないが、すぐれた仕事である。このリストにより、まず大体のあらましを知ることができる。一六世紀初頭については、成就した事業のリストというより、むしろ是非にも成就させたい事業のリストであるといえよう。ここには起業計画者名も記されており、わたくしたちはどうやら起業の開始期に近づいてきたようである。つまり、その多くはエリザベス女王治世に企画されているが、メアリ女王治世に企画されたものはなく、三、四の事業はエドワード六世治世に始まり、一、二の事業はヘンリ八世治世に企画されている。おそらくこのあたりが起業の始まりのようである。

起業計画についてのきわめて示唆に富む草稿が一五四九年という古い時期に書かれている。『イングランド王国のコモンウィールについての一試論』*がそれである。対話形式で書かれたこの論文は財政危機時代のイギリスの経済状況を論じたものであり、インフレーションの原因に関するここでの議論は、最近四〇年間、歴史家の関心のまととなっている。なぜなら、インフレーションこそ、「このイングランド王国の落日に寄せられたさまざまな苦情」の根源であったからである。[20]しかし同時に、この著作の中に起業理念が成熟しつつあるのを見ることができる。たしかに、著者サー・トマス・スミスにとって起業理念は一種の固定観念となっていたようで、三部からなるこの著作の全体にわたって、起業理念に多くのページが割かれている。

＊邦訳として、「イングランド王国の繁栄（コモン・ウィール）についての一論」（出口勇蔵監修『近世ヒュー

マニズムの経済思想』有斐閣、一九五七）がある。以下、出口訳と記す。

スミスの見解によれば、イングランドは羊毛、毛織物、毛皮、皮革、獣脂、錫、ピューター〔錫を主成分とする合金で、食器類によく使われた〕製容器、鉛などの重要耐久商品とビール、バター、チーズを生産し、輸出している。これらの商品は「ごく僅かな人手しか必要としない製造業」を示している。同時にイングランドは、国内で生産できない、あるいは必要量を生産できないさまざまな商品を外国から輸入した。その一部は銑鉄、鋼鉄、塩、タール、ロジン〔松やに〕、ピッチ〔樹脂〕、蠟、油脂、大麻、亜麻で、イギリス経済にとって必要不可欠なものであり、議論の余地はない。他の商品は文化生活にとって必要であると論証できるが、第一グループのものほど緊急の必要性はない。つまり、ぶどう酒、香料、染料、亜麻織物、絹、ファスティアン織、ウーステッド織、ベッドの上掛け、じゅうたん、アラス織〔美しい絵模様のあるつづれ織〕、つづれ織壁かけ（タペストリ）〔以下、タペストリ〕、絵布（ペインテイッド・クロス）〔おそらく壁かけ用〕、オレンジ、ピピン＝アプル、さくらんぼなどである。最後に、「全くなしですむ」ような雑貨類がある。たとえば、上質および粗質の紙、ガラスのコップ、鏡、窓ガラス、ピン、針、ナイフ、短剣、小銭入れ、帽子、ブローチ、アグレット(21)、金・銀のボタン、レース、留め紐、香水手袋、日時計、テーブル、カード、ボール、人形、ペン立て、インク壺、爪楊枝、陶器つぼ〔薬つぼともいわれる〕、呼び売り用べルである。このリストには贅沢品からつまらぬ小間物まで入っている。しかし、なぜこれらの商品はひどく憎悪されたのだろうか。たしかに、これらの商品は財貨を浪費したが、輸入品はすべてそうである。はげしい憎悪の原因はこれらのつまらぬ品物が本国では安く購入できる原料から製造され、手間賃以外はただみたいなものだったからである。手間賃だけで値がついた商品にたいして強い反感が鬱積した。たとえば、手袋はほかに使いみちのない断ち屑の皮革でつくられた。果物は木に自然に実り、採果された。それは一週間以内に食べなければ腐ってしまうものである。職のない者を雇って採果させ、こまかい皮革の裁ち屑で手袋をつくる仕事を与えても、これらの商品を原罪から救うことにはならなかった——これらの材料はもともとただで手に入ったということである。『一試論』の中で博士が語るつぎの挿話はこのような偏見が当時一般的であったことを示すものである。一艘のイギリス船がりんごの荷をつんでカナーヴォンに入港した。町の人びとは、上等の穀物を待っていたのに、りんごが荷揚げされたので、非常に憤慨し、市参事会はこのりんごの購入を禁止した。船荷は港に放置され、りんごは腐った。ウェールズ総督はイギリスの船主に次のように抗議した。「あなたの船はウェールズのもっとも上等の品物、つまり粗ラシャ、広幅織物、羊毛を取りに来たのではないか。一週間もたたぬうちに食べてなくなる商品を代りにもって来るとは何と厚かましいことか」と。(22)

このような価値判断、つまり原料に確かな価値があると思われる商品に高い値段をつけ、手間だけで価値が出る商品を軽視するという価値判断は今日ではもはや通用しない。これはスミスが『一試論』を著わした時にもすでに過去の世界のものとなりつつあった。このような世界では、人びとは生活を維持し、労働を促進するために必要な、実質的商品の購入にしか現金をつかわなかった。ところが、人びとは眼のたのしみのために少々の贅沢品を喜ぶようになっていたのである。優雅な衣服や家屋の装飾は貨幣流通に余裕が生じてくるにつれ、急速に拡がった。外国の流行を追うことはさきの著作の二〇年も前からきわめて一般的となっていて、ロンドンの中心街はどこも一六世紀のカーナビィ通りのようになっていた。

この二〇年ほどのあいだ、フランス製とかミラノ製の帽子、ガラス類、短剣、刀剣、革帯などを売る雑貨商はロンドン中で一〇軒とはありませんでした。ところが、今日ではロンドン塔からウエストミンスターまでのあいだ、どの街にもそういう店があふれています。これらの店は、ガラス類でぴかぴかに輝いており、鏡やコップ、いやあらゆる種類のガラス器具があり、彩色つぼ、派手な短剣・ナイフ・刀剣・革帯がならび、どんなに自制心の強い人でもこれらに心奪われ、目的もなく何かを買ってしまうのです。……このようにしてわが国の財貨や財宝がたえず奪われていることを知りながら、黙ってみているとは、われわれは何という愚かなことでしょう。とくに、わが国の商品を輸出して外国人に仕事を与え、かれらの手からふたたびそれを買いもどすのを黙認するとは何というまぬけでしょうか。たとえば、わが国の羊毛から、カージィ織、フリースラント織、広幅毛織物、帽子が海のかなたでつくられ、染色され、わが国にふたたび輸入されているのです。[23]〔出口訳六九頁、訳語・訳文は多少変えた。以下同じ〕

もっと困ったことは、「ロンドンの流行は馬鹿でおっちょこちょいのロンドンっ子にかぎったことではない」という苦情が聞えることであった。その狂気沙汰は地方にもひろがった。田舎者までが近くの町で買う商品に満足できず、スペイン製革帯やスペイン製ナイフをほしがった。田舎紳士たちはロンドンの帽子・靴下・シャツ・「衣類」を買うといってきかなかったとサー・トマス・スミスは当時の流行について述べている。[24]こうしたことが地方都市の衰微を招き、これを何とかしなければならなかった。ではどうしたらいいのか。道は一つしかなかった。人びとがこのようなつまらぬものなしには生きていけないならば、国内でこれらのものを製造すべきである。

『コモンウィールに関する一試論』は常軌をはずれた人間の考えを述べたものではなく、知性あふれる有力な思想家・説教者・政治家、つまり自らをコモンウェルスメンとよぶ人びとの考えを示すものであった。『一試論』は党の綱領のようなものであった。したがって、『一試論』の第二篇に示された解決策はわれわれに起業の起源を語るものであり、同

時に、起業とコモンウェルスメンとの関係を明らかにするものである。もし、これらの船来品が国内で製造されたならば、

この国のなかで、二万人に仕事を与えることになるでしょう。つぎのような品物がこの国内でつくられるなら、それだけ多くの人びとに仕事を与え、この国の必要をみたすばかりでなく、他の地方〔外国〕のためにもなると考えます。たとえば、あらゆる種類の織物、カージィ織、ウーステッド織、ベッドの上掛け、つづれ織のじゅうたん、短ズボン、ペティコート、帽子、それに上質・粗質の紙類、羊皮紙・仔牛皮紙、手袋、留め紐、革帯、上着用皮革などあらゆる種類の皮革製品、またあらゆる種類の錫製の器具、あらゆる種類のガラス製品、陶器のつぼ、テニスボール、テーブル、カード、箱・櫃類（こういうものは必要でしょうから）、短剣、ナイフ、金槌、鋸（のこぎり）、鑿（のみ）、斧などの鉄製品というような品物です。(25)〔出口訳一三七頁〕

このリストと重複するものがあらわれるようになった。エリザベス時代にイギリスに来住するように要請された外国人の技術一覧の中にも同じ商品が繰り返し記載されている。ともかく、多くの外国人が事業を創設し、それらはやがて安定した製造業となった。しかし、イギリス人もまた黙ってはいなかった。エリザベス朝の起業家たちはたいてい一五四〇年

代のスミスのような政策家たちの意見を参考にしたのである。

一五四九年当時、イギリスにおいて上述の商品を製造していた、あるいは製造できる職人の数は少なかった。イギリスには毛織物業者、帽子製造業者、ウーステッド織職人（ウーステッド織職人はこの少し前にノリッヂに来住したばかりだった）、ピューター職人、皮革なめし業者くらいしかいなかった。ほかの製造業、つまり「ガラス製品、刀剣・短剣・ナイフなどの鉄・鋼鉄製のあらゆる刃物類、ピン、留め紐・レース・糸、それにあらゆる種類の紙・羊皮紙などの製造」は新しく設立されたというのが著作家たちの一致した意見であった。しかし、どの製造業も全く一から始まったのではなかった。かつてコヴェントリィでは青糸製造業がさかんで、「この町はもっぱらこの産業で繁栄した」。しかし、今では糸はすべて輸入品となり、「コヴェントリィのこの産業は衰退し、そのため町も生気を失った」。ブリストルでは一時、留め紐製造が大規模に行われていたが、いまは衰退した。(26) 外国人はイギリス人がより満足する商品をつくって、ひそかにイギリスにしのびよった。記録はないが、それは品質がより上等であるとか、見た眼によりきれいだとか、値がより安いということだったかも知れない。しかし、こういう商品の製造についてある程度の技術あるいは記憶をもつ職人がいるところで、これらの商品をふたたび製造することはたしかにさほど困難なことではなかった。

以下の諸章で、上記の外国商品の多くについて国内での製造開始の過程をあとづけることにする。しかし、経済発展計画をその根底に横たわる社会理念、つまりコモンウェルスメンと起業家をつなぐ強力な鎖を鍛造した社会理念ときり離して論じることはできない。起業家を理想化して描くことは稀である。起業家という名辞は一七世紀初頭には汚い言葉、つまりずるい奴とか詐欺師という意味になった。フラァ*はジェームズ一世時代を回顧して、起業家を「当時黙認された必要悪」といっている。ジョン・ホートン**は一六五〇年代を回想して、「沼沢地方(フェン)〔フェンはとくに東部ケンブリッジシャからリンカンシャにわたる沼沢地帯をいう。以下フェン沼沢地と記す〕からやって来て、五シリングを借りて年五〇〇〇ポンドの収益を上げるような起業家とよばれることを恐れて、改良事業を申込む者はほとんどいなかった」と述べている。デフォーもまた起業家とは「卑しい肩書」であると書いている。起業家たちはいつも「大ぼらを吹いた」。しかし、起業は本来、このような悪評の中で出発したのではなかった。(27)

＊トマス・フラァ(一六〇八~一六六一)は聖職者。チャールズ一世に仕えてエクセタに逃れた。『偉人伝(ウォジーズ)』(各州別に当該州の地誌・産業・建物・古今の名士の伝記等を記す)はかれがこの時王子に行った説教をもとにした著作で、かれの死後出版された。注(5)参照。

＊＊ジョン・ホートン(一七〇五没)は農業・商業に関する著作を著わしたほか、定期刊行物の編者としても知られる。かれはまた薬種商として茶・コーヒー・チョコレートなどの嗜好品を販売した。

エドワード六世時代、コモンウェルスメンの勢力が最高だったころ、かれらが多くの新しい製造業の設立にいかに尽力したかについてこれまで述べてきた。かれらはまた貧しい人びとの友人であり、援助者として定評があった。一五三五年という早い時期に、ウィリアム・マーシャル*は貧困者雇用のための公共事業計画を立案した。[28] 人びとは貧困問題を建設的に打開するために、真実、心を砕いた。さらに、サー・トマス・スミスがその『一試論』で述べているように、外国商品はイングランドで安定した販路をもっており、しかもただ同然の原料を使って、あれほど多くの雇用をつくり出していたのである。要するに、外国商品は貧困者雇用問題にぴったりの解決法を教えた。当時の起業家は貧困者救済に奔走するコモンウェルスメンのもっとも強力な相棒となった。起業家全部が真の博愛主義者だったと考えてはならない。それよりはむしろ、一九世紀のアフリカやインドの植民地開発について人びとが書いたように、[29] イギリス人はたまたま役に立つことをうまくやったにすぎないのである。一六、一七世紀の起業家についても同じことがいえる。かれらは自分の財布をふくらませようとして仕事を始めたが、たまたま、かれらの起業は貧困者に緊急必要な仕事を与えたのである。各起業家の動機には公私の利害がさまざまな割合で混合していた。

*ウィリアム・マーシャル（活躍期一五三五年ころ）は熱心なプロテスタント。印刷業を始

め、雇用の拡大をはかった。

このさまざまな心構え――一方の極はおそらく利己心のかたまりで、他方の極はほとんど聖者にも似た心情――を示す例として三人の代表的起業家について述べてみたい。ロバート・ペインは一五八〇年代と一五九〇年代に多くの計画を試みた起業家である。かれは一五八三年に沼沢地の干拓に関する小冊子と乾燥地に用水池を掘鑿（くっさく）することに関する小冊子を著わした。かれはこのほか、イギリス農民のアイルランド移住を奨励する論文を書き、そこで狭い飼育場でのうさぎの飼育方法について実際的な指示を与えた。かれはノッティンガムシャのワラトンで靴下用のジャージィ糸紡績業の振興と大青栽培とに積極的に取組んだ。大青栽培は一五八五年に事業として始まったが、うまくいかず、ついにペインは出資者のサー・フランシス・ウィラビィとけんかを始めた。敵意にみちた証人たちの証言では、かれはいつも嘘言（うそ）でごまかして危機をすりぬけ、また新しく無責任な投機事業を手がける詐欺師ということになっている。しかし、かれはコモンウィールの言葉で語った。かれは大青栽培の方法とこれによってえられる利益とについて該博な知識と事実にもとづく正確さをそなえた実用的パンフレットを著わした。かれは雇用者として大青栽培の効用を雄弁に語った。

われわれが自分の収入を増やしたいと思うように、国家(コモンウィール)の富を増大したいとみんなが考えるならば、おそらく夏・冬を問わずつねに貧困者のすべてに仕事を与え、かれらを救済し、大いに元気づけることでありましょう。これによってかれらが生活していけるだけでなく、かれらの貧しい子供たちも正しいよい教育を受けることができるのです。そうなれば子供たちは、悪の温床である無為、また、多くの災難を招くばかりか、子供たち自身および他の多くの人びとを完全な破滅に導く無為に留まることがないのです(30)。

かれが著作の中で述べたかぎり、かれは真実を述べたのであった。

ペインはワラトンの貧困者に夏・冬とおして仕事を与えるために、ジャージィ糸の紡績と大青栽培との蟻継(ありつ)ぎを計画した。それは非現実的な計画ではなかった。後で検討するように、これらの職業は両者とも他の地方では繁栄していたし、また繁栄をつづけると予想された。枢密院が一時、大青栽培を禁止したとき、ノッティンガムシャの治安判事は、ワラトンなどの貧困者がそのために蒙った損害についてさんざんな抗議をうけた。大青栽培はどの点からみても、一部の人びとが苦情を訴えるように、織元や農民を妨害するものではないと人びとは主張した。ノッティンガムとは違い、ワラトンは羊毛工業の町でも、市場町でもなかった。また、ノッティンガム自体、人口稠密であったが、これらの人びとを就業させるような産業をもたなかった。周辺の他の村落にも貧困者を雇用する手段はなかった。ペインの事業所は少なくとも四〇〇人を雇用したと治安判事は主張した。ペインの事業所に関する治安判事の報告はまったく好意的で、かれらはその存続を支持した。ペインについてハイ゠ウィカムの古い知人がいうように、かれは本当に口のうまいただの詐欺師だったのだろうか。この証拠で誰がかれを徹底的に批難することができるだろうか。

つぎの起業家はジョン・ストラットフォドで、かれもさまざまな面をもち、容易に善悪の評価をつけがたい人物である。かれはグロスタシャのジェントリの二、三男で、自力で出世の道をひらかなければならなかった。かれはテュークスベリ渓谷の村で少年時代を過した。ここでは身分によって差別されることなく、独立不羈の心をもつ自由土地保有農が教区の中堅的ジェントリとほぼ同等に交わり、村人すべてが多くの貧困者の苦難を支え、かれらを追い立てることはなかった。ストラットフォドは、一六一九年、すべての階層の人びとの協力のもとに故郷の村でタバコ栽培を始めた。ジェントリはかれに栽培のための土地を貸し、借地農は作付けを引受け、労働者は植えつけ、除草、収穫という毎日の作業を行った。タバコ栽培が禁止されると、ストラットフォドは財政上の窮地におち、借金取りにつきまとわれた。かれは借金返済のために稼ぐからといって、身の自由を懇願した。ウィンチコムの身分ある市民たちのグループは、かれが借金の完済に全力をつくし、貧困者雇用をつづける人であることをすすんで証言した。タバコ栽培が禁止されると、ストラットフォドは亜麻栽培を始め、一時は毎日二〇〇人の貧困者を雇用した。かれのために枢密院に提出された二通の請願書の一通にはウィンチコムの書記、役人、教会委員の署名が記され、他の一通には教区主任司祭とこの地区の二人のジェントルメンの署名が見える。その一人はウィリアム・ヒッグフォドといい、後に自分の借地農にたいしては熱い温情と人間としての共感を示すようにという忠告を息子に書き与えた人である。このような周囲の人びとの評価によって、ジョン・ストラットフォドは骨の髄まで利己的だという批難をまぬがれたにちがいない(31)。

第三の起業家の例はオックスフォドシャ北部のバンベリに近いハンウェル村のコウプ家に関するものである。コウプ家はヘンリ七世時代のジェントリで、ウィリアム・コウプが国王の王室財政出納官(コファラー)*となり、ハンウェルに邸宅を下賜された時に始まった。一四九八年にコウプ家が住むようになるまで、この村(パリッシュ)にジェントルマンは住んでいなかったようである。このことから、そしてバンベリ近辺は全体として自由保有農が有力だったことから、この教区はかなりの数の貧困者をかかえていたと思われる。自由保有農が多く、地主のいない教区は大体において土地なき人びとをひきつけた。地主のいる村はこれとは反対にかれらを寄せつけなかった(32)。

*コファラーは中世的な王室官職の一つで、一七八二年に廃止された。王室財政管理官(コントローラー)に次ぐ要職で、他の官職を監督した。

ウィリアム・コウプの孫、サー・アントニィ・コウプ〔一五四八?～一六一四〕は父からハンウェルの所領を相続し、その生涯の間に議会の内外で「熱狂的ピューリタン」と評判されるようになった。かれはピューリタンの祈禱書を当時の教会法廃止議案とともに庶民院にもちこんだため、一五八七年に投獄された。故郷にあってかれはジョン・ドッドというケンブリッジ大学の若い教員(フェロウ)をハンウェルに住むように任命し、すぐれたピューリタン神学者を大ぜい自宅に招いた。こうしてかれはハンウェルをミッドランド各地から人びとが集まる有名なピューリタン・センターとしたのである[33]。

エリザベス時代のこの一家の家長――「熱狂的ピューリタンのサー・アントニィ・コウプ――は死ぬまで心の底から誠心誠意、コモンウィールの言葉を語った。一五九七年、かれはバーリィ卿に手紙を書き、囲い込み(エンクロージァー)抑制のため、庶民院で討議中の法案は弱腰すぎると批難した。かれが示唆した修正案はいずれも制定法により強い規制力をもたせることを意図したものであった。「法の執行はその法の生命である」。こうかれは叫んだ。かれは法の執行力を強化しようというコモンウェルスメンすべてが共有する特有の熱意のこもる宣言の中でこの言葉を述べた。かれのもっとも切なる願いは、是非にも貧困者と囲い込みおよび廃村の被害者とをただちに救済することであった。「この法は、場合によっては六年以内に、あるいは神の知り給う時に救済することを約束するものである」とかれは書いている。貧困者はいま援助を必要とする。それなのに、新しい囲い込み地の所有者にたいし

て、毎週収益の一部を貧困者に渡すようになぜ強制しないのかと。(34)

貧困者にたいするコウプ家の共感がこのようにはっきりしてくると、この一家がかなり大規模な大青栽培者だったという事実は少なくとも一部の起業家の動機を新しい観点から的確に説明することになった。一五八五年、サー・アントニィ・コウプは一〇〇エーカの大青をハンウェルで栽培していた。一六一六年、かれの息子のサー・ウィリアムはリンカンシャのスポールディング教区のウィッカム・グレンジに沼沢地二〇〇〇エーカを借地し、ここで大青を栽培した。かれは灌木の根を掘りおこし、もぐら塚をつき崩し、洪水にそなえて土堤でこの土地を囲み、大青と穀物とを栽培した。かれは大青の作業所と大青用風車を建てた。サー・ウィリアムはこうした事業を行ったといわれている。しかし、このような事業をするためには当然のことながら、多くの労働者を雇用したのである。

コウプ家が貧困者雇用のために大青栽培を行ったと示唆することはあまりにも軽信すぎるだろうか。サー・アントニィ・コウプは一五九七年の反囲い込み法案を絵に描いた餅を*約束するものであると批判した。それは「六年以内」あるいは「神の知り給う時」に貧困者を援助することを約束した。大青栽培はいま、ここで賃銀をもたらしたのである。すなわち、最初に取上げた起業家ロバート・ペインがいうように、「大青栽培は毎週たった三シル四ペンスの賃銀で家族を扶養するほか方法のなかった労働者に大きな恩恵を与えた」。「(大青畑の仕事のおかげで)かれらの妻子は一年のうちのある期間、週当りの収入を五シルとか六シルにひき上げることができたのである」。わたくしたちはロバート・ペインを札つきの詐欺師と無条件にきめつけることができるであろうか。ジョン・ストラットフォドとサー・アントニィおよびウィリアム・コウプとはたしかにそうではなかったのである。

＊反囲い込み法の第一（39 Elizabeth C. 1）は、七年以上荒廃のまま放置されている農民の家の半分を再建し、耕地四〇エーカを附加すること、同じく七年未満の間、放置されているものをすべて再建し、耕地四〇ないし二〇エーカを附加することを命じ、その第二（ibid. C. 2）は囲い込みの被害の著しい二五州に対して、一五五八年以降牧草地に転換されたすべての土地を三年以内に耕地にもどすことを命じた。

以下の諸章は、一五四〇〜一六三〇年の間に開始された事業を、製造業と農業の両部門について詳細に検討するものである。その一部についてはすでに研究されており、それらについては簡単にふれるにとどめる。ここでは、これまであまり重要でないと考えられてきた事業が、より重要となる。ある事業がとくに重要であるとか、あまり重要でないとかいう基準は男性が設定したものである。糊・釘・ピン・鍋・やかん・フライパン・レース・石けん・酢・靴下は紳士がたの買物メモには見えないが、わたくしのメモにはきまって載っている。紳士がたはこういうものに眼をとめないが、紳士がたやその家族はこういう品物なしにすむのだろうか。鉄・ガラス・真鍮・鉛・石炭は一九世紀の重要な産業であり、これらが一六、一七世紀にどうであったかを研究することはたしかに重要なことである。しかし、それでもなお、これらの製造業が一七世紀のこの国のどこの家にもあるごく普通の家庭用品の製造と同じくらいの労働力しか雇用せず、国民総生産の増大に同じくらいしか寄与していないことは確かなことではなかろうか。

したがって、本書の目的は一六、一七世紀の新規事業について、これまで考えられていたよりもいっそう完全な一覧表をつくること、ついでこれらの新規事業を誕生せしめた経済政策と経済環境を説明することである。同時にこれらの新規事業を育成したいくつかの局地的共同体を概観し、全国に散在するこれらの共同体で起業育成に成功したその方法および理由を考えてみたい。この問題については、主として製造された製品の質とこれらの製品を購入した諸階層について検討する。したがって、第V章にその表題を附した。さらに、アダム・スミスの時代までにイギリスの家庭でふつうに使われるようになった消費用品の生産にたいする経済学者の態度の変化を考察する。これらの商品の多くは一五四〇年代には子供だましのつまらぬもの、害になることもある無駄な道楽と批難されていたのである。一六七〇年代になると、雇用を拡大する手段としてこれらの商品の普及が積極的に奨励されるようになり、消費にたいする新しい道徳が確立した。カルー・レイネルは、イギリスが国内でのタバコ栽培を禁止してこれを外国から輸入するよりも、国内でこれを栽培せよという意見を弁護し、つぎのように述べている。「それは外国タバコほど品質がよくないという者もいる。しかし、もしみんながこれに賛成して外国タバコばかりが売られるようになったら、いったいどうなるだろうか。……タバコ栽培はきわめて高額の地代を納め、非常に大勢の人を雇用する。……のみならず、栽培者はエーカ当り三〇ポンドから四〇ポンドの収益を得る。……タバコ栽培にたいするどのような反対も、これが生み出す利益にうち勝つことはできない[35]」。新しい消費社会はかなり成長したのである。

Ⅱ　諸事業の創設時代　一五四〇〜一五八〇

『コモンウィールについての一試論』（一五四九）は、少なくともその一部は、新しい製造業を創設し、新しい農作物を導入するための綱領であった。同じ年に刊行された『イングランド王国を価値多き財産とするための諸政策』という論文も同一の主題を論じ、明らかに同一の趣旨を述べたものである。そのうちの一章は「これまで諸外国から輸入されていた諸種の商品をこの国で製造するための方法」を記している。前途を約束された職人の中には、先の『一試論』で出会ったと同じ職人が入っている。つまり、帽子、留め紐、ピン、ガラス、ウーステッド織、絵布、ナイフ、刃物、ピューター、絹、亜麻糸、亜麻織物、手袋、財布などの職人である。(1)

この政策がはじめて本格的に開始されたのはいつであろうか。一五四九年、つまり『一試論』が刊行された年には、新規事業がすでにその活動を開始し、新製造業がそれまで外国から輸入されていた品物の製造をすでに始めていたことは確実である。しかし、それはその少し前、つまりヘンリ八世治世最後の六年間くらいのことである。サセックスの鋳鉄業はなかでも最も古く、また最も有名である。たしかにそれは一六世紀の新技術で、ストウがかれの『年代記』の初版でとくに賞讃したものであった。一五四〇年、イギリス大使は枢密院にカール五世〔在位一五一九～五六。神聖ローマ皇帝〕の宮廷できいた噂、つまり、オランダ人がイギリスへの茜(あかね)、大青(たいせい)、鉄、亜麻織物の輸出禁止を請願しようとしているという噂を報告した。一五四三年、ヘンリ八世の強い勧奨によって（とジョン・ストウは述べている）、フランスの鉄砲師ピエール・ボードとオランダの鉄砲鍛冶ピーテル・ファン・コレンとがイギリスに招聘され、鉄砲、臼砲、弾丸の製法を完成した(2)。一五四四年にはすでに四〇人以上のフランス人鋳物師がウィールド地方で就業し、バックステッド、ハートフィールド、ニューブリッヂの三カ所では熔鉱炉が稼動していた(3)。鋳鉄業はヘンリ八世の対仏戦争の必要に応ずべく、時宜にかなって、みごとに設立されたのである。つづく四年間に鉄工所は急速にその数を増し、一五四八年にはウィールド地方一帯に五〇以上を数えたといわれる(4)。鉄工業史を書いたアーネスト・ストレーカーによれば、この地方はその後二〇〇年間、鉄砲鋳造業をほぼ完全に独占したという(5)。まことに重要なことばであり、また感銘深い成果である。しかし、それだけではない。もしウィールド地方の鋳物師が鉄砲だけを売って毎日を暮らしていたならば、かれらは再三ならず飢餓に瀕したことであろう。賢明にも、かれらは家庭用品の製造でも評判をかちえた。一世紀後の一六五七年に、もしバルバドスに小さい店を開き、イギリス商品を販売したいと思えば、「黒人が肉を煮る」

小さな鉄鍋を仕入れるために、サセックスに出かけなければならなかった。そこではそれらを「非常に安く」仕入れることができたし、また、「道が固く乾燥している季節をえらんで、これらの品物を馬車でロンドンに運ぶ」ことができたのである。(6)

＊ウィールド地方とはイギリス南東部、ノース・ダウンズとサウス・ダウンズとの間の地方。ケント、サリ、ハンプシャ、ウェスト・サセックスにまたがる。

政府奨励事業のこの第一の実例から、ほかの起業の理解の助けとなるような一般的見解を二つひき出すことができる。別の証拠から、一四九三年にサセックスのハートフィールドでフランスの鋳物師が働いていたことがわかる。しかし、一五四三〜四四年以前に、鋳鉄業がどの程度拡大していたかはわからない。一四九三年から一五四三年までの期間、サセックスで徐々に発展していたと考えたいところである。だが、それはほぼ確実に間違いである。ほとんどすべての新規起業は新しい事業と多少の関係がある地域ではじめられた。このことは大青栽培やピン製造業の歴史にはっきりと示されている。鋳鉄業の歴史においても同じことがみられる。新規事業はどこで開始されようとも、決して予期せぬところに突然あらわれたものではなかった。新規事業はこれに輝かしいスタートを与え得るだけの設備がすでに存在していた場所にかたまって成立した。しかし、既存の設備はたいてい貧弱で、将来の大発展を予期させるような過去の歴史をもつものではなかった。したがって、新しい発展の局面は成功への突然の変化によるものであったが、同時に、過去と一定の連続をもつものであった。

後世、起業の新規性について議論が百出したのは、以上の事情によるのである。ノーフォクの織布業者はウーステッド織が外国人によって導入されたものではなく、外国人の来住よりはるか以前から、ノーフォクで製造されていたと主張した。ピン製造は一六二〇年代にグロスタァで新しく始まったものではなく、はるか以前からこの町にピンを製造する人びとがいた。大青は一六世紀になるずっと以前からイギリスで栽培されていた。このような主張は一面では正しい。古い産業はたしかに存在した。しかし、一六世紀から一七世紀初頭にかけての起業の努力はたしかに古い産業を一変させた。それは新技術の導入による場合もあれば、経済状況の変化が新しい刺戟を与えたという場合もあり、さらにはその両者がともに原因となっている場合もあった。新技術は比較的些細なことだったかも知れない。しかし、それは労働力や材料を節約し、それだけ原価をひき下げ、あるいはより魅力的な商品を生産した。だか、確かなことはわからない。経済状況の変化とは一般的にいって輸入品の価格の上昇であり、これが同じ商品を国内で製造させたのである。

起業に関する第二の教訓、つまり鋳鉄業の証拠がこれを示唆し、他の起業の事例もまたこれを立証するものは、将来性のある経済的事業（いったん創設され、明らかに成功を収めた事業）が普及する速度である。フランス人鋳物師が一四九三年当時、サセックスに住んでいたとはいえ、一五四〇年代に、かれらに与えられた世間の賞讃をかちえるまで、かれらがその事業を徐々に拡大したとは考えられない。新しい局面は一五四三年ころ、ヘンリ八世の需めに応じて、外国の鉄砲師と鉄砲鍛冶がイギリスに来住したときに始まった可能性が非常に高い。これら外国人が伝えた新しい方法はきわめて短期間のうちに普及し、鋳鉄業をほとんど一夜にして変化せしめたのである。一五四四年までに、サセックスには熔鉱炉三基が設置され、一五四八年にはその数は五〇基をこえたのである。

成功した事業は燎原の火の勢いで拡がった。この状況を大青栽培、糊製造、靴下編み工業、タバコ栽培の歴史についていっそう具体的に説明することができる。熱意と実用的技術の普及に、さらにまたこの機会に賭けようという現金を手にもつ冒険的事業家を探すのに、三、四年とかからないことも少なくなかった。新しい情報がひろがり、宣伝が功を奏し、事業が発足するその速度はまことに小気味よい。パンフレットや宣伝文の効果、コモンウェルスメンの勧告、さらに政治家や枢密議官の職権による事業設立の勧奨を過小評価してはならない。政府政策の声明とコモンウェルスメンの公開討論とは実際に成就されたことと驚くほど一致していることが多かった。

鋳鉄業だけがヘンリ八世時代に始まった唯一の新規事業ではない。『コモンウィールについての一試論』のなかで、サー・トマス・スミスは外国商品購入のため、この国から大量の銀塊が流出することを嘆じたくだりにおいて、それは鉄のみならず、石油、大青の価格までが「一五四九年には一五四二年の価格の三分の一も騰貴したからである」と述べている。(7) 一五四三年、製鉄業がいかにして発足したかについてはすでに述べた。それは一つの勅令によって、外国からの供給が急に停止されるかも知れないという不安が迫ったからであった。第二の原因は輸入鉄の価格がとてつもなく高騰しつつあったことである。この価格騰貴と外国からの供給停止にたいする恐怖とはほとんどそのまま大青栽培開始の説明にも適用される。染色業者にとって必要な大青はポルトガル領アゾレス諸島およびフランスからつねに大量に輸入されていた。その大部分はサウスハンプトンで荷揚げされた。一六世紀初頭、大青は比較的安価に入手できたので、是非にもイギリスでこれを栽培する必要はなかった。カヴァルカンティ兄弟という二人のイタリア人がヘンリ八世の大臣たちに説明したように、大青に課せられた関税は価格の二パーセント以下という驚くほどの低率であった。ところが、一五四〇年代のヘンリ八世の貶貨政策と同時に外国商品の輸入が不安定となり、事態は急変した。大青は高価となり、一五四九年にはサー・トマス・スミスの苦情が出されたのである。しかし実際には、大青栽培促進の行動はそれ以前から国内で始まっていた。つまり一五四八年以前に、サウスハンプトンに近いニューフォレストとの境界にあるハンプシャのリミングトンでは、大青栽培用に土地が貸出されていた。このことはヘンリ・ブリティンに関する歯型捺印証書(インデンチュア)によって証明される。かれはウィルトシャのモンクトンの人と記されているが、もともとはおそらくブルターニュ生れのフランス人だったと思われる。かれは当時すでにリミングトンに大青工場を建てていた。かれがハンプシャで借地していたことを記録する上記捺印証書によれば、かれはトマス・ダービィというドーセットのクランボーンのジェントルマンで西部評議会の長官をつとめていた人と共同で事業を行っていた。このことはハットフィールド・ハウスのセシル家の未刊行史料の中にも記されている。セシル*が直接この起業の育成に関与しなかったとしても、もっと身分の低い政府役人がおそらくこれに関与し、セシルはその報告を受けていたのである。(8)

＊ウィリアム・セシル（一五二〇〜九八）。治安判事などをつとめたあと、一五五八年、秘書長官・枢密議官に任命され、一五七二年、前官を辞し、財務長官を終生つとめた。

大青はこの時はじめてイギリスで栽培されたのではなかった。中世でも国内のあちこちで栽培されたが、長つづきしなかった。たとえば、一五世紀にはサマセットで栽培されていた。しかし、一五四〇年代後半のインフレーションにより、国内での大量栽培の可能性を再検討せざるをえなくなったのである。一五四八年のリミングトンの事業はウィルトシャのヘンリ・ブリティン、ハンプシャのニューサーラムのトマス・ヒール、ドーセットのクランボーンのトマス・ダービィの協力によるものであった。したがって、ハンプシャ、ウィルトシャ、ドーセットという上記三州は、一五八五年、かなりの規模で大青栽培が行われた主要六州のなかに数えられた。残りの三州はバークシャ、サマセット、サセックスであった。この間、大青栽培がどの程度に普及したかをはかることは不可能であるが、いずれの証拠も一五五〇年代から徐々に拡大し、一五八〇年代に急に爆発的人気を博し、傍観者たちを啞然たらしめたと記している。一五四八年ごろの最初の試みは無駄ではなかった。それは大青栽培が成功を収めることができるという自信を与えた。このため、一五五九年には大青栽培が白日のもと、公然と奨励されることになった。この年、議会上程のための法案起草委員会は、推進計画のなかに大青栽培をいれている。大青栽培は「一部の人びとの努力によって、今日行われている」までに発展したとすれば、「フランスばかりでなく、イギリス人はもうフランスの大青に依存する必要はないし、とりわけイギリスにこれを売りつけることができない」といわれた。(9) この立案計画委員のなかには『コモンウィールに関する一試論』の著者サー・トマス・スミスやウィリアム・セシルの義理の兄弟ニコラス・ベーコン*がいたことに注目しておきたい。

＊ニコラス・ベーコン（一五一〇？～一五七九）。弁護士、治安判事などを経て、エリザベスの即位（一五五八）とともに国璽尚書・枢密議官に任ぜられ、騎士に叙せられた。翌年、かれは大法官に任ぜられ、終生この職をつとめた。

一五七〇年代の末、イギリスの大青栽培業者はその労苦にたいしてこれまでになかったほど強力な奨励を受けた。輸入大青の価格がまた高騰し、一五七九年、ハックルート（リチャード・ハックルート（一五五二？〜一六一六）。イギリスの地理学者、航海史家、牧師）はこれを深く悲しんだ[10]。このことはイギリスの染料供給の危機を語るもので、この年、枢密院は大青の代用品としてロシアやペルシアから購入できる見込みのあるインド藍について調査を始めた[11]。スペイン＝オランダ間の紛争（オランダ独立戦争、一五六八〜一六四八）は事態をしだいに悪化させ、このためポルトガルの供給する大青はイギリスの織物業者のもとに届かなくなった。一五八〇年代はじめ、スペイン通信はアゾレスからアントワープに向う大青がオランダ叛徒の武器・弾薬代となるのではないかと述べている。一五八一年のある時、スペイン政府の係官たちは、悪天候のためイギリスの港に避難して来る大青船を拿捕しようと、イギリスの港湾にたいして警戒態勢をとった[12]。以上のいくつかの局面の展開は一五八三年から一五八四年にかけて、大青栽培が急激に膨張した理由を説明するもので、一五八五年には政府の調査が行われ、大青栽培業者さえこの膨張に驚いた。一五八三年と一五八四年の穀物価格の大暴落（平均二五パーセントに及ぶ）も大青栽培に拍車をかけた。農民は地代がもとの水準のままなのに、小麦の輸出が禁止されたことを不満とした。かれらがはるかに有利な作物に転換したとしても不思議ではない。大青栽培はたいてい大成功を収めた。一五八五年には少なくとも一二州、およそ五〇〇〇エーカの面積に大青が栽培され、二万人以上の男・女・子供が一年に四カ月間雇用されたのである。

『コモンウィールについての一試論』は、とくに輸入鉄、油、大青の価格が一五四九年には一五四二年の三分の一以上も騰貴したと述べている。この騰貴によって、国内での鉄・大青の生産が促進されたことについてはすでに述べた。しかし、当時オリーヴ油の代用品はなかったようである。輸入品の価格が再び騰貴する一五七〇年代以前に、オリーヴ油の代用品が真剣に探求されていたことは多くの証拠がこれを語っている。その頃、あぶら菜の栽培が始まり、精力的に進められた。だが約二〇年後、フェン沼沢地の干拓事業が緒につき、あぶら菜がこの土壌にぴったりあうことがわかるまで、これという成功を収めることはできなかった。国内の油の生産はしたがって、一五七〇〜八〇年に大きく伸長した。このことについては第Ⅲ章で詳しく述べる。この間、起業計画書を作成した政策立案者たちが、エドワード・メアリ・エリザベスの治世を通じてどのようにこれらの事項を審議したかを知るために、かれらの足跡を検討しなければならない。

鋳鉄業と大青栽培とについては、新職業の開発に関する起業家の利害、主導性、成功を語る最初の、しかも最も確実な証拠が揃っている。ところで、ある日付不明の記録——その内容からエドワード六世時代のものにまちがいない——には、貧民を雇用するためにもっとも適当と思われる外国の製造業の一覧表が掲載されている。傍点の語句から、それはコモンウェルスメンと、そしておそらくサマセット公の統治期間と関係をもつものと思われる。その筆者は明らかにヨーロッパ諸国の製造業の現状に詳しい者で、ここには四つの提案が示されている。第一の提案は亜麻糸と木綿で織られるファスティアン織をイギリスで製造することである。上等のファスティアン織は小アジアの木綿を使用してミラノで織られ、普通品はアフリカやポルトガル領諸地方の木綿を使用してドイツ、オランダで製造されている。このような製造業をイギリスで始めるためには、輸入綿の定期的供給を確保する必要があるとその提案の筆者は主張する。[13] 第二の提案はヴァレンシアンヌ〔フランス北部の町〕で製造されているようなウーステッド織をイギリスで製造することである。このような外国製織物にはバルト海沿岸諸国の羊毛とともにイングランド北部の羊毛が使用されていたといわれる。この場合には原料を輸入する必要はない。第三の提案は亜麻織物や粗麻布工業に関するもので、これにはイングランドやアイルランド産の亜麻や大麻を供給することができた。第四の提案は銑鉄、鋼鉄製品の製造に関するものである。このためにはイギリスの金属のみに依存する必要がないことを筆者はここでもまた指摘する。輸入に依存して金属加工業を行う諸外国の例にならって、金属を輸入することは可能であった。

この提案はイギリスに製造業を創設するにあたって新しい指針を与えた。製造業は諸外国から輸入した原料を使用することができる。これはイギリス人がはじめて覚えた教訓であり、外国での観察が教えたものであった。たとえば、イタリアやアントワープの絹織物業は輸入生糸に依存していることに人びとは注意した。より卑近な例でいえば、人びとはイギリスの羊毛が外国で毛織物、帽子、カージィ織の原料となっていることに気づいた。イギリスの皮革――時には皮革のただの裁落し――でスペイン製の手袋や革帯がつくられた。イギリスの錫から外国では塩壺、スプーン、皿がつくられた。イギリスのぼろからフランス人は上質・粗質の紙を製造した。古靴さえ、フランスではたぶん新しい皮で磨き直されてすぐに売られた。[14] ついでこれらの製品は高い価格でイギリスに再び輸入された。このようなヨーロッパの製造業の成功の真相を、海外に旅したイギリス人が会得したとき、イギリスの製造業発展の可能性はにわかに増大した。それはなぜ一五四〇年代に起ったのか。

この考え方は、政府の要職についていた多くの人びとをふくむイギリスの人文主義者たちを、大陸の宗教改革者や政治家たちと接触せしめた、あの知識人の運動とまるっきり別なものということはできない。人文主義者とはかれらの智恵と知識とを有益な実際上の目的のために役立てたいと考える人びとであった。トマス・スターキィ〔一四九九~一五三八〕――パドゥアに留学し、一五三四年、イギリスに帰国後、官職についての詳細な調査を行った人文主義者――は次のように記している。「わたくしはさまざまな種類の学問を学び、最終的にはわたくしの生れ育ったこの社会でこれらの学問を役立てたいといつも考えていた」。かれは「真のコモンウィールの回復に若干の援助」を懇請した。[15]

人文主義者の推進した文化的思想の潮流は、このようにして、社会経済政策に関して外国から輸入されたこれと互角の思想の潮流と合流した。これらの思想が実際にどのような影響を与えたかはまだ十分に研究されていない。エルトン教授は、ウィリアム・マーシャルがイギリスに紹介した外国の貧困者救済計画に関する史料の一部を公刊した。なお、マーシャルはイギリスについてもかれ独自の貧困者救済計画を立案した。(16)ポール・スラック博士は一五四三年に枢密院が都市行政官宛てに送った通達――ヨーロッパ諸都市で施行されている社会的方策をまず探し出し、これを借用してペストの蔓延を阻止すべきことを指示した通達――の中に借用された諸外国の社会的方策を概観した。(17)教養あるイギリス人は眼と耳とを大きく広げてヨーロッパを旅行するように奨励された。(18)製造業および農業における一六世紀の起業史はイギリス人が経済先進性のモデルをつねにヨーロッパ諸国に求め、右の奨励をどのように心に刻んでいたかをいたるところで語っている。

しかし、初期の起業政策に責任をもつ政府の主導的人物は誰であったのか。もっとも著名な人物はサー・トマス・スミスとウィリアム・セシルであったと思われる。サー・トマス・スミスは初めケンブリッヂ大学で学者としての人生を歩き出したが、一五四〇〜四六年のころ、招かれて宮廷・政府役人の仲間となった。ヘンリ八世の死去により、かれはついにケンブリッヂを去り、エドワード六世の摂政、後のサマセット公に仕えて政治家となった。このようにしてスミスはコモンウェルスメンとして一生を捧げることを表明した。ウィリアム・セシルはスミスより少し若かったが、一五四〇年代にウェストミンスタァで役人となるための修業をつみ、一五四七年、摂政サマセット公の秘書官に迎えられたとき、喜んでこれを受諾した。セシルがその後、起業にたいしてなみなみならぬ関心をいだき、が、これを支持したことは、かれがエリザベスの官僚となってから非常に明瞭となるのだが、それはおそらくこの時期に発芽したものであろう。[19] セシルが外国の農・工業の発展を知るためにとった方法、すなわち、イギリスやヨーロッパを隈なく歩き、国内事業としての実現の可能性について報告書を作成する事実調査官や相談役を周囲に留め置くという方法には、トマス・クロムウェル〔一四八五?～一五四〇、ヘンリ八世の宰相、修道院解散に与って大きな功績があったが、後失脚し、処刑された〕統治時代からの方法がはっきりと認められる。セシルはこの方法を推進したが、その基本方針は変らなかった。

ウィリアム・セシルはその後の生涯を通じて、コモンウェルスメンの理念を支持し、起業の促進に深く関与した。セシルおよびサー・トマス・スミスの仕事（この仕事には、かれらのほか、氏名を確認できない役人たちもなにがしか貢献した可能性を排除してはならない）の中には、一五四九年に列挙されたすべての起業を促進し、さらに新事業をたえず模索する一連の力、つまり、ヘンリ八世時代から一六世紀の終りまで、さらにジェームズ一世時代まで、一貫して存在していた一連の力が認められるのである。鉄・油・塩・大青のような必需品はかれらの優先商品リストにまず第一に記されたが、それほど必要度の高くない消費用品がすぐ後につづいた。しかも、新製造業、とくに外国の職人を必要とする新製造業を奨励するためには、国家は独占営業の特許を発行する必要があることを、これもまた外国の経験から、すぐに会得した。このような特許の第一は、確認できるかぎりでは、一五五二年に、ガラス製造特許としてヘンリ・スミスに与えられた。第二の特許は一五五四年（メアリ女王治世のことであるが、おそらくエドワード六世時代にまでもちこされた）、バーチャート・クラニスに採鉱・冶金の特許として与えられた。[20] 特許の発行とともに、起業促進政策は新局面を迎えた。つまり特許の発行により起業はより確固とした基盤を与えられたのである。だが、特許がその歴史に腐敗時代を迎えることになろうとは誰も予測できなかった。しかし、それはずっと後の話であり、これについては後に述べよう。

一五四〇年代後半の著作では、起業がとくに大きく取扱われている。起業は実際に何を達成したのか。コモンウェルスメンはエドワード治世の初期には政府内で有力であり、貧困者雇用の起業に賭けたかれらの熱意は、真剣そのものであった。しかし、政府は同時に別の心配ごと——フランスでの戦争、ブーローニュの包囲、カレーの防禦、スコットランド国境地方の防備、イギリス国内の民衆蜂起——にも深く心を奪われていた。多数の政府記録は増大をつづける負債返還の方法を論議している。[21] 政府高官たちはどのようにして起業の促進を考える時間と精力とをみつけることができたのであろうか。実をいえば、軍需品とその支払いとが起業にたいする緊急の関心をひき出したのである。行軍中の軍隊は携帯用オーヴン、銅のやかんや鍋、醸造用器具、轡（くつわ）の馬銜（はみ）とか鐙（あぶみ）のような馬具附属の金属製品、綱、馬の腹帯用布、粗麻布などの所帯道具を必要とした。兵隊用の軍服ももちろん必要であった。軍隊用の装備品のなかには輸入品も入っていたから、[22] エドワード王時代の起業がこのような物品の一部の国内製造を促進したことは決して偶然ではない。したがって、貧困者を雇用する事業にたいするコモンウェルスメンの熱意はなるべく輸入品に頼らず、できるだけ安価に軍隊を装備するという緊急の必要によって強化された。ウーステッド織、ファスティアン織、亜麻織物、帆布、金属製品の製造を奨励する文書は四つの重要な事業を提案することになった。これらの提案を遂行するための建設的な歩みの第一の証拠は、一五四九年、この実りゆたかな年のサマセット公の行動に集中的にみられる。これよりさき、公はグラストンベリ修道院の解散後の跡地を授与されていたが、公はここにフランドルの織物業者が定住する手はずをととのえた。一五五一年、サマセット公が失墜すると、移住者たちの世話はバースの司教とこの地方のジェントリに委ねられた。その後二年間、かれらと枢密院との間にかなり多くの書翰が往復した。したがって、その起業の大要を知ることができる。フランドル人はグラストンベリに来住し、ウーステッド織と薄手上質毛織物を織り、その染色を始めた。将来の起業について述べたさきの四提案には、ヴァレンシアンヌで製造されるようなウーステッド織が特に名指しで記されている。伝統的にイギリスで織られていたウーステッド織――その名称はノーフォクのウーステッドに由来――には明らかに欠点があった。イギリスのウーステッドは一時、外国で成功したこともあったが、毛織物の輸出がさかんとなったテューダー朝初期には、ウーステッドの売れゆきは確実に低下した。一五一〇～二〇年には毎年、約五〇〇〇～八〇〇〇反が輸出されていたが、一五四〇年代には一〇〇〇反におちた。[23] これにたいして、ヴァレンシアンヌのウーステッド織は驚くほどの成功を収め、しかもそれはバルト海沿岸諸国の羊毛とともにイングランド北部の羊毛を原料としていたのである。このことは織布および染色の技術において、イギリスが劣っていたことを証明した。

しかし、サマセット公は主に何のために、イギリスで外国のウーステッド織をつくろうと考えたのであろうか。証拠は二つ、おそらく三つの目的があったことを示唆する。ウーステッド織物業の衰退はノリッヂが衰退したためであった。ウーステッド産業の回復はノリッヂおよびその周辺の製造業地域の経済的停滞の解消に役立つであろうことは明らかである。すべての都市が衰退したということが、一五四〇年代初頭に始まるコモンウェルスメンの運動を押しすすめた第一の誘因であった。[24] しかし、ケットの叛乱の時期には、ノリッヂにとくにきびしい注意が集中した。第二に、ウーステッド産業が活気をとりもどせば、もとの水準まで輸出を拡大するだろうと期待された。このことは大量の輸入品の支払いを助けるであろうから、別の希望的目標であった。第三には、これは推定にすぎないのだが、ヴァレンシアンヌのウーステッド織はイギリスのウーステッド織より格安であるとか、丈夫であるとか、あるいはその両方であったかも知れないのだが、軍服用には必需品だったと思われる。最後の点を除いても、ウーステッド産業はたしかに二つの目的を果すものであった。

一五五一年、グラストンベリのフランドル人の戸数は三四戸であり、これがやがて四六戸となった。かれらは修道院の土地と建物とをもらってウーステッド織とセイ織とを織り、そしてこれらの布を染め上げた。一五五一年、最初の定住者たちが来住したとき、設備費に五〇〇ポンドが投じられ、修道院の醸造所と製パン所とが染色工場となった。染色職人はすぐに大青、茜草、明礬(みょうばん)、緑礬(りょくばん)の供給を必要とした。織布と染色とは他のところと同様、ここでも兼営された。このことはこれまでより大量の大青、茜草、明礬、緑礬の輸入を必要とすることを意味するものであったろうか。そうではなかったのである。

フランドル人はメアリの即位とともにグラストンベリを去り、フランクフルトに移住した。しかし、この新規事業がつけたはずみは他の人びとによってつづけられた。ついに、ただ一種ではなく、六種の事業がこのささやかな初期の段階から生じた。まず、ウーステッド織物業がノリッヂで復活し、ついでイギリス各地の多くの毛織物業の中心地へと拡がった。大青栽培は前述したようにフランス人の援助のもとにすでに始まっていた。茜草の栽培は同じ世紀に少し遅れてオランダ人の園芸家によって始められた。一五五三年ごろ、スペイン人が明礬の免許なし販売禁止という方法をとり始めたため、明礬事業は促進され、順調に進んだ。(25) というのは、そのため、イギリスの染色業者にとって明礬の価格が騰貴し、これまで品質がよくないと思われていたイギリス産明礬の使用が見直されるようになったからである。デヴォンおよびコーンウォルの明礬採掘の特許がはじめて交付されたのは一五六二年であった。ワイト島の明礬および緑礬の試掘を奨励するための特許は一五六四年に発行された[26]。一五七一年には、品質がよくて安い明礬がイギリスで入手できるようになったので、スペイン明礬の商売が不振になったとブリストルの商人は嘆じた[27]。外国からの明礬輸入はなおつづいていたが[28]、国内での製造が始まっていた。一七世紀初頭には、ヨークシャ北部、とくにマルグレーヴでは明礬工業は独立した職業となっており[29]、一六六二年にはイギリスの明礬はアイルランド、スコットランドのほか大陸五カ国に(なかでもオランダには価格にして一万四九〇〇ポンドという最大量が)輸出され、また、東インドおよびアメリカ植民地にも輸出された。

緑礬鉱の調査については、一五六四年に発行されたワイト島の明礬・緑礬調査に関する特許に記されている。これよりさき、緑礬はエセックスの海岸、つまりハリッヂ、ワルトン、フリントン、ブライトリングシーで採集されていたことはほぼ確実である。しかし、一五六〇年代にフランドル人がコウルチェスタァに来住してから、はるかに熱心に開発されるようになった。この新しい成功はオランダ人が教えた高度の精錬技術によると考えるほかはない[30]。以後、緑礬工業は繁栄し、イギリスの緑礬は一六〇四年にはフランスへの通常の輸出品目のなかに数えられるようになった[31]。一八世紀末、イースト＝アングリアの羊毛工業が最終的にヨークシャの羊毛工業にその地位を譲る時まで、緑礬工業は職業として衰えることはなかった。緑礬工業が衰退するまで、ワルトン＝オン＝ザ＝ネイズは有名な緑礬精錬所を持つハリッヂとともにエセックスの中心であった(前者では今日も鉛のタンクとパイプが掘り出される)。この地方の人びとは緑礬工業によって何を得たのであろうか。婦人・子供にとっての新しい収入源は、はげしい嵐のあと、いつも緑礬を拾い集め、これを緑礬精錬業者に売ることであった。一八六〇年代、七〇年代にはエセックスの精錬所は閉鎖され、採集した緑礬をロンドンに送らなければならなくなったが、かれらはなお緑礬を拾いつづけた。[32] しかし、エセックスの村だけがこの新しい副業の恩恵をうけたのではなかった。この国のほかの地域も同じ恩恵に浴した。ケントではシェッピィからウィットステーブルの間の地方で緑礬の採集が行われた。この作業は一五九〇年ごろに始まった。一五九九年にはウィットステーブルの貧困者二〇人はいつも緑礬を拾い集めた。一六三六年にはタンカートンの精錬所が一〇〇〇ポンドの価格で売却された。[33] ドーセット海岸の沖に浮ぶブラウンシー島では、緑礬が家計を支えた。シーリア・フィエンヌはそれが一七世紀後半のこの地方の人びとにとってどれほどの価値をもったかについて簡単に述べている。彼女がブラウンシーを訪ねたとき、この島には立派な家はただ一軒しかなく、そこには総督が住んでいた。そのほかといえば、漁師の住む粗末な小屋ばかりで、「かれらはみんな緑礬で生活をたてていた」。[34]

このようにして、グラストンベリのウーステッド工業と染色業の発展はその影響を広い範囲に及ぼしたのである。なぜなら、この産業の発展によっていくつかの製造業が起り、多くの地域にそれぞれの中心地ができたからである。しかし、染色業自体はどうだったのだろうか。ここでもまた技術改良が焦眉の急として要請されたと考えられる。

ウィリアム・チャムリィは一五五三年に著わしたパンフレットの中で、イギリスの染色業が外国の技術をまねて改良されたことを雄弁に論じた。かれ自身一五五一年にアントワープから染色職人を招き、別のイギリス人と協力して三年前からサザックで染色工場を経営し、成功していた(35)。二〇年後、バーリィ卿は故郷のスタムフォドの町にオランダ人移住者の居住地をつくるために積極的に援助した。そのオランダ人の代表者はカスパー・フォスベルフという染色職人で、かれの手荷物の中には大青、ラシャかき草、明礬、緑礬が入っていた。ノッティンガムシャのワラトンでは大青使用の染色業が大青栽培とともに一五八七年に始まった。ロバート・ペインがサー・フランシス・ウィラビィの援助のもとに、一五八五年からこの村で大青栽培を営んでいたことについてはすでに述べた。ペインはさらに事業を拡大し、大青を使用して羊毛を染色する——この羊毛は糸に紡がれジャージィ織職人の冬の仕事となる——工場を建てるよう雇い主を説得した。ペインはこのことを、リーズの染色業者で同時に織元であるランダル・テンチと交渉した。ペインに宛てたテンチの書翰の一つは明らかにそれとわかる熱烈なピューリタン的挨拶で始まり、大青使用の染色業だけではなく、タペストリ用の紡糸・染色・織布業を創設することを約束している(36)。

ランダル・テンチは外国からの移住者ではなかったようである（ペインはある日ニューア

クからの帰途、たまたまテンチに出会った）が、かれはたしかに、外国の技術を古い機織の町に普及し、新しい機織の中心地に外国の技術を導入するのに役立つ有力な縁故をもった染色業者であった。結局、ノッティンガムに染色工場を建てるというペインの計画はうまくいかなかったが、代りにテンチは一五八七年から一五八八年にかけてワラトンに染色工場を設立した。かれの構想は専門的技術がいかに自由に遠くまで伝達されたかを示すものである。

染色工場は一五五〇年、ロンドンに、一五七一年、スタムフォドに、一五八七年、ワラトンに設立された。一五六九年、スペインおよびポルトガルへの輸出用として、ハンプシャのクライストチャーチのハールレム〔オランダ北部の都市〕様式のフリースラント織染色に特許が交付された。したがって、わたくしたちはイギリスのどれだけ多くの地方が当時、染色業の促進に協力したかを調べてみたい誘惑に駆られる。実際にどのような技術的進歩があったのだろうか。この問題はその重要性にもかかわらず、まだ研究されていない。一五九三年、ある観察者にはこの技術が「今やほぼ完成に近づいた」ようにみえた。ジェームズ一世時代には、これが長足の進歩を遂げたことを人びとは確信していた。それはおそらくその通りであったろう。そうでなければ、一六一五〜一七年のコケイン*の起業は存在しなかったであろう。しかし、コケインの起業はウール織物に関するものであった。これまで述べてきた染色業者はウーステッド織についてその技術を完成しつつあった。コケインの実験の失敗から、西部諸州の毛織物染色業者は外国の要求と基準を満たすことができないことをイギリス人はしかと知らされた。しかし、ウーステッド織の染色業は東部を基盤としていた。また、さまざまな用途をめざす染色業はコケインの悲しい経験を避けることができた。わが国の染色業の弱点はよくわかっている。だが、その長所は何であったろうか。歴史家は推測を行うものではないが、正しい問題を提起することは大きな成果をもたらすものである。一六一七年以降のイギリスの染色業の強みはウーステッド織の染色（これはコケインの計画に影響されることはなかった）と、それよりはるかに粗末な製品の染色に成功した点にあるのではなかろうか。つまり安ものの亜麻織物、帆布、毛布用の粗い羊毛、靴下編みのための羊毛などの染色、要するに、ほとんど国内市場向け商品——後述するように、これらの安物は安いがゆえに、ついには外国市場にも進出するようになる——の染色に成功した点にあるのではなかろうか。[37] この問題にたいして、まだ確信をもって答えることはできない。しかし、証拠は上記の方向を指示しているように思われる。

＊ロンドン市長をも勤めたサー・ウィリアム・コケイン（?～一六二六）の悲惨な計画については、A. Friis, *Alderman Cokayne's Project and the Cloth Trade* (Copenhagen, 1917) 参照。

ウーステッド工業だけがエドワード六世時代の唯一の新規事業ではなかった。帆布のためのポルダヴィス織とオレロン織を製造する粗麻布工業も創設された。フランスから輸入される粗麻布はかなりの額に上った。一五六五年、ロンドン港に荷揚げされた外国商品目録によれば、粗麻布は金額にして三万二七二四ポンド、これに縞の粗麻布六〇〇ポンドを加えると、輸入品中の第四位を占めていた。この支出削減計画もまたエドワード六世時代に始まった。それにはまず、ブルトン人をイギリスに定住させ、かれらの技術をイギリス人に伝授してもらうことであった。その史料は少ないが、エドワード六世の官僚はジョン・オーウェルという者に、かれが粗麻布製造を始めたことにたいして報酬を支払った。ジョン・オーウェルがかれの事業の中心地をどこに設置したかを知るすべはないが、オーウェルというかれの姓から、かれがオーウェル川河口、つまりイプスウィッチおよびその近辺と関係をもつ者であったにちがいないと考えられる。この地方では亜麻・大麻が昔から栽培されており、これらがイプスウィッチの麻袋布(サッククロス)製造の原料となった。その後この地方に帆布製造業が確立された。[38]一五四七〜四九年に帆布製造を始めたブルトン人たちがイプスウィッチの帆布製造業に直接に寄与したか否かはわからない。表面的にみれば、かれらは失敗したようである。しかし、第二の試みははるかに大きな成功を収めた。すなわち、一五七四年、ジョン・コリンズという別の起業家は上記と同じイプスウィッチおよびウッドブリッヂ地域でマイルダニクス織とポルダヴィス織製造の特許を申請した。そしてリチャード・コリンズ——ジョンの親戚(おそらくかれの息子)で、イプスウィッチのポルダヴィス織業者――が一六〇六年に死亡したとき、かれは貧困ではなかった。かれは銀の杯で酒を飲み、食卓には銀のスプーンをそろえ、かれの事業は婿のエドモンド・ゴルティがひき継ぐだろうという確信にみちていた。[39] 不屈の努力がついに成功をもたらしたのである。どれほどの努力が帆布製造業の確立に投入されたかは、つねに欠陥を見つけてはこれを改良するというある非常に面白い記述(日附はないが、エリザベス時代のもの)から推測することができる。

イプスウィッチの帆布は日々改良され、完成品に近づきつつある。それはイースト＝スミスフィールドのタワー＝ヒルに住むバーバー氏という人がいるからである。かれはイプスウィッチの帆布を一手に購入する仲買人で、かれとイプスウィッチの職人とは契約によって二人の封印係を任命する。封印係の一人は職人によって、他の一人はバーバー氏によっておもだった職人の中から公平に選ばれる。封印係は契約によって上記仲買人のイプスウィッチの家にすべて運びこまれた帆布を検査し、封印し、正直に製造されたものにラベルをつける。そこで職人たちは、封印されラベルを貼られた帆布については全部の代金を直ちに受取る。正直に製造されなかった布は返品され、封印されることはない。職人は同意に達すれば、損になっても一応満足して上記の仲買人に、あるいは別の方法でその布を売却する。

封印係は腕ききの職人で、糸の撚りが足りないとか、打ち込みが弱いとか、紡ぎ方が悪いなど技術的な欠陥がある場合には、封印できない布の欠陥を毎週の封印の日に職人全員を集めて率直にこれを述べる。このことによって、職人のひとりひとりは自分の欠陥を知らされ、話合いによって、どのようにこれを改めるかを教えられる。仲買人は職人がすすんで互いに教えあい、製造した布が正しい技術によるものであるという信用をかちえるように導く。

イプスウィッチの帆布製造業は一六〇三年の議会制定法によって承認された。この法令の前文には、一五九〇年にフランスから技術が導入されるまで、帆布製造業は、存在しなかったと宣言されている。おそらく、この時にはじめて真の成功を収めたのであろう。一七世紀には、サフォクの帆布は国の内外で大きな評判をかちえた。それはヨーロッパで最良の帆布としてではなく、「わが国の一〇〇トン以下の小型の帆船」用の帆布として最良という評判だったのである。[40] フランドルやイーストランドの船乗りたちも「値段にしては丈夫である」といって、いつもイプスウィッチの帆布を購入した。[41] これがこの帆布の成功の秘密であった。それは特別の用途に用いられ、この用途のゆえに、割安であった。サフォク帆布はその後、とくに王政復古期には水兵用の特別上等のハンモックにつくられ、堂々と海軍の用にも供された。[42] 一七世紀後半のフランス－オランダ間の戦争の時には、オランダ－フランスとの競争が消え去り、イギリスの製造業は異常なほど繁栄した。(43) 競争相手はなく、帆布職人は夢中で働いた。しかし、平和が訪れると、帆布職人はゆっくりと仕事をするようになった。かれらは最高の技術をもつことはなかった。かれらはヨーロッパで最も上等の帆布を製造する者として孤塁を守ることはなかった。それでも、サフォクやサマセットの海岸沿いの小さい村々の多くは帆布を織って生活をたてていたのである。

ファスティアン織と金属加工業とはエドワード六世時代に、より組織的に開始されたというべき第三および第四の新規事業である。両製造業とも原料を輸入に仰がねばならなかった。ファスティアン織には木綿が、金属製品には鋼鉄と若干の銑鉄とが必要であった。これら二つの製造業については詳細に検討しなければならないが、ここではごく簡単にその概要を述べておこう。ファスティアン織は一五六〇年代にすでにチェスタァからアイルランドに輸出されていた。おそらく、ランカシャで織られていたのであろう。一五九〇年代、たぶんこの時よりもかなり以前から、ファスティアン織はノリッヂで大量に織られており、ヨークでもこれを始めようという試みが起った。一六〇〇年にはこれはランカシャの最も人気の高い製造業となっていた。一六〇四年にはイギリスのファスティアン織はフランスに輸出されていた。(44) 一六五四年にはランカシャだけで二万の貧困者がこの手工業に従事していたといわれる。

小さな金属製品の製造にはさまざまな手工業の分野があり、その一部についてはあとで詳しく述べる。ここでは、釘、錠、馬の轡の馬銜、拍車、鐙、ベルトのバックル、矢じりの製造業者がいたことを指摘するにとどめたい。これらの製造業者はかれらの損害を無視して鉄の買占めを行う商人を抑制するために一六〇三年に行動を起した。この行動は当時、スタフォドシャ、ウォーリックシャ、ウースタァシャ、シュロプシャで金属加工業に従事していた大勢の仲間たちの顔に一瞬の輝きを与えた。[45] 同じころ、シェフィールドとその近辺で働いていた人びとについては、デイヴィッド・ヘイ博士が共感と深い洞察による研究を公けにした。[46]

このようにして、ファスティアン織と金属製造業とを設立しようというエドワード王の計画はすぐに成功したために、その規模をはかることはできないが、おそらくささやかなものだったであろう。しかし、これらの製造業を設立しようという確固たる意図こそ、きわめて重要なものである。これまで他の例で見てきたように、人びとは最初の試みではほとんど前進することはできなかった。しかし、かれらは努力を止めなかった。そしてエリザベス朝が終るまでに、かれらは著しい成功を収めたのである。

メアリ治世には、起業政策を積極的に推進した根跡は見出されない。一五五五年、ノリッヂの一部の商人がラッセル織とサテン織――この両者はいずれもノリッヂの新毛織物の一種であった――の製造業を始めたときの苦労は世間の誰もが知っている。かれらノリッヂ商人は、イタリア製のラッセル織〔とくに一六世紀には盛装用に用いられた織物〕、サテン織、サテン裏地布がノーフォク羊毛で織られ、イギリスに再輸入されているのに、ノリッヂのウーステッド織の売行きが落ちていることに注意した。かれらはイタリアの腕のいい職人をイギリスに招くことを交渉して取りきめ、さらに、新しい種類の織物の製造を始めた。(47)しかし、これは一部の個人的事業にすぎず、さらに、エドワード治世に開始されたものだったかも知れない。メアリ治世に公式事業の証拠はみられない。

しかし、エリザベス治世になると、起業は新しい、しかもはるかに広範な局面を迎えることとなった。一五六〇年代になると、宗教的迫害によって、多くの新教徒職人がフランスやオランダを追われ、イギリスに亡命してきた。かれらの窮状は、セシルやかれと志を同じくするコモンウェルスメンにとっては幸いであった。(48)一五六一年、ケントのサンウィッチの市参事会はオランダからの移住者の第一団を招いた。(49)つづいて一五六六年には別の移住者がノリッヂに、一五六七年にはスタムフォド、メイドストン、サウスハンプトンに、一五六八年にはコウルチェスタァに、一五七四年にはカンタベリに定住した。より小規模な移住者の集団は、東部、南部、さらに南西部の小さな市場町に定住した。イギリス政府は表面的には、地方自治体がまず率先して移住者を招くよう奨励した。しかし、すでに述べたように、これを率先して行うことはセシル派の人びとの希望にぴったりとそうものであり、正式の認可はすぐに与えられた。〔地方自治体の率先なくしては〕政府は起業育成のための長期計画の順調な展開を期待することはできなかったであろう。新製造業の技術を伝授するためにイギリスに来住した外国人たちは、考えられるかぎりの最高の条件のもとに渡来した。かれらはかなり大規模な熟練職人集団をひきつれ、家族同伴で渡来したので、志を翻して黙って帰国するとは思えなかった。信頼すべき熟練者の集団は定住しようという強い期待をもってイギリスの都市に引きよせられたのである。

このようにして、さらに多くの新毛織物は、まずノリッヂに、ついでノーフォク、サフォク、エセックスの数えきれぬほど多くの村々に拡がった。一五七五年、ノリッヂの市民は枢密院にたいして、新毛織物の成功を弁舌さわやかに賞讃した(50)。一七世紀初頭、新毛織物はイースト＝アングリアのみならず、イギリス各地の羊毛工業の中心地で製造されていたのである。

新毛織物業の成功は周知のことであるが、その歴史はもはや研究の必要がないほどよくわかっているといえる者はいないであろう。新毛織物の種類はたえずその数を増し、数えきれぬほど多くの種類の新毛織物をつくり出した。それらは一つのグループとして顕著な成功を収めたため、それぞれの種類の織物の歴史を知ろうとする意欲を完全に逼塞させてしまった。さらに新毛織物と歩調をそろえて発展し、これとは別に大量の労働力を雇用するようになった関連手工業の繁栄もかすんでしまった。たとえば、ノリッヂは新毛織物の創業の中心地であったが、ここではレース製造業、リボン織工業、靴下編み工業も繁栄し、これらは外国職人が創業したのではないとしても、かれらによって同様に活気を与えられ、発展した職業であった。(51) これらの関連製造業はいずれも正当に考察されたことがなかった。たしかに、靴下編み工業は長い羊毛の使用と手細工的労働力の雇用という点からみると、新毛織物業につぐ地位を占めていた。一六一五年、新毛織物に使用される長い羊毛の三分の二は織物に、三分の一は靴下編みにまわったと推定された。(52)

他の新規事業と同様、靴下編み工業は一五六〇年代以前から存在していた農村の手工業——それはごく狭い範囲で販売される国内用の製品をつくっていた——の漠然とした歴史とからみあって、いつから始まったかよくわからない。しかし、靴下が流行の先端をきる商品となるや、靴下編み工業は新毛織物と同じように、革命的変容を遂げた。靴下の流行は靴下製造技術の改良の結果として起ったものであろう。それは良質の羊毛の使用にもよるが、くるぶしとそれにつづく足部を蔽う靴下の形がこれまでより格好よくつくられるようになったことと関係があるだろう。ジャージィ毛という良質の羊毛の一種が一五六〇年代以降しだいに使用されるようになったが、これはジャージィ機とかガーンジィ機で紡績されたものであった。この技術は明らかにチャネル諸島から始まり、ここからノリッヂに伝わり、ノリッヂはたちまちジャージィ編み靴下の主要な中心地となった。当時人気のあったもう一つの毛の靴下はウーステッド靴下で、これはイタリアの靴下をまねて製造された。これより贅沢で高価な靴下は絹でつくられ、スペインとイタリアの型をまねて編んだものである。一六世紀前半の靴下編み工業においては、イタリア人、スペイン人、フランス人が主導権を握っており、イギリスの靴下編み工業の発展が始めてあとづけられるのは、一五六〇年代、つまり外国からの亡命者がかなり多数イギリスに定住するようになってからであるということは偶然ではない(53)。

イギリスの靴下編み工業は技法的にも地域的にも急速に成長した。一七世紀初頭には、ウェールズ、グロスタシャ、コーンウォル、デヴォン、ノッティンガムシャ、ノーサンプトンシャ、ヨークシャ、ノーサンバランド、カンバーランド、ウェストモーランド、ダラムで靴下が製造された(54)。しかし、一五九〇年代にはすでに靴下編み工業は男女の編み工を雇用する巨大な製造業となり、国内取引の枠をこえていたのである。ジャージィ、ウーステッド、ウールの靴下はフランス、オランダ、ドイツの諸国に、六〇〇足とか七五〇足という単位で託送された。一六四〇年、この時には編み枠使用による靴下編み工業はまだ本格的に行われていなかったと考えられるのであるが、この年までに輸出は膨大な数に上った。この年一年間にロンドンからセント・ルカーおよびマラガのただの二港に積出された数量は紳士用ウール靴下二万三〇〇〇足、子供用ウール靴下五万八〇〇〇足、大人用子供用あわせてウーステッド靴下五万三五〇〇足に上った(55)。

ノリッヂは外国人がもちこんだ着想と技術とによって、一分野だけでなくいくつかの分野の手工業を創設することに見事に成功した町であった。しかし、これらの手工業とてノリッヂに導入された新産業のすべてではなかった。コモンウェルスメンでさえ予期しなかった業種に生花栽培業がある。これはさして多くの資金も、広い土地もいらないが、熱心な園芸家の手作業の技術と注意力とを必要とする新しい職業を創り出した。これはいとも簡単に始まった。都市人口がきわめて密集し、空地の少ない国から来住したオランダ人は町を飾るために花を愛した。オランダから来住した生花栽培業者は、好奇心に富む植物愛好者や庭を飾る新種の花を熱心に探す、地方のジェントリに出会って、趣味を収益の多い仕事にふりむけるようになった。この国には鑑賞眼の高い、しかも裕福なお得意さんがいたのである。ノリッヂのオランダ人は「この町ではじめて生花の使用法を拡め、その評判を高めた人びとである」とトマス・フラァは一六六〇年代に記した。かれにとって生花は「収益の多い技術」とは対照的に、「心をなごませる珍しいもの」であった(56)。しかし、成功した園芸家にとって、生花は生計の資であった。今日、園芸業は繁栄し、あらゆる階層の需要をみたし、外国人はこれに驚いている。おそらく、それは豊かな社会の恩恵であろう。一六世紀には園芸業はジェントルメンや裕福な中流階層の楽しみであった。それはまだ始まったばかりで、その経済的重要性は手工業に及ぶべくもなかった。それにもかかわらず、資本のない勤勉な人びとにとって、園芸業は一つの新しい職業だったのである。

靴下と生花は一五六〇年代に外国からの亡命者がイギリスに伝えた二つの全く異なる職業であった。イギリスの都市当局は外国人に招聘状を送るにあたって、実にさまざまな種類の雇用の増大を考えた。一五六七年、スタムフォドの町がオランダ人を招いたとき、招聘状をまず、粗毛織物（ベイ）・セイ織・スタメット織・ファスティアン織・じゅうたん・房飾り・麻綿の交織物（リンジィ=ウルジィ）・タペストリ・絹・ヴェルヴェット・亜麻織物の織匠、帽子職人、ロープ職人、櫃職人、ナイフや錠をつくる金属細工職人、鋼鉄・銅の加工職人に送った[57]。一五六七年にメイドストンの市民がオランダ人に送った招聘状はベイ織、セイ織、モカド織〔一六、一七世紀の衣類に多く使用された布〕、グログレイン織〔絹、あるいはモヘアとウール、時にはこれらの交織物の粗い布〕、ラッセル織、スタメット織、フリースラント織、フランドル毛織物、ナプキン用の紋織亜麻織物、ダマスコ織、平織亜麻織物、麻袋布、羽根ぶとんの側布、アラス織とタペストリ、スペイン皮革、フランドルの壺、タイル、煉瓦、真鍮細工の職人を求めた。さらに、上質紙と粗質紙、コルスレット、ヘッド=ピース、あらゆる種類の武器と火薬の職人も求められた[58]。以上のリストはサー・トマス・スミスが『コモンウィールについての一試論』に収めた輸入品リストと驚くほど類似している。かれはエリザベス治世になってもなお有力者で、一五五九年に開かれたつぎの委員会、つまり小間物の輸入を禁止し、必要ならば、国内での製造を促進する法案作成委員会の委員を務めた[59]。スミスのリストはちょうど公式の官庁記録が市井に流布され、地方自治体にたいして推奨すべき手工業の標準リストを呈示したようなものである。都市役人はこのリストを採用し、これを適宜に修正し、このリストをもとに移住の可能性のある人びとと交渉した。

メイドストンで亡命者たちが永続的成功をかち得たのは新毛織物や亜麻・大麻の織布業

についてではなく、亜麻糸紡績業についてであった。亜麻糸もまた一五五三年に価格の急騰によって人びとを嘆かせた外国商品の一つであった(60)。メイドストンはリネンおよび麻袋布の製造人、つまり亜麻・大麻の織匠を歓迎した。おそらく、亜麻・大麻がこの地方でさかんに栽培されていたことがその理由の一つであろう。また、もしそうでなかったとしても、間もなくさかんに栽培されるようになった。一六二二年には亜麻紡績業は亜麻工業やその他の新職業よりも重要となり、メイドストンはこの国内随一の中心地となった。もちろん、糸は目立たぬ商品で、たいてい軽く扱われる(61)。ダニエル・デフォーが無人島でのロビンソン・クルーソーの仮りの生活を述べたとき、この英雄は二、三枚の新しい肌着や半ズボンを、「作った」というより「不体裁に縫い合わせた」のだが、デフォーはその方法については全く書いていない。かれはどこで針と糸とを手にいれたのだろうか。この点についてては手がかりがない。デフォーは針と糸のことなど考えてもみなかった。これらはたしかに目につかぬものである。しかし、針と糸なしですますことは非常に難しい。エプロン、ペティコート、シャツ、シーツ、ナプキン、拭き取布(当時はまだふきんとはいわなかった)などあらゆる種類の亜麻織物や、そのほか一六世紀末までに家庭で大量に使用されるようになった布を縫うために、大量の糸が必要であった。一七世紀までに、これらの品物は農家でもごく普通にみられるようになったため、この国のどんな家でもまるっきり糸なしにすますことはできなかった。

一五四〇〜一五八〇年の期間に創設された一四の事業がここでようやく明らかになった。ある事業は値上りして手が届かなくなった外国商品の代用品を何とか見つけようとして、むりやり創設された。ある事業は高価な輸入品はまっぴらという気持が強くなった消費者層の気に入る商品を提供しようとして始まった。高価な輸入品に代るものを見つけようとする現在のわたくしたちの気持と変りない。ある人はガソリンの代りに台所のごみからとったメタン・ガスを使っている。水素と酸素とを混合して、ガソリンを使わずにエンジンを動かす可能性もふたたび論議されている。蒸溜水が二五パーセントも値上りしたため、電気冷蔵庫の氷を解凍して使うようにもすすめられている。木材の代りに藁で紙を製造する実験も始まった。一九七四年夏、石油価格が急騰し、貿易収支の危機が生じたとき、発明好きの人びとがいかに迅速に行動を起したかをわたくしたちはこの眼で見て知っている。かれらは一五四九年の時と同様の迅速さを示したのである。

一〇六品目、つまり一六世紀のイギリス人が必要不可欠なものと考え、したがって国内で製造ないし生産すべき輸入品として列挙した品目のリストをつくることができる。そのどれ一つとしてイギリスでつくられなかったものはない。一五八〇年以前に順調にすべり出した事業は、鉄、大青、油、ファスティアン織、ウーステッド織などの新毛織物、帆布、金属製品、明礬、緑礬、染色、靴下編み、紡績、生花栽培に関するものであった。そのほか、トランプ、仮面、コルセット骨、扇、マフなどのような大して重要でない商品をつくる事業も発足した。歴史家はこのような商品をなかなかまじめに取上げようとはしないが、一六八八年のグレゴリィ・キングの概算によれば、マフの「年間消費量」は五万個（価格にして一万ポンド）、仮面、コルセット骨、扇は二〇万個（価格にして同じく一万ポンド）であった。しかし、このほかにも新産業の設立を必要とする日常必需品は非常に多かった。これらの品物が貿易にとって重要であったというだけでなく、平均的イギリス人の生活にとっていかに必要であったかを強調するために、一六一四年、ルイス・ヒューズがバミューダ島で生活しようとするイギリス人に是非にも持参すべきものとしてすすめた買物リストをここに記すことは参考になるであろう。このような冒険家は経済性を考え、細心の注意をもってかれのリストから選ばなければならなかった。「油、酢、蒸溜酒、樽入りバター、壺、やかん、フライパン、三脚台、鉢、盆、ジョッキ、あるいは杯、水を汲む手桶、飲料水を汲みおく小さな樽あるいは壺、……を持参せよ。火箸、火取りシャベル、ふいご、火打箱、硫黄、燧石、はがねの枠、焼肉用串、焼肉のたれの受皿、燭台、ランプ、錠、鍬（スペード）、シャベル、つるはし、手斧、砥石、のこぎり、金槌、錐、ペンチ、あらゆる種類の釘……を持参せよ。また、ベッドも持参せよ。屑羊毛のベッドは羽毛のベッドよりよろしい。夏の衣料として、粗麻布か毛織物、ブルーの亜麻布と上等のバックラム〔堅い粗麻布〕などの布……を持参せよ。カスティリアの石けん、ピン、留め紐、レース、針、糸、指ぬき、大・小のはさみ……釣糸……と丈夫な釣針を持参せよ」(62)。これらの品物の一部については、一五四〇年以降の三〇年間にイギリス人が是非にも製造を始めたいと切望した品物ということですでに言及した。その他の品目は一七世紀の生活にとって必要不可欠なものであり、一五八〇年以降、起業家の努力は結実することになる。

Ⅲ　腐敗の時代　第一部　一五八〇～一六〇一

一五四〇年代の末、輸入を削減するような新産業を国内に設立するという構想は、かなり緊急の関心事となっていたようである。端的にいうと、それはイギリス人に技術を伝える外国職人の助力を確保するということであった。一五七〇年代の中葉になると、三〇年前に無意識に水中に投じられた石の波紋はますますその輪をひろげ、経済の見通しや事業の状況は予期しなかった方向へと展開した。一五八〇年には新規事業は競合する利害関係の複雑なからみあいにまきこまれるようになった。財政的利益を推進しようとする国王、貧困者救済を促進しようとする地方自治体、成功した事業を何よりの金鉱と心得、その利益配分を願う個人投機家たち、かれらはそれぞれ新規事業を利用した。新規事業は王室財政の赤字補塡のために王室組織の網の中に、さらにイギリス政府と諸外国政府との商業協定の網の中にまきこまれた。バーリィ卿は起業のための提言と起業にたいする苦情に関する記録のとじこみを始めた。ジェームズ一世時代に関するファイル*は厚く、現在、「起業、提言、抗議」という表題がつけられ、コットン＝マニュスクリプトに収められている。抗議文書は提言文書とほぼ同じくらい大量に残っている。新規事業は腐敗し、一五九七～九八年、一六〇一年、一六二四年には独占についての激しい論議が新規事業の特徴となった。

＊大英図書館所蔵史料のうち、Sir Robert Cotton（一六三一年没）が旧蔵していた史料に附された名称。

したがってわれわれは、かつては美しく澄んでいた水流を一五八〇年から一六二四年の間にどぶ川にした多くの水路について考察しなければならない。独占の利用および悪用について詳しく述べる必要はない。これについては繰返し語られている。もっとも、新規事業のなかには政府が独占の特許を与え、慎重に奨励したものもある。わたくしたちは独占を無視して新規事業を追及することはできない。したがって、新規事業と独占との両者をあわせ考察し、独占をめぐってなぜ腐敗が進行したかを明らかにしなければならない。しかし同時に、健全な経済のエネルギーの潮流は留まることなく、強力に新規事業を通して打ち寄せ、新規事業がなければ貧困に苦しんだであろうさらに多くの家族を救済したことを論証しなければならない。一五四〇～一六〇〇年の時期およびそれ以前は労働する男女にとって長い苦しい闘いの時代であった。なぜなら、かれらの賃銀はインフレによって浸蝕され、物価の上昇に追いつくことができなかったからである。新規事業はかれらの生活を助けた。

新製品の独占製造の特許、あるいは新技術の独占使用の特許を起業家に与えてかれらを奨励しようという構想は、イギリスでは、一五五二年のガラス製造の特許および一五五四年の国内の金属の試掘と精錬にたいする特許によって始めて実現した。(1) 一五六〇年以降、独占の特許は数多く、しかも急速に発行されるようになった。それはどのようにして、そして何故始まったのだろうか。

イギリスにおける特許制度の起源に関して、いくつかの議論が起り、さまざまな意見が出されてきた。一九〇六年W・H・プライスは、イギリスが「特許制度の発祥地」であると考えた。(2) シーボーン・デーヴィス博士は、イタリアの哲学者であり、寛容論の学説史上有名なヤコブス・アコンティウスが特許制度の考案者だったという説を検討し、その結果、ウィリアム・セシル説に有利な結論を示した。(3) どうやら、特許制度は大陸で広く行われていた慣習で、これが一五五二年にイギリスではじめて模倣され、一五六〇年以降、ウィリアム・セシルによって全面的に受容されたというのが事実に近いようである。ベルンでは一四六七年に紙の製造と販売にたいして特許が交付され、ヴェネツィアでは一四六九年に印刷術にたいして、一五〇七年には鏡の製造にたいして特許が交付された。(4) セシルは、イギリスの問題を思案し、政治的解決を模索していたとき、他人の経験を参考にしようとヨーロッパに眼を向けた。このことはセシルの著作から明らかである。セシルはこうした教訓をおそらく若い時に身につけたと思われる。というのはヘンリ八世の大臣たちも同じことをやっていたからである。後年、セシルのやり方はいっそう思慮深いものとなった。かれは外国と関係の深い特別の調査担当者を私的に雇用した（かれらは外国人のような名前だから、外国人として生れた者だったかも知れない）。かれらは国の内外で進行中の経済的起業の構想と情報とを定期的に、しかも逐一、セシルに報告した。たとえば、セシルがイギリス国内での大青栽培の拡大に気づき、課税してその拡大に歯止めをかけようとしたとき、かれは途中でスペイン、ポルトガル、フランス、ドイツでもそれが課税されているという情報を必要とした(5)。

一五六〇年代になると、外国人がセシルに宛てて個人的な書翰を送り、発明家として雇用されたいと申し出るようになり、その数はしだいに増加した。セシルは発明家を優遇するという大陸の方法にこれまでより大きな関心を払わざるをえなくなった。かれらがまず主張したことは、価値ある危険を犯すためには特権が是非とも必要であるということであった。アコンティウスはこの議論をもっとも説得的に主張した。「研究を重ねて公共に役立つものを発見した人びとは、かれらの権利と労働の成果の一部を享受すべきである。この間、かれらはさまざまな利益を捨て、実験に多くの費用をかけ、さらには多くの損失を忍んできたからである(6)」と。論旨はもっともであり、分別をわきまえた人を説得せずにはおかなかった。セシルは、新産業創設というかれの目的を達成するためには特許制度が最上の方法であることを認めた(7)。一五五八年に交付された初期の特許の前文には、「勤勉な労苦」に報い、「他の人びとの励ましとし」たいという政府の要望が宣言された。(8) したがって、特許は起業家に交付された。特許は起業家にかれらが真実に開拓し、発明したある特別の方法によって、商品を製造する独占権を付与したのである。右の傍点部分は重要である。(9) 一五六〇年以後、最初の特許は一五六一年にスティーヴン・グロイエットとアントニィ・ル・ルーヤーの白い固形石けん製造にたいして交付された。この石けんはトリアナやセヴィラで製造されていたスペインのカスティリア石けんとほぼ同質のものであった。当時、イギリスで製造されていた最上等の石けんはぶちのあるやわらかいブリストル石けんで、愛国者は「たいへん結構な」とあわててつけ加えているが、とうていきれいに洗える代物ではなかった。カスティリア石けんは当時の贅沢品で、イギリス婦人が買わずにすますことのできない高価な輸入品の一つであった。(10) この特許は二人の外国人に、石けん一般ではなく、カスティリア石けんの製造独占権を一〇年間与えるものであった。かれらは都市当局の商品検査を受けなければならず、また生来のイギリス人二名を使用人として雇用しなければならなかった。(11)

第二の特許は一五六一年に硝石製造のオランダ人に交付された。翌一五六二年には、明礬製造に特許が交付され、これは一五六三年に明礬・緑礬製造にたいする特許と取替えられた。両者とも染色のために必要欠くことのできない原料であった。一五六三年にはオーヴンや炉をつくるために、ジョージ・ギルピンとピーター・スタウベルケンに特許が交付された。スタウベルケンはまちがいなくオランダ人かドイツ人であった。[12] ここでいうオーヴンがどういうものであったかは正確にはわからないが、燃料を節約し、軽便に持運びできる小型のオーヴン（おそらく家庭および工場用）が当時ひっぱりだこだったということを多くの手がかりから知ることができる。こうしたオーヴンの用途は広い。ヘンリ八世およびエドワード六世治世の、フランスおよびスコットランド遠征軍に供給すべき兵站品リストから、携帯用オーヴンあるいは野戦用厨房が軍隊装備の必需品だったことを知るのである。ギルピンとスタウベルケンのオーヴン製造に特許が与えられたことは、醸造業と製パン業にとって薪燃料が十分でなかったことを語るものである。[13] しかも、セバスティアン・ブリッディガンというドイツ人がつくった別のオーヴンにたいして、一五六五年、ロンドンの一部の醸造業者は燃料の経済性という理由でこれに熱狂的賛辞を送った。[14] 一五七一年、ついにリチャード・ダイヤーにたいして、炉、携帯用オーヴン、そして「肉を煮込むための火をいれる」土製のこんろ製造の特許が交付された。リチャード・ダイヤーはこの技術をスペイン軍の捕虜だった時に習得し、特許を受けて準備を固め、ロンドンのムアゲートのはずれでその製造を始めた。[15]

この技術革新が製パン業、醸造業、さらには製陶業などの製造業にどのような影響を与えたかは、まだ検討されていない。しかし、ハウズがストウの『年代記』に附した技術革新の表の中に、上記の技術革新を挙げているところから、それはほぼまちがいなく成功したと思われる。その成功はオーヴンや炉を必要とする場末の零細製造業の発展のかげにかくれてみえないかも知れないが、このオーヴンや炉こそ、若干の起業の歴史にとって重要な論題なのである。たとえば、緑礬採掘には緑礬精錬皿を熱するための炉が必要であった。糊製造と酢醸造（第Ⅳ章参照）もまた、小型の炉とオーヴンをよりいっそう大量に必要とした。

一五六〇年代に交付された特許のなかにはよく知られているもの、つまりそれらの特許がその後どうなったかについて十分に研究されているものもある。たとえば、一五六四年と一五六五年にダニエル・ホックステッターとトマス・サーランドに交付された鉱石、とくに銅・銀・金の試掘のための特許がそれである。一五六五年には特許が乱発された。たとえば、火薬用の硫黄の精錬、種子、とくにあぶら菜の種子からの搾油、スペイン皮革（黒い皮革より当時は黄色い皮革が流行していた）の製造、菱亜鉛鉱——これは銅とまぜて真鍮製品、とくに羊毛用梳き櫛（これがミネラル＝アンド＝バタリー＝ワークス会社を発足させた）の製造に必要であった——の採掘にたいして特許が交付された。さらに、アントワープ生れのフランシス・バァティにたいして、オランダ方式による魚類燻製用の精白塩の製造の特許が交付された。(16)『コモンウィールについての一試論』は国内産の塩の生産量の不足と高価格について述べている。この時からイギリス国内の製塩業は涙ぐましい努力を始め、輸入塩依存に終止符を打とうとした。偶然にもオランダ、スコットランド、デンマークでも製塩業は同じように涙ぐましい努力を開始した。かつてユグノーはフランス王と戦争を始めるといつでもラ・ロッシェルの塩倉を差押えたものだったが、もはやフランスの塩に依存することはできなかった。スペイン、ポルトガルからの塩もイギリスとの関係が悪化すれば、すぐにも中断されるべきものであった。このような次第で、輸入塩は驚くほどの高値をつけ、国内での製塩業は一つの事業となった。その後の経過についてさらに検討しなければならないが、ここではとりあえず、鰊の塩づけ用に塩を使用するヤーマスで製塩業がまずかなり発展し、ニューカースル＝オン＝タインで著しい成功を収めたことを述べるにとどめたい。ここでは塩釜の煮沸用に近くの石炭をふんだんに使えたからである。この地方はその後長い間、塩の主要な生産地となった。一七世紀初頭には、サウス＝シールズに二〇〇の製塩釜があり、年間の生産量は一万トンに上った。一七〇〇年には、莫大な量の塩がニューカースルから船で特にロウストフトおよびヤーマスに向けて出荷された。[17]

一五六五年以降、特許を交付して外国人発明家を奨励することは確固とした方法となった。一五六六年から一五九六年までの間に、窓ガラス製造（一五六七年）、フランドル様式の染色・仕上げ方法（一五六八年）、フリースラント織の製造（一五六九年）、アイルランドに自生する茜草の採取およびこれを使用した皮革の染色（一五六八年）、トルコ型の角製（つのせい）のナイフの把っ手の製造（一五七一年）にたいして特許が交付された。一五七四年には、すでに述べたように、マイルダニクス織とポルダヴィス織（帆布）の製造とコップ製造にたいして特許が交付された。一五七七年には硫黄と油の製造にたいして、それぞれ特許が交付された。その後、在来の事業にたいして新契約条項を附加して――精白塩製造および製油(この時は鯨油)のため――、いくつかの特許が交付された。時には古い特許期間の満了、あるいは新しい製造方法の採用のために特許が交付された。しかし、全く新しい事業も促進された。たとえば、武具および馬具製造(一五八七年)、糊製造(一五八八年)、釘用の鉄裁断の技術(これは一五八八年にベヴィス・ブルマーが特許を受けた)、ぼろを原料とする白い筆記用紙の製造(一五八九年)、小型銃用のタッチボックス(旧式銃の点火孔の火皿にのせる上等の火薬を入れる箱)の製造(一五九一年)、合成酒、蒸溜酒、酢の醸造(一五九四年)、トランプ(一五九八年)とそろばん(一五九八年)の製作・製造である。[18]

記憶のよい方なら覚えておられるだろうが、以上述べた特許製品の多くは輸入を批難した商品リスト、あるいは是非にも開発を必要とする技術リストの中にすでに記されていた。特許はでたらめに交付されたのではなかった。しかし、一五八〇年代にはおそらく、そして一五九〇年代になると確実に、特許は、必ずしも発明家や熟練した技術者だけではなく、このような技術者の雇用を計画する廷臣、商人、投機師にも交付されるようになり、かれら、つまり後者が主として金銭上の危険をひきうけるようになった。明らかに特許制度のこのような展開は、当然のなりゆきで避けられないことであったが、それは特許制度の堕落であった。いったい、どうしてこのようなことになったのであろうか。

熟練した技術者が技術を必要としない実務管理者となることはよくあることである。かれらは仕事を始めるにあたって、財源が十分でないことがわかると、裕福なパトロンの援助の申し出を利用した。このようにして、ロンドン商人とか宮廷人が特許に顔を出すようになった。特許は、従来あまり資力のない人びとに授与されていた特権を、上記のような裕福な人びとに与えることになったのである。しかし、国王が起業にたいしてより一層貪欲な態度をとるようになったため、事態はますます複雑になった。事業が国内産業として成功するや、同一商品の輸入からえられる関税収入は減少し、王室財政は苦しくなった。したがって、新規事業の繁栄は財務府（エクスチエカー）の悩みを深くした。

王室が新規事業の発展を憂慮したことは、一五七六年六月、税関役人のトマス・スミスが大蔵卿に宛てて書いた書翰の中にはっきりと記されている。スミスは、新毛織物の国内製造が王室の関税収入にどの程度の損害を与えるかという質問にたいして、明確な回答を行った。かれは、最近登場した国内の新毛織物、とくにベイ織、セイ織、フリースラント織などの製造がいまや著しく発展し、たしかに「女王陛下の輸入関税収入を低下させた」ことを認めた。しかし、かれは別の観点から国家の利益を考えるべきことを進言した。「わたくしの考えによりますと、それは女王陛下にとって輸出関税において有利であるばかりでなく、われわれの国家（コモンウエルス）にとっても利益の多いものであります。と申しますのは、外国人だけでこのような商品をこの国でかくも大量に製造できるはずはありませんし、この国の多くの貧しい人びとを雇用しているにちがいないからであります」。大蔵卿が送った最初の書翰には、新毛織物製造業が広幅織物やカージィ織の製造を衰退させつつあるのではないかというさらに先の不安が表明されていたにちがいない。トマス・スミスは次のように応酬した。「わたくしはその御意見には賛同いたしかねます。過去に製造されていたのとほぼ同じ数量が現在でも製造されております。また、過去に消費されていたと同じ数量が現在でもこの国の中で消費されております。したがって、現在も過去におけると同じ数量がこの国から輸出されており、このことは関税台帳から明らかであるとわたくしは確信しております」と。別言すれば、スミスは旧来の毛織物および新毛織物の市場は国内、国外ともに発展しつつあり、女王が輸入関税収入で失ったものは輸出関税収入によって補塡されたと考えたのである。しかし、女王の大臣たちは簡単にはこれを承服しなかった。かれらの不安は消えなかった。つまり、一五八五年当時、かれらはイギリスにおける大青栽培の普及に関する激しい議論の渦中にいた。女王は大青輸入関税収入が減少することを憂慮したのである。

したがって、新事業は批難を先手で防ぐために新しい形で提案されるようになった。すなわち、特許を受けようとする者は、関税収入の蒙る損失を補償するために、国王にたいして利益の一部を支払うことを約束した。このことは起業家がこれまでより大きな賭をすることを意味し、起業家は損をしないためによりいっそうの努力を払わなければならなかった。

エリザベス朝およびこれにつづくジェームズ王時代の財政危機もまたさらに新しい起業政策を打ち出した。三〇年以上も前に、ヘンリ八世が忠誠心あふれる家臣から借入した借財の一部はまだ返済されていなかった。このような辛抱強い債権者の一部は、新事業を起して債権を取りもどす好機会にしようと考えた。特許の交付をうける者のなかにジェントルマンや貴族が登場してきたのはこうした理由からであった。フランス人のブュショール氏はヘンリ八世に用立てた債権の補償としてエリザベスから油および硫黄製造の特許を交付された。サー・リチャード・カニングズビィがかれの悪名を高めたトランプ製造の特許を手にしたのは、ジェームズ一世に一八〇〇ポンドの債権をもっていたからである。このような財務執行上の新動向はたしかにウィリアム・セシルが一五七二年に大蔵卿として女王の財政管理の任に当るようになったこととある程度の関係をもつもので、セシルはつづく一〇年間に王室の借財を減少し、通常収入を安定させるという目的を確実に達成した。[19]

比較的裕福でしかも有力な人びとに独占の特許が交付されるようになると、かれらが手に入れた特権はこれまでよりもはるかに貪欲に利用された。以前に特許を交付された発明家的職人は十分な資金がなく、職業上の秘密を守ることは困難であり、ましてや、競争相手の事業を抑圧するために代理人や情報提供者を雇用することなどできなかった。かれらの新しい技術はすぐにみんなに知れわたった。これらの商品の多くが労働力を大量に必要とし、原料購入のための現金をほとんど必要としなかったということは、ある意味では悲劇的であった。非常に多くの労働者が雇用されると、かれらは雇い主と同じようにすぐ仕事を覚え、自分で仕事を始めることができたのである。一五六〇年代および一五七〇年代にあれほど多くの事業が急速に安定した職業として成長し、多数の中心地を各地に成立せしめたのは、上述の理由によるものであった。しかし、一五八〇年代になって裕福な者に特許が交付されるようになると、起業にたいする威圧的脅威――製造特許に早くから内在されながらもそれまでは表面に出ることのなかった――がほぼ完全に露呈された。これら裕福な特許権所有者は代理人を雇って全国津々浦々を探しまわり、競争事業を取りつぶすだけの資金をもっていた。かれらがかれらの特権のもつ正確な意味を全く無法にも無視することは稀ではなかった。[20]競争相手を取りつぶそうというかれらのたゆまぬ調査が激しい批難をあびると、かれらは粗悪品を作ったかどでにせ者たちを告発するのだといって身を守った。こうした告発の経済的意味についてはあとで検討する。ここでは、このような告発の中には、新製造業が全国いたるところで拡大しつつあったという貴重な手がかりが埋めこまれている点に注意することが何よりも重要である。一六〇一年の議会討論において、地方出身の国会議員は、特許権所有者の代理人の行為をはげしく批難し、かれらは田舎の市場町や村で小さな仕事場を営む小生産者の労苦を押しつぶすものであると糾弾した。[21]「コモンウェルスの吸血鬼」とは国会議員マーティン氏が特許権所有者の代理人および調査人につけた名前である。「わたくしは、糊・錫・魚・織物・油・酢・塩等々の独占業者たちの残酷非道を、かれらの代理人によって泣かされている都市のため、また呻き苦しむ農村のために発言する」。「これら吸血鬼が、今後なおも大地がわれわれに与える最上のそしてもっとも重要な商品をしぼり取ることをやめないならば、われわれは一体どうなるのであろうか。われわれ自身の大地の生産物と、額に汗して（膝まで泥につかって）働いたわれわれ自身の労働の財貨とは、最高権力者の権限によってわれわれから奪われてしまうのである。しかも、この権力にたいして、あわれな臣民はとうてい抗議することなどできないのである」[22]。

裕福な特許権所有者でさえ、繁栄の極にある新産業を破壊することはできなかった。しかし、かれらはつねに焦だちを感じ、全く身勝手な方法で、国内の一定地域を目の敵とした。レノックス公〔ルードヴィック・ステュアート、一五七四～一六二四〕が新毛織物検査税の徴収権の交付を受け、かれが徴収できる編み靴下課税に注目するや、かれの代理人たちの行動は目に余るものとなった。

靴下などの新毛織物の大部分は独占にたいする特許権交付政策が本格的に進展する以前に始まり、一般の人びとの間に広く普及していたので、特許制度を全く逃れていた。これらの製造業は一五六〇年代、とくに政府が先にたって外国人をサンウィッチ、ノリッヂ、コウルチェスタァ、ハルステッドに定住せしめて以来、燎原の火のごとく各地にひろがった。しかし、新毛織物はあまりにも売行きがよかったため、王室財政が再検討される折には遅かれ早かれ恰好の課税対象とされることはさけられないことであった。広幅毛織物にはずっと以前から毛織物検査税が課せられていた。[23]

新毛織物に関する毛織物検査税は一五七八年、つまりサー・ジョージ・デルヴズとウィリアム・フィツウィリアムの二人に検査税の徴収権が交付された時から始まった。一五八〇年、ノリッヂ市は市内の新毛織物の徴税請負を許可され、その徴税台帳は靴下に課税されたことを示している。靴下はたいてい新毛織物の項目のなかに包括されていた。[24] しかし、最初の年にごく僅かな数量しか課税されていないのは、管理機構がほとんど機能していなかったことを立証するものである。一五八五年、デルヴズとフィツウィリアムはノリッヂでこの税の徴収を始め、一五九二年までこれをつづけた。かれらは一五九四年に、さらに二一年間の期限で特許の更新を受けた。この時、靴下に課せられた税率は一ダースにつき二分の一ペンスであった。デルヴズとフィツウィリアムは直ちに代理人をヨークシャ各地の新毛織物の中心地に遣わし、製造数量についての情報を集めた。この代理人は靴下製造の中心地がドンカスタァ、リッチモンド、バーナード＝カースル、アスクリッグおよびリッチモンド周辺の小都市であることを確認した。前記の特許権所有者は通常ロンドンで靴下を販売していた地元の商人一、二名に毛織物検査税の徴収を委託しようと考えた。その後、一六〇二年にデルヴズとフィツウィリアムが起した訴訟によれば、新毛織物という用語に包括される商品については非常に曖昧な点が多いことがわかる。それも当然のことであろう。なにしろ、新毛織物とよばれる織物の数と種類はしだいに多くなり、毛・絹・亜麻糸の混合の割合もさまざまになってきたからである。三年後の一六〇五年、デルヴズとフィツウィリアムの二人はおそらくしぶしぶながら特許権を放棄し、レノックス公という寵臣にこれが交付された(25)。この人物の行為のなかに、わたくしたちは始めて、裕福な貴族がこうした特許の交付を食い物に、地方の職人や商人をいじめ、どれほどの財貨を動かすことができたかをみるのである。

一六〇五年に新しく交付された特許には、靴下税の税率が明記されていなかったし、さらに、靴下が新毛織物という名称に包括されるか否かについてもなお曖昧であった。その後の訴訟のある証言によれば、毛織物検査税ははじめ靴下一ダースにつき一ペンスの割で賦課されたといい、また別の証言によれば、一ダースにつき四分の一ペンスだったという。一六〇六年に財務府の貴族たちの出した命令は、靴下には毛織物検査税が賦課されず、臨時税——その税率はこの時から六四ポンドにつき四ペンスとなる——が賦課されるべきことを宣言した。にもかかわらず、その後の訴訟のすべてにおいて、靴下に関する毛織物検査税は当然のこととなっており、また、つねにこの名称でよばれていた。

ほとんど同時に、毛織物検査税が高すぎると主張するノリッヂ商人との間にいくつかの論争が始まった。レノックス公は検査税徴収のための調査係りを任命し、まず第一に、ノリッヂについてかれの徴収すべき税の請求を始めた。ノリッヂでかれの権利を執行するためには、一〇人の代理人が必要であった。さらに、必要に応じて法律上の助言を行うアントニィ・ギブソンというロンドンのジェントルマンをかれらに加えて補強した。ギブソン自身、微妙な問題については、レノックス公の博識な法律顧問であるミドル・テンプル法学院*のリチャード・ハザーに問合わせた。一六〇六年、早くもセシルの耳に届いたレノックス公の徴税請負特許に反対する抗議（おそらく私的な請願により、たぶん庶民院を通過したものであろう）にたいして、答弁を用意したのはリチャード・ハザーであった。(26)

＊ロンドンに一四世紀に設立された法学院 Inns of Court を構成する四法学院の一つ。

レノックス公の方法はきびしいもので、また徹底していた。公の代理人たちは、ノリッヂの運送業者がロンドンに出発する前に、その荷馬車の検査を要求した。ある運送業者は、自分の荷馬車がこのような検査を受けることを拒否したが、公の代理人たちはロンドンに向う道路の最初の休憩地点であるアトゥルバラまでこの運送業者を追いかけ、ここで、かれの荷馬車を検査しようとした。かれはふたたびこれを拒否した。しかし、レノックス公の代理人たちは簡単にはひっこまなかった。かれらはレノックス公に相談するために、仲間の一人を急ぎロンドンに走らせた。ミドル・テンプル法学院のハザー氏が助言を求められた。その結果、公に仕える五人の男がハーフォドシャのウエアの旅館に赴き、その地方の治安官と十人組長の援助を要請し、ノリッヂの運送業者がこの村にやって来るのを待ち伏せた。かれの荷馬車が旅館に到着するや、靴下、ガーターなどの商品の梱包は取上げられ、ロンドンに運ばれた。ここで、アントニィ・ギブソンがレノックス公の代理として梱包を開き、商品が無封印であることを意気揚々と証明した。

一六一四年ころまでは、レノックスの代理人たちがヨークシャのリッチモンドにあらわれて、この地方の靴下に検査税を賦課することはなかった。かれらは商人をいっせいに呼び出し、商人の面前で開封勅許状をふりまわし、一〇ポンドを滞納分として、さらに一〇ポンドを予納分として支払うよう要求した。一六二九年には（おそらくこれよりだいぶ以前から）、ノーサンプトンおよびドンカスタァの靴下商人は検査税を賦課されるようになった。いずれの場合にも、検査税の徴収は地元の大商人に合計いくらという額で請負われた。しかしなお、レノックスの徴税特許権には問題が絶えなかった。ある靴下商人は検査税を支払い、別の靴下商人はこれを支払わなかった。靴下商人が突然に差押えを受けることもしばしばあり、「事を荒だてないために」、滞納税を支払ったり、予納金の支払いを約束した。しかし同じ町に、検査税を請求されたこともなく、また、靴下の検査を受けたこともない靴下商人もいた。このようなわけで、アースラ・ヒックスというリッチモンドの靴下編み職人は四〇年間一度も検査税を要求されたことがなかったが、バーナード＝カースルのアンブロゥズ・アプルビィは未納のかどで差押えを受けた。イギリス各地の数多くの靴下編み工業の中心地、たとえばサマセットのウェルズやトーントン、デヴォンのティヴァトン、さらに、当然のことながらウェールズの靴下編み工業の中心地では、一体、どうなっていたのだろうか、よくわからない。確かなことは、毛織物検査税の徴収人が全く予知できない方法で出没したということである。

毛織物検査税徴収の特許権所有者はその徴収をロンドンと取引する地元の大商人に委託したので、新毛織物の小規模生産者は賢明にもかれらの眼につかぬように行動した。ノリッヂでの論争は、レースおよびガーター材料製造業者が公認の商人を避けてロンドン向け商品を小商人に委託し、あるいは歳市で商いをする田舎まわりの行商人に売却していたことを語っている。おそらく、靴下についても同様の算段がつけられたにちがいない。要するに、もともと王室の現金収入をふやすために案出された毛織物検査税の請負特許と、製品の技術水準を維持し、海外市場におけるイギリス商品の評判を落さぬことを目的として始まった毛織物検査税制度との両者は、未検査、未封印、等級未定のあらゆる品質の安物商品の普及を積極的に促進したのである。ごく僅かな間のことながら、これらの安物の織物や靴下の製造業者は海外にも商品を販売した。かれらはここでもまた公認の商人を避けた。外国市場が貪欲にイギリス商品を売捌いていたところでは、それは困難なことではなかった。スペインでは、一六〇五年、イギリスとの取引が再開され、安物のイギリス靴下やイギリスの織物の需要が高まった時、たしかにこうした事態がおこった。一六一七年、スペインおよびポルトガルと取引する公認商人の主な苦情は「自分で布や靴下を製造し、商人の手を経由せずに勝手に、これらの商品をスペインに輸送する」製造業者たちと、かれら公認商人とが不当な競争をしなければならないことであった。このようにして、さらに多くの地方商品がふたたび未封印、未選別、等級未定のまま、外国の顧客に目立たぬように輸送された。

レノックス公の毛織物検査税特許がひき起した苦悩は、すべての特許の結末を暗示するものである。特許はすべての製造事業を探し出すものではなかった。四〇年もの長い間、靴下編み業をつづけていたリッチモンドのアースラ・ヒックスのように、多くの人びとは全く気づかれずにすんだ。しかし、目につくほどの規模で営業していた事業主にとって特許は非常に腹立たしいものであった。誰かを雇い入れれば、人目につかずにはいられなかった。そのことは、田舎の村では誰にも気づかれることなく、非常にうまく製造業を営み、商売をつづけることができたが、都市では人目を避けることができなかったということを意味する。このようにして、製造業はより体系的に農村に浸透したが、議会の独占に関する討議では、――たとえばウォーリック、レディング、ヨークの国会議員たちによって――都市の憤慨は非常に声高に、かつ雄弁に表明された。他方、セシルが議会の答弁の中で皮肉に述べたように――あるいはごく軽い気持で冗談にいっただけかも知れないが――、小屋住みの未亡人たちは黙っていた。(27) しかし、田舎の村や農場でこのような人びとの数がふえていたことを過小に評価するのは、愚かなことであろう。

新製造業の自由な、しかも健全な成長はコモンウェルスメンの目的であったが、かれらの照し出した小道は深い茨の茂みの中に消えていった。とはいえ、かれらの本来の念願は、独占に関する討議が続くウェストミンスタァ・ホールの扉の前に押しかけた群衆によって、なお支持された。群衆は自分たちがコモンウェルスメンであると叫び、「独占業者たちによって損害を受け、自由を奪われ、略奪されている」かれら群衆の苦痛に理解を示すように求めた。(28)しかしながら、コモンウェルスメンの崇高な理念は腐敗の中に完全に埋没することはなかった。多くの新職業は、貧困者を雇用するものとして、その重要性をすでに発揮していたが、教区の労役場(ワーク・ハウス)で育成すべき製造業リストの中でも重要な地位を占めるようになった。一五七六年の立法は、貧困者をその家庭あるいは仕事場で雇用し、怠惰な者を矯正院で訓練するための作業に関する規定をつくった。その後、羊毛・亜麻・大麻を使用するさまざまな種類の織布業に貧困者を就業させるようになったことは古くから知られている。しかし、この種の作業の正確な特質をもっと厳密に規定する必要がある。それは一五六〇年代以降育成されてきた多数の新興の職業を包括するものであった。たとえばウィンチェスタァの矯正院は帽子・手袋・釘の製造ならびに織布・染色作業を男子に与え、紡績・梳毛・羊毛選別、亜麻の仕上げ、靴下編みなどの作業を女子に与えることを計画した。(29)ウィンチェスタァでつくられた完成品のなかには、その土地で栽培された大青を使って染め上げたカージィ織とフェルト帽子が記されている。この地域の人びとは大量の自家栽培の大青の在庫品をもっていたといわれるから、かれらはこれらの大青を使用したと考えてよいであろう。というのも、ハンプシャは大青栽培の主要な中心地の一つであったからである。作業はウィンチェスタァの八〇人の男女のために計画され、この都市の一〇～一二マイル以内に三、四の倉庫が設置された。矯正院に糸を十分に供給するために、紡糸作業は外部に発注された。盛業中の事業を貧困者の間に普及させようというこうした計画は今や着実に発展し、イギリス全土の公共心に富む人びとや都市当局の支持をしだいに広くかち得るようになった。一五八〇年代はじめ、ウースタァ刑務所の所長は、貧しい受刑者を自分の監督のもとで大青栽培に従事させようといううまい計画を考えた。かれは受刑者にこの都市近郊の大青畑三〇エーカで仕事を与え、「これによって、かれらは非常に助かった」。一五九七年、ヨーク市当局はヨークでファスティアン織の製造を始め、五〇人の貧困者雇用を約束したハートルプール〔ダラム州ティーズ河口北岸の町〕出身の男に、都市の市民権、一〇年間の独占営業権、賃貸料免除の家屋を与え、事業資金を貸付けた[30]。この政策は一五九〇年代のはじめに大都市で靴下編み教室が設立された理由をほぼ確実に説明するものである。ヨークでは一五九〇年以前に、リンカンやレスタァでは一五九一年までにこのような教室が設立された[31]。ベッドフォドシャのイートン＝サッコンでは、一五九六年、貧困者の子弟にボーン・レース編みを教えるため、一人の婦人が雇われた[32]。一七世紀に入ると、このような貧困者向き職業のリストは、一六二〇年代のソールズベリの場合のように、ピン製造、レース製造、さらにボタン製造を加えて長大なものとなった。(33)

したがって、独占業者が新職業の拡大を妨害している間にも、新職業はほかの諸勢力のもとで前進をつづけた。労役場と教区〔の用意すべき〕原材料とに関する立法は新職業を新天地へと拡散させた。一五六八年から一五七一年の間に始まる輸入品価格の第二高騰期――ハンブルクに住む織物商のジョン・グレイはこれを低地諸国におけるスペインの政策に由来すると述べた――はさらに強力な刺戟を与えた。アルヴァ公はオランダへのイギリス商品の輸入を許可制とし、しかもこれに重税を課した。このため、オランダで販売されるイギリス商品の価格はつりあげられた。オランダからの輸出品にたいしても同じく許可制度がとられ、イギリスにおけるオランダ商品の価格は三〇パーセントから四〇パーセントひき上げられた。ジョン・グレイはホップ・茜草・亜麻織物・毛織物・ピンの価格が一五七一年〔一五六八年以降〕に急激に上昇したことを例として示した。ホップはもとハンドレッドウェイト〔一一二ポンド、つまり五〇・八キログラム〕につき一四シリングから一六シリングであったが、四五シリングから五〇シリングとなり、茜草はもとハンドレッドウェイトにつき二〇シリングであったが、それが三八シリングから四〇シリングとなった。ゲント製毛織物はフランドル尺の一エル〔約四五インチ〕がもと七ペンス半だったのに、一一ペンスから一一ペンス半となった。(34) ホップや茜草の栽培、亜麻織物・ピン製造がその後、新規事業として熱心に遂行されるようになったのは当然のことである。さらに、一五八〇年代のはじめには、他のヨーロッパ諸国との貿易に問題が生じた。一五八一年から一五八五年の期間、ヴェネツィアはイギリスの特許権所有者がヴェネツィアからの輸入品について行った課税にたいする報復手段として、レヴァント会社が輸入するイギリス商品に課税した。価格はさらに上昇した。一五八二年、政府の閣僚はフランスでイギリス商品に最近賦課されるようになった関税を説明する資料を沈鬱な態度で読み上げた。自国産の代用品を探し求めていた起業家はその努力を倍加した。こういう人びとのなかに、外国油の代用品を探している人びとがいた。

一五四九年、『コモンウィールについての一試論』は油脂起業家の必要を吐露した第一声であった。[35] 油脂は一五四九年には一五四二年より三分の一値上がりしたと上記の著作は宣言した。主要な油脂供給国はスペインであった。一五五三年、スペインが明礬輸出を許可制にふみきったとき、ウィリアム・チャムリィ*は次のいとも明白な問題を提起した。「もしスペインが油脂に関して同一の手段をとるならば、いったいどうなることであろうか。羊毛を加工するための油をどうして手にいれるべきであろうか」[36]。新たな緊急事態が討論に拍車をかけたが、何の解決策もまだ見えなかった。一五三二年以降、ヘンリ八世治世の終りまで、大麻・亜麻の栽培が議会制定法によって促進され、耕地六〇エーカごとに二分の一エーカをこれにあてるよう要求されたが、それはあきらかに亜麻織物と粗麻布製造の推進のためであって、種子から油を採るためのものではなかった。一五六三年、エリザベスが大麻・亜麻栽培に関する父王ヘンリ八世の政策を復活させたとき、女王はなお、漁師が必要とする網や帆、さらに、亜麻織物や粗麻布製造が与える紡績工や織布工の仕事を考えていた。搾油についてはどこにも述べられていない[37]。しかし、少なくともイギリスの一部の地域――ノーフォクのリンの周辺――では、一五五一年にあぶら菜が栽培されており、これから油をとっていた[38]。これは一五四九年に起った最初の警告の結果だったのであろうか。そう考えられぬこともない。しかし、ノーフォクの実験は広く知られていたわけではなかった。国民経済の必要性はまだこの〔実験の〕ニュースをより広範に普及させるというほどに追込まれていなかった。あぶら菜栽培が本格的に促進されるようになったのは、一五六〇年代の後半、外国人がイギリスに来住してからのことである。一五六五年、アーミジル・ウェイドとウィリアム・ハァールにたいして硫黄製錬と種子搾油業の特許が交付された[39]。次の一〇年間にこの事業が発展したか否かは明らかではない。しかし、政府は新しい組織のすべてを好意的に取扱い、搾油業を存続させた。一五七一年、ジャイルズ・ランバードはイギリスの織物業者に供給する油の製造装置を提案した。一五七二年には国内の製油業を奨励するための法案が議会に提出された[40]。

＊ウィリアム・チャムリィ（一五五四年没）はロンドンの食料品商で'The Request and Suite of True-hearted Englishman'（1553）の筆者。詳細は TED iii. 130-148 を参照。

一五七六年までには、対外的な諸状況によって製油業を是非にも緊急に成功させねばならなくなった。スペインからの輸入油は、両国間の長期にわたる政治上の軋轢のため、もはやあてにすることができなくなった。価格は「べらぼうに高騰」し、「スペインから西インドに輸送される量が年ごとに増大するために、価格がよけい高騰したよう」である。当時、諸種の起業に関してウィリアム・セシルの親しい助言者であったウィリアム・ハァールはこの問題を多くの側面から検討し、確固とした計画を提案する覚え書を提出した。国内で「種子、薬草、植物根、鉱物等から」油を製造することは石けん製造業と織布業にとってとくに必要であった。同時に油は照明、料理、製薬、塗料にも必要であった。当時、「非常に素朴な方法や利益にもならぬ方法で、種子から油を製造していた」のはこの国内で僅か四、五人くらいであった。かれらはノーフォクの人だったのだろうか。ウィリアム・ハァールはかれの報告書を正しいものにしようと苦労した。かれの報告書は、あぶら菜の種子から搾油することはなお実験的な段階を出ず、大きく前進していなかったと述べているが、わたくしたちはかれの報告書を慎重に検討しなければならない。ハァールは次のようにいう。フランドルやフランスでは、仕事のないきわめて多数の人びとが、搾油業や、これに関する加工処理作業に雇用されている。全くのところ、両国とも大麻・亜麻をこの目的のためにイギリスから輸入している。ハァールはさらに主張する。このような輸出は、太索（ケーブル）、ロープ、網、釣糸、亜麻織物や粗麻布、組紐、梱包用紐、縫糸、馬の腹帯用布、ボーン・レース、ドルニックス織、ファスティアン織のみならず、油を自国内で製造するために制限すべきである。大麻子、亜麻仁、菜種から、石けん製造と織布にとって良質の油を製造することができるのであるとかれはくり返し述べている。

ハァールが主張した実際案は大麻・亜麻の栽培を奨励する議会制定法を強化し、また、あぶら菜の播種面積を増大すべきであるというものであった。たしかに、これらの農作物は「どの穀物よりも地主および経営者に大きな利益をもたらすであろう」とかれは書きたした。この報告書の読み手――おそらく間違いなくウィリアム・セシル――はペンに手をのばし、右の語句にアンダーラインをひいた。そこには予期されるような警戒の調子は聞えず――穀物供給の危機を導くような大青栽培熱はまだ始まっていなかった――、これを肯定するよりいっそう強力な議論が附加されていた。もし、これらの農作物が穀物より高い収益性をもつとすれば、その儲けでもっと多くの土地を干拓することができるとセシルは欄外に書き込んだ。誰もが知っているように、あぶら菜と大麻は新しく干拓したフェン沼沢地にとくに適した農作物であった。したがって、国内で油を生産する計画は干拓事業と関連するもので、この計画は別のグループの発明家や起業家――風車と排水用動力の設計を委託した人びと――に新しい勇気を与えた。

したがって、一五七〇年から八〇年にいたる一〇年間は、製油事業が本格的に開始された時であった。ウィリアム・ハァールは製油業にたいする新しい特許の交付に賛成した。この特許は一五七七年ウィリアム・ウェイドおよび別名をポープというロンドンの宝石商ヘンリ・ミーキンズの両人にたいし、硫黄および植物油製造のために公正に授与された。[41]この植物油は石けん製造や織布の仕上げ用に鯨油の代用として使用されるものであった。その他の特許請求は明らかに留保された。ただ、ウィリアム・ハァールはブュショール氏というフランス人の特許請求を認めた。かれはヘンリ八世時代に王室に多額の金子を用立てており、硫黄と油——かれはオリーヴの木を植えることを提案し、これから油を取ろうとした——を製造してこれを回収しようとした。イタリア人のミッシェル・アンドリオーネもまたコウルチェスタァとコウルブルックで良質の油を製造する計画について王の認可を申請した。ただ、かれはその〔油の〕原料を明らかにしていない。一五七九年には、種子を原料とする搾油業がある程度の油を製造していたことは確実である。なぜなら、この年、ローレンス・メロウズが国内で種子から搾油した油にたいして、ロンドンの石けん製造業者が適正な価格を支払おうとしなかったため、かれはかれら石けん製造業者と論争する態度を固めたということがあるからである。[42]

製油事業がしだいに勢いを得てくるにつれ、フェン沼沢地の干拓事業もまた活溌となってきた。一五七〇年代には沼沢地の洪水がますます頻繁におこり、枢密院の関心事となった。一五八〇年代のはじめ、枢密院は干拓技師の実務上の提案を検討し、一五八五年には、干拓一般に関する法案が作成された。一五八九年、ブラバントのハンフリィ・ブラッドリィはフェン地方の洪水の原因に関する論文を提出し、その干拓方法を具申した。[43] 農業専門家たちはあぶら菜栽培の実験を始めた（一六〇三年にはその種子がボストンから輸出されるまでになった）。[44] 同時に、織物業者たちは織布に菜種油を試用した。結果的にいえば、菜種油が使用できるようになるまでには長い期間にわたる試行錯誤がつづくのであるが、ベネディクト・ウェッブの詳細な伝記の中にその物語を読みとることができる。[45]

ベネディクト・ウェッブはウィルトシャのキングズウッドの織元であった。一五七九年、かれはロンドンのフランス商人の徒弟となり、すぐに外国に派遣された。かれはパリ、ルーアン、イタリアで外国の織布技術を目撃し、帰国後、サマセットのトーントンで事業を始めた。ウェッブはスペイン織物（これは寄せ布織として知られている）をイギリスで始めて製造した。かれはまた織布に菜種油を使用することに成功した非常に著名な開拓者であった。かれは一六〇五年にキングズウッドに始めて搾油場を設置した。一六一八年までにかれは生産を拡大し、かれの油を使用する地方織物業者の絶大な信用をかちえた――かれの信用は一六二一年以降もますます高まった。グロスタシャ、ウィルトシャ、サマセットの主な織物業者二二人は一六二六年、ウェッブの菜種油が極上の品質であるという証拠を残している。この時までにかれはキングズウッドのみならず、ディーンの森でもあぶら菜を栽培し、この栽培のために、一人の地主からだけでも五五〇エーカを借地していた。しかし、ディーンの森はあぶら菜の生産地として末長くはつづかなかった。東部イングランドのフェンランド〔既出のフェンと同じ地方、つまりケンブリッヂシャからリンカンシャに亙る沼沢地方〕がはるかに栽培に適する土地であることがわかった。とくに一七世紀後半、フェンランドの干拓が進むにつれ、あぶら菜の栽培面積は拡大した。ウィリアム・ダグデイル*は一六五七年、ベッドフォド平野で見たあぶら菜の栽培について、欣喜してこれを記した。さらに、アイル・オブ・アクスホウム〔ヨークシャ、ハンバァ川上流のやや南〕では、ソーンに向う道路沿いのサントフト〔Santoft は Sandtoft の誤りか？〕を過ぎたところで、かれはあぶら菜の種子の搾油用風車四基のそばを通った。(46)

*サー・ウィリアム・ダグディル（一六〇五〜八六）はオックスフォド大学でローマ法を学び、歴史家として多くの業績を残した。代表的なものに、*Monasticon Anglicanum*, 3 vols. (London, 1655-73) がある。

織物業者の中には織布に菜種油を使用することを嫌う者がいて、その偏見はなかなか消えなかった。おそらく、縮絨工程のあと、つねに正しく洗浄工程を施すとは限らなかったからであろうが、あまり長く梱包しておくと、布地に虫がつくといわれた。(47)しかし、織布工業やその他の製造業——照明用をふくむ——に菜種油が使用され、成功したことはまちがいない。一六四三年、国産油が消費税の対象となった。このことは、国産油が商業上重要な位置にあったことの確かな証拠であり、搾油用の風車の数は増加した。(48) 一七世紀の間に、あぶら菜の栽培と菜種油の製造とはイギリスの東半分の地域において、ごく一般的な二つの職業となった。ヨークシャからリンカンシャを通り、ハンティングドンシャにいたる多くの諸州はその恩恵をうけた。なかでも、ケンブリッヂシャはまずその第一にあげられるべき州であろう。ウィズビーチはその〔菜種油の〕主要な積出港であった。ウィズビーチのあるジェントルマンは、一六三二～三三年から一六四〇年の間に、あぶら菜で毎年およそ三〇〇ポンドの収入を得たと証言した。(49) 一七一九年には、一〇〇〇トンの菜種油がウィズビーチから毎年積み出されたといわれた。一七三五年には七基の風車がこの町で搾油のために運転されていた。ウィズビーチは、ヨーク、コヴェントリ、あるいはバーミンガムより早くに、油のランプの街路燈を設置できたということも当然であろう。(50)

搾油場では菜種油がしぼられていたということはもっともな推定である。菜種油は搾油場における最も主要な生産物であった。しかし、菜種油だけではなかった。〔たしかに〕菜種からはもっとも大量の油がとれる。今日、菜種からは二五・五パーセントの油がとれるが、亜麻仁からは二〇・五パーセント、大麻子からは一六パーセントの油しかとれない。(51) しかし、亜麻仁油および大麻油を軽視してはならない。これらも国産の製油に寄与したのである。ヘンリ八世時代に始まる大麻・亜麻栽培の促進運動は完全な失敗に終るどころか、亜麻・大麻の栽培面積の拡大につれ、これらの農産物から得られた最大の恩恵は羊毛工業のものとなったのである。

一七世紀の著作家がイギリスの大麻・亜麻について落胆して書いているようにみえるのは、国内のどの教区にもこれらの農産物が栽培されていたのではなかったからである。一六五三年、ウォルタ・ブライスは農業に関する著書の中で、大麻について——それは「非常に結構なものだと思うが、それほど全国的にはつくられていない」と述べている。[52]政治家と著作家は口をそろえて、国内でこれらの農作物を栽培することの必要を認めた。輸入の数字はその理由を説明する。亜麻織物は一五六五年にロンドンに輸入された商品中ずばぬけて大量で、その価格は八万六二五〇ポンドに及んだ。第二位の輸入品目はワインでその価格は四万八六三四ポンド、前者の半分を僅かに超えるにすぎない。さらに、輸入亜麻は価格にして一万三二一七ポンド、糸（これはおそらく亜麻糸であろう。なぜなら、大麻でつくる梱包袋用の糸は別項目に記載されている）は価格にして一万五七四五ポンドという大量で、つまり、亜麻よりも多く輸入された。大麻からつくる粗麻布は価格にして三万二一二四ポンド、それに縞模様の粗麻布六〇〇ポンドが附加される。大麻は価格にして四〇三八ポンド、ロープは同じく二七五九ポンド、麻袋用糸は一六〇〇ポンドであった。羽毛ぶとんの側布はほぼ確実に大麻織物だったと考えられるが、これが価格にして四九五五ポンドであった。したがって、一六世紀のあれほど多くの経済著作家がイギリス人に、国内での亜麻および大麻の栽培と亜麻織物や粗麻布製造の技術の改良をしきりと勧めたことは驚くにあたらない。

亜麻織物工業の成功は以下の簡単なコメントにこめられているだろう。つまり、それはほとんど輸入糸——価格に比して品質がよく、イギリスの栽培業者はとうていたちうちできない——に依存していたというものであった。[53]しかし、イギリスの亜麻・大麻も普通品にはいささかの問題もなく、[54]さらに糸、ロープ、漁労用網、釣糸には全く申し分がなかった。イギリス各地の村々で、地方製造業の繁栄を維持するために十分なだけの大麻・亜麻の栽培が行われていた。たとえば、アイル・オブ・アクスホウムでは、男・女が梱包袋用の粗い麻布を織っていたし、ウォッシュ湾附近では、フェンランド地方の人びとが亜麻・大麻を栽培し、亜麻織物と大麻織物とを織っていた。[55]メイドストン附近で栽培された亜麻は主として製糸業の原料となった。ここで作られた糸は一七世紀中葉、「イギリスで最上等の糸」という評価をうけた。[56]サマセットで栽培された大麻と亜麻のおかげで、ヨウヴィルは一七世紀には大麻糸と亜麻糸の特産地となった。なかでも上等の亜麻糸はヨウヴィルのボーン・レース編み業にも使用されたようであるが、アントワープの糸（たしかにイギリスのものより上等品）も使用されていた。[57]品質の劣る大麻糸は梱包袋や帆布に使用された。ヨウヴィルに近いストック＝アンダァ＝ハムデンの麻袋布職人の一人、ジョン・アシュ[58]はまぎれもなくこの地方の大麻糸を使い、レディングの商人のために麻袋布を織った。この布はほぼ確実にテムズ河沿いの穀物取引用の穀物・麦芽袋となった。たしかに、亜麻・大麻は長い間、サマセット、ドーセット両州の伝統的農作物であったが、ケントのエラムのクリストファ・コカレルの功績を無視することはできない。かれは西部地方のジェントルメンのグループの依頼を受けて、一六二〇年代の中葉、南西部地方に移住し、亜麻の栽培法と加工方法を教えた。かれはサマセットおよびドーセットに一三年間滞在した。[59]同時に、かれは干拓の進行するフェンランド地域にも注意を向けていた。地方製造業は発展し、外国の競争相手に遅れぬよう新様式を取り入れた。ドーセットのブリッドポートでは、その地方で栽培された大麻を使用し、船舶用の最上等の太索（ケーブル）、ロープ、馬の引綱、端綱、さらには絞首刑執行用のロープ（ブリッドポートの短剣とよばれた）を製造していた。[60]ダービィシャのスカースデイル郡（ハンドレッド）では、一七世紀に亜麻が広範に栽培され、コットンに作られた。[61]スタフォドシャの大麻（ロバート・プロットによれば、これは州のいたるところで栽培されていた）は、一七〇〇年にはビルストン〔ウルヴァハンプトンの東部に隣接〕を中心とし、ウェンズフィールド、ウィレノール、セッヂリィにまで広がる亜麻工業繁栄の基盤となった。[62]ウルヴァハンプトン〔バーミンガムの北西一〇マイルほどにある町〕地区では、亜麻工業は金属加工業についで第二位を占めていたと考えられる。ロウリィ＝レギス〔バーミンガムの西に隣接する〕ではロープおよび糸が特産物であった。以上、全国各地の何千という男女、つまり、亜麻・大麻の栽培および加工によって、少なくともその生活の資の一部を稼ぎ、さらに、ロープ・漁労用網・梱包袋・羽根ぶとんの側布・糸を日常の慣習的需要に応えて国内市場に供給していた男女をざっと一瞥し、そのごく僅かな事例を示した。

しかし、新規事業をめぐる腐敗とはいったい何であったのか。一五七一年の議会では独占反対がささやかれていた。一六〇一年、ついにエリザベス女王も多くの特許を取下げざるをえないほど庶民院の怒りは高まった。実をいえば、ロンドンにおける新規事業の腐敗は地方におけるその健全な発展をはるかにしのぐほどに進行していたのである。とはいえ、一六〇一年、新規事業は信頼するにたる記録をもった。菜種を原料とする搾油、亜麻・大麻の栽培、これらの繊維を原料とする商品の製造、これらはいずれも着実に前進していた。オーヴンや炉の製造が成功を収めたことについては、その証拠がもっと十分に検討されるまで判断をさしひかえなければならない。しかし、新しい労働の可能性が労働する男女に呈示されたのである。労役場でもまた、よりしっかりした計画で貧困者を雇用するようになった。さらに、このような新規事業の一部はアイルランドでも実施されたのである。

アイルランドにイギリスの大農場を設立する計画が、一五三〇年代、トマス・クロムウェルに提出された。これはエドワード六世時代にふたたび討議された。この計画は一五六三～六四年にリークス〔オファリィの南に隣接する州〕とオファリィ〔ダブリンとガルウェイのほぼ中間を占める州〕でまず実行に移されたが、一五八三年、デズモンド一揆〔第二次デズモンド一揆、一五七九～八三〕鎮圧後、マンスタァではるかに精力的に実施された(63)。そのすぐ直後、イギリスの起業家は新来のイギリス人入植者の間に消費用品の潜在的需要を看取した。そのことは正しかった。一五四〇年代にイギリスの財貨を浪費するといわれた必需品および贅沢品のすべてが、一五八〇年代から一五九〇年代のアイルランドの輸入品の中にみられるようになった。石炭が豊富で、労働力がはるかに安い国で上述の新製造業を設立する機会はすぐに到来した。一五八四年、大青栽培熱がイギリスで絶頂に達したのとほぼ同じころ、アイルランドでも大青と茜草栽培にたいして、またフランドル様式による菜種油の製造にたいして免許が交付された。サー・フランシス・ウォルシンガム*はこの起業に個人的関心をもったばかりでなく、これを財政的にも援助した（ウィリアム・セシルはヘルブリィ島で大青栽培を行っていたようである）。この冒険的起業にはおもしろい話があるが、基本的には、慎重に行われるべき重要な起業であった。野生の茜草はすでにアイルランドに自生し(64)、アイルランドの織物の染色には結構役立っていた。しかし、イギリスの標準からいえば、染色加工は未熟で、したがって、国外で販売できるものではなかった(65)。それより二〇年ほど前の一五六八年、ブラバント生れのピーター・バックに、アイルランドの茜草の集荷の特許が交付された(66)。一五八四年に交付された新しい免許は一五八八年にもまだ有効だった。この年には一三トン一ホッグズヘッド〔一ホッグズヘッド＝五四イギリス標準ガロン〕の未乾燥の茜草がアイルランドからチェスタァ港に積み出された(67)。大青事業については、詳細な会計帳が設備および労働力をどのような配慮をもって集めたかを語っている。(68) この事業の請負人はトゥルネーから来たペーター・デメートルと低地諸国から帰国したばかりのロンドン商人ジョン・ウィリアムズの二人であった。かれらはアイルランドで素朴な生活をしようとは考えなかった。シャベル、スペード、斧、バスケットなど作業用に整えた道具類とともに、かれらはベッド、テーブル、ベンチ、亜麻織物(粗麻布ほど粗末なものではない)のシーツ、枕カヴァ、テーブルクロスを大量に買いこんだ。大青はすぐに収益をもたらすので、かれらは茜草より大青を最初に植えつけた。栽培は一五八五年に始まった。第一年の末、上記二人は解雇され、ウォルシンガムは新しい人を雇った。その人は誰であったろうか。ほかならぬアレクサンダァ・キングだった。かれはセシルに仕えた移動報告人で、一五八五年、イングランド各地を旅行し、すべての大青栽培業者と出会い、かれらと新農作物の利益と不利益とについて討議した人であった。政府が大青栽培の占める面積の広さに驚き、あわてて大青栽培を禁止し、大きな抗議行動をひき起したとき、キングの調査が始まった。アイルランドにおける大青栽培の促進者という新しい職務についたアレクサンダァ・キングはアイルランド各地の大青農場の責任を担う多くのさまざまな専門家を雇用した。かれらはどういう人びとだったのだろうか。誰あろうかれらこそ、キングがイングランド旅行中に面談した大青栽培業者のうちの何人かであった。

*サー・フランシス・ウォルシンガム(一五三〇?～一五九〇)。一五七三年以降、エリザベス朝の秘書長官の職にあった政治家。かれはプロテスタントで、メアリ治世には大陸に

亡命し、大陸の事情に精通していたため、ウィリアム・セシルに迎えられて再び官途についた。

アイルランドにおける大青栽培の第二年目の末に、国内各地で栽培される大青を中央で管理することは不可能であるという結論に達した。ダブリンの中央事務所の相談役の一人は一五八六年、ウォルシンガムを説得し、それぞれの大青栽培業者に年払い地代で免許を与え、経営を各自の配慮に委ねた。しかし、大青栽培がその後どうなったかわからない。経営の分散により、公式記録は終った。しかし、この事業にたいする情熱はさめなかった。ペーター・デメートルは茜草と油の免許を握り、これらを事業化する新しい計画を考えた。ジョン・ウィリアムズはオランダ人の援助のもとに、アイルランドで糸と糊の製造を始めるべく仕事に着手した。

一五九八年、マンスタァにおけるアイルランド農場が災難に遭うや、これらの事業のすべてが突然に閉鎖されたようである。(69) しかし、この点について早まった判断を下してはならない。そのうちの一、二の事業はアイルランド人の手にわたり、その後も存続した。イギリスのタバコ栽培の歴史（第Ⅳ章）についてみられるように、起業家が始めた新農作物はその農作業の過程が貧困な農民の労働環境に適し、しかも適切な市場が存在する場合には、貧困者によって、またたくまにひきつがれたのである。アイルランドの物語が永続的な成果を残さなかったとしても、しかし、それはイギリス起業家の活動範囲を広めた。起業の次の時代、つまり一六〇一～一六二四年の期間には、イギリスでこれまでより多くの計画が開花し、これとともに、アイルランドのみならず、大西洋を越えて、とくにヴァージニア植民地においてほとんど自然にさまざまな実験が始まったのである。

かなり多くの新規事業は、生活必需品とは考えられない消費用品を供給した。これらの商品は輸入品だった頃、大麻・亜麻・携帯用オーヴンとは比較にならぬほど、役人たちの大きな顰蹙を買ったものである。これらの商品は国内で製造されるようになってもなお、つまらぬもの、不必要なもの、正直なイギリス人の労働を投下するには適当でないものと考えられた。しかし、国内におけるこれらの商品の製造は、銀塊の流出を停止させ、多くの雇用を提供した。しかも、一般の需要があったから、これらの商品は消えることなく、生産されたのである。

本章では、これらの消費用品製造業のうち、三業種について検討することにする。このような製造業の起源を調べることは困難な仕事である。たとえば、ピン製造業について考えてみよう。ピンは注目するほどの商品ではないと歴史家は決めてしまった。史料を編集した者は一人ならず、ピンに関する貴重な言及を活字にしているが、その史料集の索引にはピンという語を全く収載していない。実際には、非常に多くのピンが一六世紀に使われており、ずっと以前から大量のピンが輸入されていた。したがって、一五四九年に刊行されたサー・トマス・スミスの『コモンウィールについての一試論』には、イギリスで製造されるべき商品の一つとしてピンの名称が記されている(1)。

衒示的消費の時代、つまり、あらゆる階層の人びとが服装の流行の変化に関心をもつようになったこの時代に、ピンはたしかに生活必需品の一つであった。大工や建具職人にとって釘が必要であったように、紳士服・婦人服・帽子の仕立屋やレース職人にとってピンは必要不可欠のものであった。家庭でもピンは大量に使用された。ケントのペンハーストのサー・ヘンリ・シドニィの家の子供たちはそれぞれ、三シリング分のピンを半年間の使用分として与えられた。これは日給四ペンスの男子労働者の九日分の給料に相当した。「袖口を留める小さいピンはないのですか」。「ピン差しを御覧なさい。黒いピンで留めて下さい(2)」。これは一六〇五年に出版されたイギリスの少年用のフランス語の教科書にのっている翻訳用の標準的文例である。この国の誰もが全くピンなしですますことはできなかったのである。

ピンにたいする需要がきわめて大きかったことを否定する者はいない。一五九七年には、四万ポンドの価格のピンと針が輸入されたといわれる。一六〇九年には、価格にして六万ポンドのピンが毎年、イングランドで消費されたといわれる。にもかかわらず、イギリスのピン製造業者はあらゆる種類のピンを十分に、しかもオランダ人のように安く製造することはできないと、もっともらしく主張した。ある種類のピンはおそらくオランダより安い価格でイギリスで製造されたであろうが、たしかに、全部がそうではなかった。

どれだけの種類の品質および型のピンが販売されていたかを正確にいうことは難しい。ピンには粗製なものや精巧なものがあった。鉄（したがって錆びやすい）でつくられたものや真鍮でつくられたものがあった。新しい時には鉄のピンと真鍮のピンとを区別することは難しいと当時のある人が述べている。したがって、このことは狡い製造業者にたいする苦情の一つであった。ピン類のあるリストは、使用した金属の重量と型によって一九種類のピンを示し、他のリストは一三種類のピンを示す。おもな相違は赤ピンと白ピン（おそらく真鍮製と鉄製の相違であったろう）との区別であったが、包みの大きさの相違によっても区別された。さらに、型・形状がちがっていた。つまり、長い白ピン、短い白ピン、二重に端を折り曲げたピン、エンゼル＝ピンなど。一五七八年、カービィ＝ロンズデイル〔ウェストモーランドの南部〕のある呉服屋は一〇〇〇本につき九ペンス四分の一のピン一万六〇〇〇本と、別の種類のピン一〇〇〇本、価格にして一八ペンスのピン、さらに価格にして一三ペンスの先の丸いピンを仕入れた(3)。このように、この店はかなり大量のピンを仕入れたが、種類はあまり多くなかった。

それでもなお、このような数量はピン製造業に雇用された労働力の概要を伝えるものである。一本一本のピンの先はやすりで研ぎ出されねばならない。一本一本のピンにピン頭を手でつけなければならない。当時の人びとはピン製造業が何千という労働者を雇用するものであることを異口同音に主張した。かれらのいうことはたしかだったであろう。一六〇八年、ロンドンおよびその近郊のピン製造に二〇〇〇〜三〇〇〇人が雇用されたといわれる。子供たちは八歳になると働きに出た。足の不自由な者や傷痍軍人などにとって、ピン製造は独立の生計を維持できる数少ない職業の一つであった。しかも、この製造業は一六世紀にほとんどゼロから出発した。しかし、ほとんどとはいえ、全くのゼロからではなかった。鉄製のピンは少なくとも一五〇年ほど前からこの国でつくられていたが、一六世紀の前半、オランダ人との競争に完全に敗れた。当時イギリスで使われていた大量のピンはオランダから輸入された。しかし、輸入を減少し、国内の製造業を奨励する政策は他の商品と同じくピン製造にも影響を与え、一五六〇年代か一五七〇年代のある時、スウェーデンおよびドイツから輸入される真鍮線を使用してピン製造が始まった。原料を輸入しても、イギリスの製造業が十分に繁栄できるということは新しく覚えた教訓であった。

オランダからの移住者が、ピン製造業の歴史に新局面を拓くにあたって助力したようである。しかし、新局面の開始期ははっきりしない。オランダ人は、これまでやすりを使って一〇〇人がやっていたより多くのピン先の研ぎ出し作業を、二人でやってしまう技術をもっていた。これまでに、オランダ人がイギリスのピン製造業者たちを失業に追いこんだのは、たしかに、この技術をもっていたからである。今や、オランダ人はこの技術をイギリスに導入した。ついで、ミネラル＝アンド＝バタリィ＝ワーク会社が創設され、真鍮線製造がイギリスで始まった。イギリスとオランダのピン製造業者間の競争は激化したが、イギリス人はなお非常に不利な条件で労働した。イギリス人はピン製造に労役場の貧困者を雇用するというオランダの方法を——少なくともその初期の段階では——真似ることができなかった。これがオランダのピン製造の主要な労働力源であった。オランダのピンがあれほど安く製造できたのはこのためであるといわれた。貧困者たちは公共の費用で衣・食・住を与えられ、針金は労役場の共同材料庫から供給された。この習慣についてのイギリス人の標準的記述はやや偏見にみちている。つまり、かれらがいうには、イギリスのピン製造者は自由人であるが、オランダのピン製造者は「永遠の奴隷状態」におかれていると。また、イギリスのピン製造者はオランダのピン製造者のような「粗末な食事」に我慢できないとかれらは誇らしげにいうのである。しかし、悲しいことに、その結果、イギリスのピンは値が高いのである。

外国製ピンの輸入を規制するか、自由な貿易を認めるかについて議論され、またこの議論の推移によって政策がしじゅう変更された。このことは、ピン製造業のもつ経済的重要性のある程度の尺度を示すものである。一五六三年、外国ピンの輸入が禁止され、一五六四年の布告で輸入が承認され、一五六五年の制定法でも輸入が認められた。一五七一年、外国ピンの輸入はふたたび禁止され、その後エリザベス朝の終りまで、輸入禁止は定期的に更新された。しかし、一六〇八年の法律の要旨は、たび重なる制定法の輸入禁止にもかかわらず、イギリス人や外国人はたえず外国ピンを輸入していたことを述べている。市場の需要が絶えないかぎり、商人たちは法律などこわくなかった。

一六〇〇年から一六二〇年の間に、競争はいちだんと激しくなった。オランダ・ピンのなかにはイギリス・ピンの半値のものもあり、平均して、オランダ・ピンは三分の一ほど割安であった。オランダ人の特色はイギリスでいちばん需要の多いピンを非常に安い価格で提供し、市場の八〇パーセントを占めたことであった。オランダ人はまた、薄手亜麻織物のカンブリック*やローン**用のピンの製造にかけてはイギリス人よりはるかにすぐれていた。これに反して、イギリス人は中級品のピンの製造でオランダ人と競争した。これらはまだ「ぶさいくで使いにくい」ピンといわれていた。オランダ人とイギリス人との競争には際限がなかった。オランダ人はかれらのピンに独自の印をつけ、ブルーの紙に包んだ。イギリス人はかれらのピンを白い紙に包んだ。しかし、両者とも相手の専用の印を偽造し、相手の色の紙を使った。

*カンブリックは薄手の白い亜麻織物で、原産地のフランドルの都市カンブレイからこの名称が由来した。英語読みの発音はケインブリックであるが、わが国の通称に従った。

**ローンはカンブリックに似た薄手の上等の亜麻織物で、この名称は一説によればフランスの地名ローン Laon に由来するという。司教服の袖口をこの布で作ったことから、司教職ないし司教権の意味で使用されることもある。

ジェームズ一世時代の始め、イギリスのピン製造業者は声高に騒いだ。このため、イギリスのピン製造業者とオランダ・ピンの自称独占輸入業者との間の激しい議論は羊皮紙にながながと記録された。議会がその一語一語を聞き、かつ読んだことはたしかである。しかし、ロンドンで議論が沸騰していた間に、発展途上のこの国内製造業は地方のはるかに自由な環境の中でその未来を開拓しつつあった。ディーンの森の近くやグロスタァなど、グロスタシャでは、一五世紀以来、古いピン製造業が行われていた。海外からオズマンド鉄*をブリストルまで運び、これをティンターン〔モンマスシャ〕で針金に作り、さらに、ブユードリィ〔ウースタシャ〕、グロスタァ、ブリストル、それにロンドンにこれを運び、ピンを製造する計画がたてられた。こうした計画は、情況が変化し南西部のピン製造業が新しい局面を迎えたことを示すものである。ピン製造に関する一六〇九年の政府覚え書は、貧しいピン製造業者がもっと安く材料を入手できるようにするために、イギリスの針金製造業はより大量の針金を製造するように奨励された。地方のイギリス・ピン製造業は実力をつけてきたのである。

＊オズマンド鉄はとくに上質の鉄で、古い時代にはバルト海沿岸地方から棒状の塊でごく少量輸入され、矢じり、魚釣針、教会の鐘を鳴らすための歯車などに使用されていた。

一六二〇年代の始めまでには、グロスタァの古いピン製造業は貧困者に仕事を提供する組織として推奨されるまでに成長した。一六二三年、ジョン・ティルズリィ、すなわち、エイベンホール〔グロスタシャ〕の行商人の息子でグロスタァの針金職人の徒弟であったかれは、ブリストルの市当局に貧困者の子供にピン製造を教える計画を提案した。これは採択された。一六二六年、かれはグロスタァ市当局のためにも同じ仕事をひき受けた。かれはいちどに三〇人の少年に仕事を教え、週給を与えた。この週給は、熟練するにつれ増額された。この考え方は普及した。一六二七年、グロスタシャのバークリィに住む公共心ゆたかなある人は、グロスタァの巡回裁判法廷でティルズリィに出会った（巡回裁判法廷は起業を宣伝するのに最も適当な場であった）。かれはティルズリィにたいして、バークリィに来て、ここで、ふたたびいちどに三〇人のピン製造者を教え、この製造業を始めるようにとかれを説得した。

グロスタシャのピン製造業はその後、二世紀間つづいた。ジョン・ティルズリィの息子、フィリップはグロスタァでピン製造に成功し、一六三二年には、八〇人の少年・少女を雇用し、二万ポンドの私財を築いたといわれる。かれの徒弟のうち五人は、同じ町でピン製造業者として独立した。ティルズリィの兄弟はブリストルで同様の成功を収めた。一七三五年には、ピン製造はグロスタァの主要な製造業であり、なお、九種の職種と一九種の工程を包括していた。製品としてのピンの品質はたしかに改良され、このため、オランダ人との競争は話題とならなくなった。一六八三年、ある著述家はイギリス・ピンが「世界のどこでつくられたもの」よりすぐれていると主張した(4)。

要するに、ピン製造業は一五四〇年代に事業として発足した。一五六〇〜八〇年の期間に技術革新の恩恵をうけ、一六二〇年代にはロンドンのみならず、グロスタシャの各地できわめて安定した製造業となり、ソールズベリなど一部の地域では労役場の製造業となった。一六五〇年代までには、ピン製造業はまた、ヨークシャのアバーフォドという市場町の主要産業となった。

つぎに、二種の消費用品製造業、つまり、一五四〇年代に建設的な起業政策が始まったときには思ってもみなかったのに、二〇年以上もたってから、予告もなく突然あらわれた消費用品製造業について考察することにしよう。これらの製造業は外国人の移住によって偶然にもたらされた。経験からわかるように、移住者は食物、飲料、衣類、住居、工業製品などかれらが故国でなじんでいたものをほしがるものである。オランダ人とフランス人は故国からはっきりとした好き嫌いをもって来た。イギリス人もこれらを受け入れ、その結果、新しい製造業が主として都市に設立され、都市民に仕事を与えた。この思いがけない来客の一つは糊製造業であった。

『オックスフォド英語辞典』の「糊」項目記載の最初の用例は一四四〇年のものである。

では、どういう意味で糊製造が一六世紀後半の新産業といえるのだろうか。それ以前にも種々の糊づけ用剤が使われていたが、おそらく商品として製造されたものではなかった。ミルクでレースの糊づけをした。網や絹にはアラビア＝ゴムを使った。濃い色の衣服や毛織物にはサイズ〔にかわ液に明礬を加えたもの〕を用いた。(5) アルム＝マクラートゥム〔さといも科の植物〕の根はまっ白な糊を作るが、手を水ぶくれにするとジェラルドの『薬草誌』*に記されている。小麦から糊を作ることは一四世紀の北ヨーロッパに伝来したが、(6) 一六世紀に糊づけしたひだ襟が流行するまでは、大量の糊は必要ではなく、したがって商品とはならなかった。いったんこれが流行するや、オランダ人はひだ襟をつくるローンを供給したばかりでなく、小麦から糊を作る方法を伝授した。

＊ジョン・ジェラルド（一五四五～一六一二）はチェシャ生れの薬草商。はじめ医学を学びスカンディナヴィア、ロシア、さらにおそらく地中海方面にも旅行した。その後かれは外科医の弟子となって臨床を学び、薬草治療の第一人者といわれた。バーリィ卿の庭園監督を委託され、自身でも薬草を庭に植え、この庭の薬草のリストを一五九六年に出版した。本文中の『薬草誌』は一五九七年に出版された。これはバーリィ卿に献呈されたものである。

一六世紀の糊製造工程の詳細は不明である。しかし、この時代の糊製造工程についてのやや大ざっぱな記述は、一六七七年にオックスフォドでこれを見たロバート・プロット*の記述とほとんど矛盾しない[7]。それは時間と細心の注意とを必要とする骨の折れる作業であったが、高額の資本を投下する必要はなく、広い小屋か作業場、多くの桶と樽、それにたっぷりの水があればよかった。麩(ふすま)を岩明礬の液に一〇日から二週間ほどつけ（これは明礬の別の用途で、これもまた起業家の関心を誘った）、三つの桶を通してすすぎ、汲みたてのきれいな水で洗って最後の仕上げをした。こうしてきれいに洗い上げた粉を一週間ほど水につけ、さらに汲みたての水を加える。桶の底についたどんな細かいかすも漉して取除いた。さらに一日、桶をそのままにしておき、それから水を完全に流す。つぎに、糊粉を二日間そのままで乾かし、汲みたての水でさらに軽くすすぎ、さきの尖った鏝(こて)で桶からざっくりと切出す。これを底にいくつもの穴のあるこね鉢につめる。この穴から残りの水をすっかり排出させる。これを二日間、冷たい煉瓦の上に置き、ついでパン焼き窯(がま)の上にならべ、さらに四日間乾燥させる（このパン焼き窯はおそらく燃費の非常に経済的な新考案の携帯用のものだったのではなかろうか）。その一部をさらに挽いて毛髪にふりかける白粉をつくった。残りを熱した焜炉で乾かした。完成までの全工程に一カ月以上を要した。

＊ロバート・プロット（一六四〇～九六）。オックスフォド卒、古物収集家で、博物学者。多くの著作を残した。

一五三〇年代、四〇年代には若干の糊が輸入されていた。しかし、イギリスの糊製造は、一五六〇年代の始め、ローンやカンブリックが売り出されると同時に、まずロンドンに導入されたものであろう。エドマンド・ハウズはストウの『年代記』の編著書のなかで、このような新趣向品が一五六二年にはじめてロンドンにあらわれたと回想している。ローンやカンブリックというこの上等の新しい織物を、オランダ商人はたった一ヤードとか半ヤードずつしか売らず、イギリスの亜麻織物商人は誰もこの布を大量に仕入れようとしなかった。この時女王は、これまで上等のオランダ布で作らせていたひだ襟をカンブリックで新調したが、誰もその糊づけの方法を知らなかった。女王はその技術に詳しいオランダ婦人を探さなければならなかった。こうして、グィラム・ブーンという女王のオランダ人駅者の妻が女王の糊づけ係に任命された。一五六四年、ミストレス（未婚・既婚を問わず、すぐれた仕事をしている婦人にたいする敬称）ディンヘン・ファン・デア・プラッセがフランドルのテーネンから亡命者としてロンドンに来住し、オランダ人居住区で糊製造業を始めた。彼女の仕事はとびきり上等で、同国人も舌をまいた。イギリス婦人はオランダ婦人のあかぬけしたおしゃれな麻の着こなしに魅了された（オランダの絵画にはこの魅力が描かれている）。イギリスの婦人たちも自分でカンブリックのひだ襟を作り、これをミストレス・ディンヘンのところで糊づけしてもらった。さらに、彼女たちは「当時きわめて珍しく、またすばらしい布地であった」ローンで思いきってひだ襟を作った。ついに、ミストレス・ディンヘンはこのようなイギリス婦人の娘たちの何人かを見習い生として受けいれ、四ポンドから五ポンドの授業料で糊づけの方法を教え、二〇シリングの授業料で糊づけの準備の仕方を説明した。ひだ襟は、流行に後れまいとする男女の間で、なくてはならない衣料品として急速に広まった――首が長ければ、時には深さ九インチ、長さ一二インチのひだ襟も作られた(8)。こうして三種の都市職業、つまり、ひだ襟の仕立て屋、糊製造業、毎週の糊づけ屋が新しく誕生した。

糊製造業はどのような雇用を提供したのであろうか。糊の製造を認可された起業に関するジェームズ王時代の年代不明の史料には、ロンドン市内およびその周辺に一九名の糊製造業者がいたこと、また、キングズリンおよびノリッヂにもロンドンと同数の糊製造業者がおり、ノッティンガムシャ、スタフォドシャ、リンカンシャ、ヨークシャの諸州に、ノーフォクから二週間ごとに四〇駄馬分を積み出すほど大量の糊を製造していたことが記されている。糊製造の認可をうけた人びとはオックスフォド、ノーサンプトン、ウィズビーチ、イーリィ、ピーターバラにもいて、それぞれが大量の糊を製造していた。一六〇九～一〇年には、ロンドンとならんでブリストルとグロスタァでも大量の小麦が糊製造のために消費されたといわれる。一六一二年の糊製造業者の名簿には、ロンドンのほか、ベリック〔ベリック＝アポン＝ツウィードのことか〕に一名、ニューカースルに二名、キングズリンに二名、ノリッヂに七名の業者名が記載されている。この数はそれほど多くはないが、これを詳細に検討すると、官庁記録に記載された糊製造業者――なかには個人名まで記載されている――は業界の有力者だったことがわかる。一六〇八年の布告は「善良な糊製造業者の」ささやかな懇願に言及しているが、かれらこそ、その声を政府役人の耳許に届け、現存の記録にその姿を留めた人びとであった。(9) 糊製造禁止の立法と布告は社会の暗い奥の部分にも光をあてるのである。

以下の記述は主として布告の文章を基礎とするものであるが、その趣旨説明の前文はだいたい簡単に取扱うことにする。前文については稿を改めて検討したい。バーリィ卿ウィリアム・セシルに関する未刊行史料はかれが全く驚くべき情報網をもっていたことを示している。一七世紀後期、トマス・フラァは、バーリィ卿が職人たちにそれぞれの技術についてつねに助言を求めたというもっぱらの評判を伝えた。(10) この評判は世間の信用を博した。大青栽培の調査の場合もそうであった。アレクサンダァ・キングは大青栽培業者、治安判事、労働者に質問しながら、イギリス南部を隈なく歩いた。かれは几帳面に、そして丹念に報告した。かれはハンプシャ、ウースタシャ、サフォクという遠い地方の有力な大青栽培業者とも懇意となったため、その中の何人かがその後、どのようにしてアイルランドの大青栽培の監督のために補任されたかを知ることができるのである。(11) このような調査をした別の一人が、製塩業などについてバーリィ卿のために覚え書を欠いたウィリアム・ハァールである。全国を歩いてこのような報告書を書いた人びとが果した役割をもっと体系的に研究することは、大いに参考となるであろう。だが、ここでは、かれらの報告書の一部の語句がその後に公布された布告の文言の中にははっきりと看取されることを指摘するに留めよう。この証拠は、エリザベス朝時代に効率の高い、しかも公平な政府情報機関が存在したことを暗示するものである。ジェームズ王時代になると質はやや落ちたが、この情報機関はなおささやかながらもその機能を果していた。このことは、有力な枢密議官たちの文書を収めたコットン・マニュスクリプトの一部からも検証される。

したがって、布告は非常に多くの情報源から選びぬかれた事実を責任をもって宣言したものであり、これには慎重に耳を傾けなければならない。しだいに多くの人びとが糊製造で生計をたてるようになったという事実を布告がくどくどと述べるならば、わたしたちはそうであったと信じなければならない。布告そのもののもつ説得性はすでに例示した急成長の新職業がこれをよりいっそう強調する。靴下編み工業と大青栽培業との二業種については、その急成長の詳細な記録が残っている。この時代に急成長したものとしては、ほかにタバコ栽培業がある。タバコは一六一九年にグロスタシャのウィンチコムで新しい農作物として作られたが、たちまちのうちに、僅かな土地と僅かな資本しかないが、手を汚して激しく労働することを厭わぬ人びとの要求にぴったりとあうものだということがわかった。タバコ栽培を始めた年の末、政府はその栽培を禁止し、最初に栽培を始めた起業家たちはこれを完全に放棄した。たしかに、その中の一人はその後、タバコ栽培を見つけしだい、これを撲滅するための特許を受けた。しかし、七年後、タバコはグロスタシャで三九カ所、ウースタシャで一七カ所、ウィルトシャでは一カ所で栽培されていた。五〇年後の一六七〇年には、イングランドおよびウェールズの二二州、それにチャネル諸島でタバコが栽培されていた。一六二〇年代の後半以降、タバコ栽培は、貧しい農民にとって非常に厳しい労働の報酬として、もうけの多い農作物だということを誰もが認めるようになった。新職業が貧しい人びとの暮しにぴったりと合っているならば、世界中の何ものも、これが燎原の火のごとくに燃え拡がるのを阻止することはできない(12)。

都市の糊製造は、農村のタバコ栽培と同じように、大変な人気であった。一六〇七年の布告には糊製造業の初期の歴史がきわめて正確にくり返し語られている。それによれば、糊製造業はエリザベス朝に「新しく始まり、数年を経ずして至るところに興り、非常に繁栄した」と記されている。

糊づけしたひだ襟の流行がイギリスに渡来してから二〇年ほどたった一五八五年、セシルは、糊製造禁止法案を支持して議会で行う演説を慎重に練り上げた。このことはかれの第一草稿とその完成稿との中に読みとることができる。セシル自身、糊づけしたひだ襟を着用していたが——ボードリアン図書館〔オックスフォド大学の図書館〕のセシルの肖像画はひだ襟をつけ、ややいかめしく驢馬に腰を下している——、かれは仕立屋の見せびらかしという空しい趣味のために、たいせつな食料を浪費するという罪深い行為にたいして、キリスト教徒らしい自責の念をまことに説得的に表明したのであった。「町で飢えてパンを求めている多くの人びとを、飢餓から救うことができるであろうそれ〔穀物〕を、虚栄と驕慢とを誇示するために糊にするとは、まことに嘆かわしいことではないか」。イギリスはここ二七年間、平和と豊作に恵まれた。しかし、その七年前のことを考えると、どんぐりでパンを作ったあの厳しい欠乏の日を思い出すだろう。「このような時はこれまでに何回もあったし、これからも来るであろう」と。糊の使用がやたらと増えたのは、ひだ襟を着用する人が多くなったためだけではなく、ひだ襟のサイズが大きくなり、豪華になったからでもある。二重ひだ襟が数年前に流行したかと思うと、今度は「全くとてつもないほど幅広の」ひだ襟が流行した。そして恐らく、ひだ襟が大きくなれば、それだけ余計に首をこすり、汚れるのも早く、糊づけする回数も多くなり、それだけ糊の使用量もふえた。

政治家は流行が終るのをじっと待つ道をえらぶこともできる、とセシルは譲歩しているが、かれは流行を早く終らせようとしていくつかの現実的な手段を講じる道をえらんだ。ひだ襟に課税するか、糊製造を制限するか、いずれかの選択であった。セシルは糊製造制限の道をえらび、一五八八年、製造独占権を一部の人びとに交付した。それは一五八八年から一六〇一年までつづいた。しかし、糊の製造独占権にたいする激しい抗議にたえかね、エリザベスは一六〇一年にこれを止むなく撤回し、「すべての人びとの自由」が復活した。ジェームズ王時代、糊製造は「この国の多くの場所でつづけられ」小麦の消費量は危機的状況に達した。凶作の年には、それはとくに罪深いことであったが、糊製造を完全に禁止することはあまりにも多くの人びとの生活の資を奪うことになるので、とうていできないことであった。解決の道を許可制に求めた。一六〇七年の布告は糊製造小屋にたいして治安判事の許可をとるように要求し、糊製造にはふすま以外の小麦を使用することを認めなかった。[13]一年後（一六〇八年七月）、新しい布告が公布され、これまで糊製造に従事したことのない人びとが、これまでより多数この職業に就業することを認めた。また、良質の食料小麦の消費を抑えるために、海水で駄目になったかび臭い輸入小麦を糊製造に使用することを特別に許可した。[14]しかし、さきの布告は「従来よりはるかに多くの人びとがこの国の津々浦々で、日毎にますます大量に」糊製造を始めることを奨励したので、一六一〇年までに新しい布告の公布が必要となった。[15]今や、これまでより身分の低い人びとも糊を使用するようになったといわれた。つまり、かれらも糊づけしたひだ襟、あるいは少なくとも糊づけした襟を着用するようになったことを意味する。糊製造はふたたび禁止されたが、政府は「さきに述べたわが臣民のうちの身分の高い者」から、かれらが非常に必要とする糊を取上げたり、また品不足により糊の価格が高騰することを望まなかったため、外国から糊を輸入することを許可した。治安判事、市長、治安官などはこの命令を実行するよう勧告された。しかし、役人がオランダの糊製造業をもうけさせて、〔わが国の〕多くの労働者の生活の糧をわざわざ破壊することなどあり得ただろうか。この議論は理にかなった正義についての論争へと発展した。つまり、なぜイギリス人は正当な職業に従事することを禁止され、外国人はこの禁制品を外国から持ちこんで販売することを許されるのか。そのことは「まさにこの国の法に背き、国益に反する」ものであった。

七カ月後の一六一〇年八月、新しく公布された布告は地方役人がジェームズ王の要請を忠実に履行しなかったことを示している。糊製造はつづけられ、王にたいする最悪の違反者は今やかつて尊敬されていた食料品商、行商人、小売商だといわれた。かれらは非合法の零細糊製造業者、つまり、「僅かな儲けに左右される貧しく身分の低い人びと」から安く糊を仕入れたのである。(16) ヤーマスのエピソードは、この新しい地方産業の抑圧に非協力的な地方役人の風潮をよく伝えている。一六二〇年、枢密院は州長官の執行吏(ベイリフ)の一人を呼び出し、「糊製造に関して巡回してきた役人」に協力しない理由の説明を求めた。かれが国王役人に協力することをしぶったことは確かであった。しかし、かれの仲間のベイリフや州の治安判事たちは、かれがその都市のために一生懸命働いていることを熱心に証言したのである。(17)

しかし、王の命令に従わない地方役人のために、ここで一言いっておきたいことがある。それはかれらが王の命令を自分なりに解釈するにあたって、王の大臣としばしば暗黙の了解を取りつけ、また時には明確な承認をえていたということである。サリィの治安判事は、糊製造を禁止する一六一〇年の布告の執行を見合せたとき、大法官自身の承認があったという真相を暴露した。治安判事は次のようにいうのである。「大法官が治安判事宛に書翰を送るような場合、かれらは治安判事にたいして、くり返しこう語るのである。つまり、長官たちはその書翰の名宛人たちの裁量を心から信頼しているから、書翰の中に法律そのほか何についても、苛酷だと思うことがあれば、かかる書翰の趣旨はほかでもなく、不安を取去ることにあると心得て、その執行にさいしては自らの智恵でこれを緩和すべきである」と。

一六一九年、糊製造業者は許可を得てふたたび操業することを許された。一六二〇年の布告は「多くの貧しい人びとが糊製造によって生計をたてていた」ことを明らかにした(18)。同時に、糊製造業が新しく発展しつつあるとも述べている。「富と能力のあるさまざまな人びとは多くの道具と多額の貨幣を」ひそかに動かし、「これによって能力のほとんどない人びとを糊製造に就業させている。後者は違反を問われれば、すぐに逃げ出すが、たとえ捕っても罰金を支払うだけの資力も、土地もないのである」(19)。たしかに一種の問屋制度、つまり下請制が展開しつつあった。裕福な糊製造業者は貧しい人びとと協力して生活することを知るようになったのである。これらの「貧しい糊製造業者」のなかにはテムズ川のほとりに糊小屋を持つ者もいた。これらの人びとは、一六二一年、無許可の糊製造業者の摘発に抗議した声明にその名を記録されている(20)。ダフィールドという「非常に貧しい」者の小屋はかれの留守の間に壊され、糊は持去られた。ジェイコブ・ミードという糊製造業者は一〇週間の操業停止をうけ、このため、かれの二〇〇頭の豚に餌をやることができなくなった。マイケル・フランシスという糊製造業者は二三週間の営業停止を受け、このため、かれの豚は餓死した[21]。糊桶にかこまれて、豚は何をしていたのであろうか。豚は糊の精製過程で濾し出されたふすまの皮で飼われていたのである。これらの人びとは賢明にも相互に補いあう二つの職業を自ら考案し、ロンドンの河川流域で糊製造業と養豚業とを兼営していたのである。

一七世紀初頭、糊製造に従事した人びとの数を算定することはもちろん不可能である。しかし、上記の史料から、それはごく数名が従事する貧弱な製造業だったと主張することはできない。ほかの事業がいかに短期間に拡がったかをみると、糊製造禁止騒ぎを真剣に考えなければならない。これは明らかに都市の産業であり、ロンドンで始まった。糊小屋は住宅の間の物置小屋などの中にあっという間に出来上った。そこでの糊のいやな臭いと糊を乾かすために燃える火は迷惑でもあり、危険でもあった。ある糊小屋はサザックの聖メアリ・オーヴァベリ教会の内陣に余りにも近かったため、その騒音は礼拝を妨害し、一度は教会とサザック区のほぼ全域を焼失した。ついで糊製造は地方の大都市に拡がり、ここから糊はさらに遠くの諸州へと送られた。たとえば、ノリッヂはスタフォドシャとヨークシャに供給した。一七世紀初頭、糊製造業者は糊の製造が禁止されていたスペインなどの外国市場に輸出する夢さえもった。かれらの夢が実現したか否かはわからないが、イギリスの糊は一六世紀後半から一七世紀にかけてアイルランドに輸出され、一六六〇年代には植民地にも定期的に、さらにイタリアにも時折、積み出された。[22]しかし、イギリス糊のいちばん大切なお得意はイギリス全国の御婦人方であった。イギリスの主婦は、ひだ襟の糊づけの苦労から解放されると、枕カヴァ、ナプキン、テーブル・クロスの糊づけに精出すようになった。糊はイギリスの主婦の買物メモにしっかりと残った。ヘリフォドシャのジョイス・ジェフリーズというある忙しい下宿屋の女主人の会計簿には、一六三八年、一度に一二ポンド入りの糊の包みを買ったと記されている。わたしたちが今日これを買うときは、四オンス包みである。

一六世紀後半の消費用品製造業のうち、期待されることなく、また計画をたてられることもなく始まった事業に酢製造と酒類の醸造とがある。酢（ヴィネーグル）はヴァン＝エーグル、つまり酸っぱいぶどう酒という意味で、伝統的にぶどう酒の滓とか酸っぱくなったぶどう酒から作られた。一六世紀中葉まで、醸造酢は家庭で少量作られることはあったが、商品ではなかった。オランダ人がホップを入れたビールを導入し、はじめて販売用ビールの醸造ができるようになった。というのは、ホップ入りビールはエールと違い、腐らせずに保存することができるからである。一六世紀初頭にはロンドンとカンタベリで販売用ビール醸造業者が創業したが、その多くはオランダ系やドイツ系の人びとであった。[23]かれらの人数は一五六〇年代に来住したオランダ人亡命者を加え、非常に多くなった。一六世紀後半、ビールの醸造量が増大するにつれ、醸造業者の手許には酢をつくる醸造滓もまたふえた。推察するに、販売用酢の醸造はイギリス人にはなじみの薄い麦芽酢をオランダ人が好んだということがきっかけとなって始まったようである。少なくとも始めのうちは、イギリス人はこれを「腐ったビールやエールからつくる腐った酢」とよんでいた。一五七六年には、バーリィ卿のもとに、ロンドン、およびセント・キャサリーン、ホワイト・チャペル、ショアディッチ、セント・トマス、クラーケンウェルの各教区に集住する「腐った酢」の製造業者たちにたいする不満が寄せられた。さらにかれらは、「エール酢」とか「ビール酢」とよばれた麦芽酢を安直に製造しただけでなく、これらの液体に健康によくない残り滓を加え、エルダベリ〔にわとこの黒紫または赤色の実〕とかブリヴェットベリ〔モクセイ科イボタの木の実〕で着色したと訴えられた。食道楽にとっては、これらの添加物の一部が規格にはまった麦芽酢に味と香りを加えたように思われるかも知れないが、その中にはたしかに健康によくないものもあり、これまで伝統的な醸造酒を製造してきたロンドンの蠟燭製造業者（タロウキャンドラーズ）はこれを非常に心配した。

一五九三年までには、上等の麦芽酢がイギリス人の舌になじむようになったが、その品質が信用できないため、警戒せざるをえなかった。バーリィ卿はロンドンの市参事会員のアントニィ・ラドクリフを派遣して調査させ、ラドクリフは麦芽酢醸造業界の「有力者たち」を探し出した。品質のよいビールやエールを原料として使っていた業者は、そうでない業者の締出しを願った。しかし、「濃度の薄いビールやエール、あるいはまぎれもなく粗悪な原料を使って酢をつくるうまみをみつけた貧しい人びとは、かれらを規制する新しい認可にたいして不平をいうであろう」とラドクリフは報告した。たしかに、立派な製造業者もいれば、違法の闇業者もいた。しかし、濃度の差はあれ、ビールとエールだけが酢の原料ではなかった。ラドクリフは徹底的に調査を行い、なぜ非常に多くの人びとが飲み残しの酒などを購入するのかという謎につきあたった。かれは、ひどくのどの乾いたフェルト工や織布工がもっぱらこの種の酒を購入するという言葉にごまかされることはなかった。かれはねばった。そしてついに、酒や酢の醸造業者もまたこの飲み残しを購入し、かれらの家でひそかに、これらを濃度の薄いビールにまぜるなどの操作をしていることをつきとめた。かれはロンドンの裏町を徘徊するうちに、たまたま酢製造業者の裏庭に入りこんでしまったのである。ちょうどその時、ビール醸造業者の馬方が各家庭から集めて来た飲み残しの酒の樽をいくつか荷台から下ろしていた。問いつめられてその馬方は、この樽を一樽一シル八ペンスから二シルで酢の製造業者に売っていることを認めた。

ラドクリフはバーリィ卿にこのような酢の原料を間違いなく報告した。麦芽酢は保存のきくものならば、品質最高のビールから醸造されるはずである。長い航海に出た船乗りはこの新しい酢があまりもたないことを知っていた。また、ラドクリフは面白い噂話の断片を伝えた。それは低地諸国での戦争のとき、フランドル人は銃を冷やすためにイギリスで大量のビール酢を購入し、スペイン人も同じことをしたと。それは高い値で売られたが、今や需要は落ちた。おそらく、ビール酢の品質はたいした問題ではなかったであろうし、ビール酢の需要の増大は闇の醸造業者をいっそう励ました。

オランダ人の影響で蒸溜酒も合成酒もともにイギリス人の嗜好にあうようになった。この種の飲みものはこれまでずっとぶどう酒とぶどう酒のかす、あるいはこのために特に造られたエールから製造されていた。しかし、ぶどう酒の価格が騰貴（ほかの多くの輸入品も同様に騰貴）すると、フランドル人などの外国人はこれまでもっぱら豚の飼料にしていたビールの飲み残しや洗浄液を利用するようになった。かれらもまた旅館、居酒屋、個人の家庭から飲み残しを樽で購入し、ほとんどぶどう酒を使わなかった。セシルの派遣した調査人たちは、ワイン酢の製造業および蒸溜業の悪習の改革が必要だと結論したが、解決法を示すことを躊躇した。ごく少数の信用ある醸造業者にだけ酢の製造の独占を許せば、市場への供給は減少し、価格は騰貴するであろう。価格を据置かねばならないならば、この悪習を改めることはできなかった。セシルのもとに届いた別の報告書もこの悪習について同じ意見を述べ、人びとの健康という観点から改革の必要を認めた。しかし、「とはいえ、この商売はあまりにも多くの貧困者の生活を支えているので、免許制をしいて一人の手にこれを独占させることは不可能である」と考えている。その上、この商売は長い間行われてきたものであり、法律家の意見は、大勢の人びとによってつづけられてきたこの古い商売を、一人の指名人の手に委ねようとする女王の特権に断固として反対した。

このような問題があるにもかかわらず、リチャード・ドレイクは一五九四年にエールから酢・合成酒・蒸溜酒を醸造する特許を交付された。この特許が交付されると、バーリィ卿は、他の人びとがぶどう酒の滓から酢をこれまで通り製造すること、およびあらゆる種類の酢を家庭用や慈善用に自由に製造することを承認する追加条項をあわてて挿入した。(24) しかし、特許制を二年間採用したところ、一五九六年には、「ワイン酢、エール酢、蒸溜酒、合成酒を醸造・販売する貧しい人びと」からはげしい苦情がバーリィ卿のもとにもち込まれた。特許権所有者は、他の業者たちが飲み残しや沈澱滓など非衛生的な原料をやたらと使用すると批難して特権を手に入れた。しかし、今では特許権所有者までが同じ飲み残しを大量に購入するようになった。酢・酒類の品質は変らなかったが、その利益は貧しい人びと——「あなたの貧しい僕(しもべ)」——からリチャード・ドレイク様の手に移ったのであると。ドレイクの召使いたちは競争相手を追い出そうとして町中を走りまわった。かれらはハンズ・スタームから輸出直前の蒸溜酒を没収した(ロンドンのフランドル人が外国の顧客に販売する量は一五九三年には相当な額に上ったと記されている)。ドレイクの召使いたちはまた、ロージャー・エイドニィから蒸溜酒二ホッグズヘッドと二五ガロンを押収した。特許権所有者は「この商売を営む貧しい人びとを廃業に追込んだ」のである。

この独占権は一六〇一年にエリザベスの同意により廃止された。その後、酢の製造業者と蒸溜酒の醸造業者は規制を受けることはなかった。特許権をもつリチャード・ドレイクににらまれたロージャー・エイドニィは、一六一九年に死亡するまで、サリィの聖オレーヴ教区でささやかに営業をつづけた。かれは、たしかに貧しかった。まさに、バーリィ卿へ請願した人びとが以前にかれについて記した通りであった。かれは遺言書の中で、自らを酢製造業者として誇らしげに語り、熱心なプロテスタントとして死んだ。かれはイエス・キリストを「わが救い主にして、わが贖い主」、とよび、「かれの苦しい死と受難により、わがすべての罪は赦され、最後の審判の日、われは永遠の神の国にてかれとともにあることを堅く信ず。このわが希望(のぞみ)と信仰はわが胸の底にかたく抱かれて去ることなし」とかれは宣言した。かれの財産の総額はわからないが、それはすぐに分割された。息子に一〇シリング、残りは兄弟ロージァに与えられた。独占業者に反対して議会演説を行った人びとはこのように貧しい人びとをまもるために闘った。

一五六五年には、価格にして一〇〇〇ポンドの酢が外国からロンドン港に送られてきた。これがワイン酢か麦芽酢かはわからないが、オランダ人の麦芽酢はフランス人のワイン酢より好まれ、イギリス料理にはごく普通に使われるようになった。ただ、麦芽酢のより正確な名称――ビール酢・エール酢――はふだんは使用されなくなった。

オランダ人はまた、蒸溜酒など諸種の酒類の効用をイギリス人にとくと説明し、この分野でもふたたびイギリス人に勝利を収め、より多くの醸造業者をつくり出した。このような酒類の新しい消費者の中には、うさ晴しに酒を飲んだ者もいたが、そういう人たちばかりではなかった。船乗りやかれらの船で旅をする商人たちが寒さを凌ぐ糧として、蒸溜酒はいつも船の中にもちこまれた。しかし、一七世紀初頭、消費量が増大したもう一つの理由は、病人や老人が「急にめまいや激痛に襲われた時、かれらの老化した、そして弱った胃を癒すために」、医師や薬剤師がしだいに酒類を薬として処方することが多くなったからである。(25) 一六二一年には、どの焼酎類も醸造量がふえた(その中には、ニガヨモギ酒、シンナモン酒、アニス酒など秘伝によって醸造される酒類もふくまれる)といわれた。ロンドン、ウェストミンスタァおよびその近辺の醸造業者は二〇〇戸を数えるようになり、徒弟、召使い、運搬夫、販売人を含めると、五〇〇〇人がこの職業に従事した。醸造業者自身が提出したこの統計はおきまりの概算である。しかし、薬剤師たちが酒類の醸造を始め、かれらが薬として売る酒類の醸造の独占を考えていることが醸造業者たちに知れたという事実は、需要が増大し、用途が拡大したという醸造業者の主張を裏づけるものである。(26) 酒類は健康な時にも病気の時にも、また故国にいる時にも外国にいる時にも、イギリス人にとって、なくてはならない飲物の一つとなった。一六二九年二月、マサチューセッツに向って出帆した「トルボット号」は乗客一〇〇人と乗組員三五人のために、蒸溜酒二〇ガロン、ビール酢二ターセス〔一タースは四二ガロン〕、ビール四〇トンを積みこんだ。一六六二〜六三年、イギリスの蒸溜酒は植民地(五六一九ガロン、価格にして一六八五ポンド一四シリング）、アフリカ（二〇四タンズ〔一タンは通例二五二ワイン・ガロン〕、価格にして八一六〇ポンド）、ロシア（一五四六ガロン、価格にして四六三ポンド一六シリング）、東インド（九五三ガロン、価格にして二八五ポンド一八シリング）の諸地域に輸出され、ほんの僅かな量（二ホッグズヘッド）ながらポルトガルへも輸出された。焼酎（ストロング・ウオター）はアフリカ（一六〇九ガロン、価格にして四八二ポンド一四シリング）とスペイン（一五九六ガロン、価格にして四七八ポンド一六シリング）で人気を博し、ドイツ、ポルトガル、スコットランド、フランス、イタリアにも少量ながら輸出された。

一六〇一～二四年の期間は新規事業繁栄の時期であったが、同時に新規事業がもっとも腐敗した時代でもあった。腐敗の事実は議会の討論ではめったに取上げられなかった。というのは、国会議員はサザック・レディング・ヨークの裏町からみた独占の横暴の実情を知っていたにちがいないが、これらを庶民院で詳細に語ったことはめったになかったし、またかれらが詳細に語ったとしても、記録係はこれをいちいち書き留める労を惜しんだ。しかし、一六〇一年のウォーリックのスパイサー氏の演説にわずかにその片鱗をうかがうことができる。かれは次の経過を詳細に語った。すなわち、「わたくしが勤めておりますす町に、最近、蒸溜酒とワイン酢の醸造業者の代理人が参りまして、これら二品目の販売をすぐに停止しました」と。かれらの態度は威嚇的で、「もし商人どもが妥協しないならば、枢密院にひきずり出す」というものであった。かれ、スパイサーはこの特許が人びとに蒸溜酒販売の権利をこの先六カ月間与えるものと考えたが、代理人はこれをたった二カ月しか認めなかった。(27) 今度ばかりは、わたくしたちも活気にみちた地方都市の小売商やその顧客の群衆の中にいるような気がする。しかし、大体において、独占に関する議会の演説は芝居じみた方法で問題を提案し、そこには一片の現実味も感じられない。

一六〇一年、エリザベスは特許反対の激しい嵐に慇懃に耳を傾け、次のこと、すなわち、塩、精白塩、酢、蒸溜酒、合成酒、魚類の塩漬け、鯨油、肝油、ポルダヴィス織とマイルダニクス織、壺、ブラシ、びん、糊について女王の与えた特許は、当初の意図に反し、女王の臣民に利益をもたらすものではなく、「多くの貧しい国民」に損害を与えるものであることを認めた。(28) 女王はさっさと右の特許の無効を宣言した。女王は、他のいくつかの特許については躊躇し、権利の侵害を法に訴えた人びとにたいして救済手段を講じることを約束した。女王は、また大青栽培に関する規制の解除に同意し、「自己の土地を大青栽培に利用することを有利と考える」人びとが自由にこれを行うことを異議なく承認した。(29) ただし、女王は、女王巡幸の折、女王を悪臭で悩ますことがないようにとかれらに懇請した。

エリザベスは一六〇一年（なおこれより先一五九七〜九八年に始まる）の特許反対の憤激の嵐に直面したとはいえ、実際には一五九一年から一六〇〇年の間に商業と対比される製造業に交付された特許件数(六件)は一五八〇年から一五九〇年の間に交付されたその数(一四件)の半数以下であった。(30) ハリントンは、一五九〇年代に特許の交付が進捗しなかったのは、国璽尚書エラズミア卿*が特許に反対していたためであると考えた。エラズミア卿は「これらの卑しい隠しごとや独占の大敵」といわれていた。「かれを贈物で買収すること」は「不可能」であった。このことは、(一九〇〇年にウィンダム・ヒュームが指摘したように) なぜウィリアム・リーがかれの靴下編み機の特許をとれなかったのか、なぜヒュー・プラットがかれの考案した新しい外国的趣向品の数々にたいしてほとんど援助を受けられなかったのか、なぜハリントンが水洗便所の特許を拒否されたのかをみごとに説明するものであろう。(31) ジェームズ王の即位とともに雰囲気はがらりと変ったが、王が気前よく交付した新しい特許はエリザベス時代のそれより不評を買った。一六〇三年のトランプの特許に関するアラン対ダーシィの有名な訴訟は、即位早々のジェームズ王にいきなり熟慮を迫るものであった。ジェームズ王はよくよく慎重にことを処理する必要をさとり、顧問官や王室弁護士を任命する方策を採用した。かれらは玉璽を捺印する前に、すべての特許を認証する裁決者としての役をつとめた。(32) しかし、不満は爆発寸前の状態であった。議会は一六〇六年、さらに一六一〇年に特許についての討論を行い、「これらの製造業によってかろうじて生活している……貧しい人びとは……きわめて著しい不利益を蒙り、かつ窮乏の極にいる」ことを訴えた。(33)

*エラズミア卿 (Sir Thomas Egerton) (一五四〇～一六一七) はエリザベスの信任厚く、一五九六年国璽尚書となり、内外の国事の相談に与り、女王死後、一六〇三年、ジェーム

ズ王即位後、大法官に任ぜられ、バロン・エラズミアとなる。

一六〇三年、ジェームズは独占営業権の交付を停止し、国王および顧問官による審査を保留したが、すでに独占営業特権を与えられていた団体や組合はこの事態の対象とはならなかった。(34) このことは新製品の製造業組合の設立を促進した。これまでのように一人の人間が独占営業権を獲得し、かれが自分で任命した者や代理人とその特権を共有するのではなく、富裕な同業者たちの提携が成立した。かれらはその特権にたいしてジェームズ王に毎年一定の金額を支払うことに同意した。ロンドンの糊製造業者組合は一六〇七年に設立され、ほかの新製造業者（ピン製造業者を含む）も類似の組織をつくった。(35) しかし、このことのために、組織に入っていない人びとは仕事を妨害され、特権組合の横暴を肌身に知らされ、かえって激しい抗議がわき起った。一六一〇年から一六二〇年の間に起業数がとくに増加したため、新製造業内の相競合する利害の抗争はいっそう激しくなった。一六二〇年、チェンバレイン*は次のように記した。「布告および特許は日常茶飯のこととなり、さいげんがない。毎日何か新しい事業が誕生する。ジェームズ王即位当時、不平を訴えられた独占企業体は少数だったが、その数は何十倍にも増大した」と。(36)

＊ジョン・チェンバレイン（一五五三〜一六二七）。ロンドンの市参事会員リチャード・チェンバレインの息子で書翰家として有名である。かれの書翰には歴史家がふつう取上げな

いような社会的な出来事が詳細に、しかもふんだんに記されている。エリザベス時代の書翰集一巻（Camden Soc. Pub., 1861）のほか、*The Court and Times of James I*, 2 vols. (London, 1848) などにはかれの書翰が大量に収載されている。

一六二一年、主としてクック*の尽力により独占営業権反対法案が庶民院に提出され、危機的情況が出来した。独占営業権に関するクックの見解は『イギリス法提案』に明記されている。つまり、独占営業権は臣民の自由と独立とを侵犯し、それゆえに、わが国のコモン・ローに抵触するというものであった。一六二一年に提出されたこの法案は可決されなかったが、ほぼ同趣旨の公式文書が一六二四年の制定法集に記録されている。[37] それは真の考案者にたいして、一四年間を限って独占営業権を与えるものであった。しかし、これは独占営業権の悪弊を完全に払拭するものではなかった。というのは、都市や団体に授与された特権はその後も効力を認められたからである。自称独占業者は相変らず団体を組織していた。

＊サー・エドワード・クック（一五五二〜一六三四）。ジェームズ治世に王座裁判所長を務めた法律家で、コモン・ローの発達に貢献し、その優位を確立し、司法の独立、自由権の擁護につとめた。

議会内における独占営業権反対の闘いの意味は、これまで主として国制史の分野で議論されてきた。コモン・ローの見解を支持するコモン・ロー法律家の影響力についてもまた国制史の分野で論じられてきたが、この見解は経済的観点からいえば、自由な営業と自由な産業の発展に有利な潮流を強調するものであった(38)。わたくしたちはこれまで水底の静かな流れに注目し、新産業に就業する勤労男女を擁護する議会内の闘争の経済的意味を知ろうとして来た。独占営業と自由営業との争いの熾烈さは、当然のことながら起業の産業的成功の反映としてみることができるであろう。起業は起業家には報酬を、また国内各地の多くの人びとには仕事を与えた。資本はなくとも、機を見るに敏い人ならば、このような職業の多くの道具および技能を容易に身につけることができた。少数のロンドン人が要求した独占営業権は、これが全国の町や村にあまねく成立しつつある新産業の利益に反するものであることがわかると、とんちんかんなとはいわないとしても、軽侮の念をもって見られた。独占営業権制度の結果をその腐敗がいっそう深化した時代について要約するならば、本書で提示した証拠は次のことを、つまり、ある特定事業の独占営業権は、とくにジェームズ王時代になると目まぐるしくその受益者を変え、またこの政策自体いずれの道をとるべきか、たえず右往左往していたことを語るものである。このことを忘れてはならない。この政策は全国的規模で効果的に施行されたことはなかった。一六二一年二月、ある国会議員は庶民院の討議で、独占営業権所有者はその犠牲者を手荒く扱った。独占営業権所有者の脅しで二〇〇台の織機が休業している事例を公表したが、これはかれの全くのでっち上げではなかったであろう。しかし、独占営業権所有者の犠牲者はロンドンとか大都市の市民に多かったようである。非常に多くの小規模生産者は人目を避け、邪魔されることなく営業をつづけた。

一六世紀の中葉、政府が始めた起業計画は、ジェームズ王時代までに、大志を抱く若い商人やロンドンでの成功を夢みる徒弟が持ち込む手荷物のなかに入るようになった。一七世紀初頭、新規事業の一覧表を背負い袋に押しこみ、まことに楽天的な気持でハイゲートの丘〔ロンドン北部の丘、ここを下るとロンドンに入る。ただし現在はロンドンの一部〕をとぼとぼ下りてくるディック・ウィティングトン*たちの行列が、おそらくディックの物語を拡めたことであろう。なぜなら、この物語は一六〇五年以前に語られた形跡がないからである。(39) 希望を胸に秘めたこれらの青年のなかには、いくつかの事業に就業したり、いくつかの国で修業を重ねるなど、多様な経歴をつむ者がいた。つまり、かれらはかれらの事業と希望とを背負って、ウェールズ、スコットランド、アイルランド、ヴァージニア植民地、西インド諸島に出かけた。その実例として、ジョン・ストラットフォドの経歴は参考となるであろう。

*ディック・ウィティングトンは、イギリスの田舎の貧しい少年が、志をたててロンドンに上り、運よく商人の徒弟となり、三度までもロンドン市長に選ばれたという物語の主人公。

この物語のモデルはリチャード・ウィティングトン（一四二三年没）という実在の人物だといわれている。

ストラットフォドはグロスタシャのウィンチコム教区に属する牧歌的な小さな村（ハムレット）、ファームコートに住むジェントリの二、三男に生れた(40)。かれはロンドンのある塩商組合員の徒弟となった。塩商組合には、ガラス工業の独占営業権をもつサー・ロバート・マンセルや同郷のグロスタシャの人、サー・ニコラス・クリスプなど著名な起業家がいた。ニコラス・クリスプはのちにデットフォドで茜草栽培業を設立し、水車、製紙工場、製粉所について多くの考案を提示したといわれている(41)。この塩商組合は多数の起業家の温床だったようである。

ストラットフォドは徒弟修業を終えると、親方の監督のもとに、チェシャ・チーズや毛の靴下製造を始めた。ついで、一六〇一年ごろ、かれは未加工の亜麻を中心に、その他、小麦、ライ麦、亜麻糸などを東部の商人から購入する業務を始めた。未加工の亜麻の一部を、かれは、ロンドンや農村の紡糸工に前貸として出し、糸に紡がせた。同時に、ストラットフォドは兄弟とともに、獣脂、炭酸カリ、石けん製造用原料、油、台所用品の販売に従事した。この共同経営は、一六一六年にはストラットフォドがテムズ街に石けん工場を創設し、ジョン・オリフという石けん製造工を雇うまでに発展した。やがてオランダ人がこれまでの未加工亜麻の代りに仕上げずみの亜麻をイギリスに輸出するようになると、ストラットフォドの亜麻取引は衰退した。かれは故郷のウィンチコム教区に帰り、タバコ栽培業を始めようと決心した。その最初の年、この極端に労働集約的な農作物は、一〇〇エーカを栽培するのに一四〇〇〜一五〇〇ポンドの賃銀を必要とした。しかし、一六一九年末、政府はタバコ栽培を禁止した。それは植民地事業――ヴァージニア植民地への入植とその成功――のためであった。これがジョン・ストラットフォドの財政困窮の始まりで、このため数々の訴訟問題がもち上った。テムズ街のストラットフォドの石けん製造工であったジョン・オリフはスコットランドで石けん製造の特許をもつ者からスコットランドでの仕事に誘われた。かれはおそらく彼地に出立したことであろう。ストラットフォドと共同でタバコ栽培を経営していた者はノッティンガムシャに帰り、見つけ次第、タバコ栽培を告発する特許を交付された。ただし、かれの骨折りは、さきに述べたように、ほとんど実らなかった。ジョン・ストラットフォドはウィンチコムに留まり、負債返済のために働いた。かれは収益性のきわめて高いタバコ栽培のため、四年先まで非常に高い地代で土地を借りていた。かれはタバコ栽培を禁止されたが、裁判所はかれにその地代をずっと支払うように命じた。かれは代りに亜麻栽培を始め、その第一期に四〇エーカの栽培にたいして二〇〇人を雇用した。そのほか、亜麻を加工し、ごく僅かな亜麻織物――かれはこれを「ほんの少量」と説明している――を織る織布工を雇った。結局、かれの設立した多くの事業が独占営業権と独占営業者の侵害を受けたのは、ただ一度だけ、つまりヴァージニア会社がタバコ栽培の禁止に成功した時だけであった。

その後、ストラットフォドはかれの経験について論文を書いた。その目的は、亜麻などの事業計画が貧困者に提供する雇用の量を説明するためであった。かれは次のように説明した。四〇エーカに亜麻を栽培し、これを亜麻織物に織上げるのに年間八〇〇人、つまり、賃銀一日八ペンスの男子三〇〇人、同じく六ペンスの女子三〇〇人、同じく三ペンスの少年少女二〇〇人を雇用すると計算した。したがって、亜麻四〇エーカの栽培は穀物および牧草一六〇エーカの栽培より多くの利益をもたらした。たしかに、一エーカの亜麻を亜麻織物に織上げるためには、四〇〇エーカの放牧地から得られる羊毛を広幅織物に仕上げるよりも多くの仕事と賃銀を貧困者に与えた。「したがって、亜麻が大量に播種される海外では、わが国で放牧地から得られるより多くの利益を彼の国の貧困者および国民全体に与えるのである」とかれは主張した。かれはさらに、亜麻の種子をつぶして油をとることを勧めた。かれがいうには、ベネディクト・ウェッブは織物業者たちのために、オリーヴ油の代用として、大量の菜種油を製造していた。亜麻の種子からもまた塗料用油やさらにはオリーブ油に劣らぬ良質のすてきな石けん製造用の油がとれた。かれがいうには、当時、亜麻の種子は精油のために海外に輸出され、ついでその油がイギリスに運びこまれて法外な価格で売られていた（ベネディクト・ウェッブもまたこのことを事実として述べている）。亜麻仁油はイギリスで製造されるべきものであった。亜麻はさらにその他の用途にも使われた。種子を取除いたあとの亜麻のわらや籾がらはよい燃料となった。ストラットフォド自身、一年中、これればかりを使った（負債返済中のかれの倹約手段の一つだったのだろうか）。ついにかれは、国内産の亜麻で将来、亜麻織物を織ることに大きな期待をかけるようになった。なにしろ、外国から輸入される亜麻は「諸外国の残りもの」だったからである。外国人が自国のために最上の亜麻をとっておくのは当然のことであった。イギリスは北ヨーロッパ諸国に毛織物市場をもっているのに、同じように将来性のある亜麻織物の市場をなぜ暑い諸国にみつけられないのか、かれにはその理由がわからなかった。

ストラットフォドのよびかけは雄弁であり、その調子には過ぎし日のコモンウェルスメンのおもかげがあった。亜麻栽培と亜麻工業に成功すれば、職のない貧困者を、この国のやっかいな荷物から有益な資産へと変えることになるであろう。かれらは「神の掟に従い、より厳しい宗教的規律のもとで労働した額の汗により、衣・食（そして住）を賄うことになるであろう」。亜麻栽培に適当な土地として、かれは人里を遠く離れた森林、狩猟地、共同地などの「瘦地(やせち)」、つまり、当時、仕事のない人びとが住んでいるだけで、そしてまた、弱くて役に立たない馬や病気の羊が放牧されているばかりのこうした「瘦地」を指摘した。かれは穀作の衰退を恐れる批判者の先手を打って、こう結論した。つまり、「大青の播種がその後、穀物のための良質の土地をつくり出したように、亜麻を大量に播種するほど、多くの穀作地が得られるのである」と。かれは牧草地より穀作地を熱心に擁護した。つまり、牧草地ならばたった二〇人しか養えない面積で穀作地は一〇〇人を養うことができると。また、穀物、大麻、亜麻、粗麻糸、索縄、蠟燭の芯、マッチ、糸、紐、亜麻糸、亜麻織物、ファスティアン織、ホップ、大麻子油、亜麻仁油など現在輸入されているものを国内で生産し、何千人にも及ぶ貧困者に職を与えることは公共の義務であるとかれはいうのである。ストラットフォードがその言葉の中で、「仕事がないために」物乞いや盗みをする人びとと、物乞いすることを恥じ、盗みもせず、「極貧に耐える」人びととの両者をともに念頭においたとき、かれの眼前にはウィンチコムの貧困者――かれらはストラットフォードにとって無名の群衆ではなく、かれがその一人一人を知っていた――がいたにちがいない。これまで見てきたように、ストラットフォードはかれが唱道したことを実行した。一六二七年、ウィンチコムの書記、代官、教区委員、牧師、この村のジェントルマン二名は、教区内の貧困者雇用というストラットフォードの有益な仕事を保証するように枢密院に宛てて書翰を送った。

ストラットフォードの経歴は、一人の人間が複数の起業に個人的に関与していたこと、および、かれが他の起業の擁護に関しても広い知識をもっていたことを明らかに示すものである。わたくしたちは、靴下編み工業、石けん製造業、タバコ栽培、亜麻栽培と亜麻工業、菜種と亜麻仁の搾油業、大青栽培業について瞥見した。また、ストラットフォードの経歴の背後に、ロンドンにおける共同経営が成立しては壊れ、また成立するというその変幻常なき万華鏡であることを見た。同時に、修道院解散の損害を諸(もろ)に受けたグロスタシャの田舎、つまりウィンチコムの町で、大青栽培、タバコ栽培、亜麻栽培、靴下編み工業が、一七世紀に、貧困緩和のため、男女を雇用する職業として採用されたことを知った。隣接するテュークスベリも修道院解散によってひどい損害を蒙った貧しい町であったが、ここではタバコ栽培、靴下編み工業、大青栽培が行われていたことを知った。五、六月に咲く黄金の大青の花のもっとも美しい眺望は、ごく最近まで、マイズというテュークスベリからちょっとはずれたセヴァーン川沿いの赤いマール層の崖の上からのものであった(42)。もし、ロンドンが独占営業権の腐敗の極致ということで、起業の歴史上、再三にわたって大きな注目を集めたとすれば、起業の建設的な経済上の成果をより感動的に示す証拠を、わたくしたちはロンドンから遠く離れた農村地域で探さなければならないのである。

V　商品の品質と顧客層

新規事業が消費社会の成長を促進した結果、これまでよりはるかに大量の商品が市場にあらわれた。一六世紀前半の標準的農家の家庭用品と一七世紀後半のそれとを手当り次第に比較すると、新規事業の成功は容易に証明される。(1) 一五五〇年以前、農民の家にはごく基本的な家具、つまり、ベンチ、テーブル、腰かけ、ベッド、それにごく僅かな家庭用亜麻織物〔シーツ、ふきんなど〕、必要最小限の調理用具と食器しかなかった。一七世紀末には、あまりにもさまざまな品質の亜麻織物を家庭用品や衣類として選択できるようになったため、それらを数え上げることはできなくなった。(2) これまでより多くの鉄・真鍮・銅の壺が台所、食料品置場、酪農場の棚にならんだ。ピューター製の器具類にも実にさまざまな品質のものがあらわれた。「ピューター製品の流行は帽子の流行のようによく変る」と一六七五年の『国立哲学会雑誌』にある寄稿者は書いている。(3) 衣服についても、さまざまな色、デザイン、厚さの編み靴下を選ぶことができるようになった。商店は一一～一二種類の糸、さまざまな色の上等のレースやふだん用のレース、テープ、リボン、インクル

〔広幅リネンのテープ〕を仕入れた――これら小間物の種類は全く今日の大きな服地商の店に劣らぬほど多様であった。食事についてもまた、非常にさまざまな食料を選ぶことができるようになった。ジェントリの最上の果樹園では六〇種類のりんご、二〇種類の梨、一六種類のさくらんぼ、三五種類のアプリコットやプラムの中からその品種をえらんだ。一七世紀後半、スタフォドシャのダヴ川流域のオゥクオーヴァにあったロウランド・オゥクオーヴァの果樹園ではこのような選択が行われていた。(4) 一六七七年ころ、もしレタスの種子をロンドンに注文したとすると、キャベツ・レタス、ハンバー・レタス、ローマ・レタス、サヴォイ・レタス、ピンク・レタス、赤レタス、ちぢれたレタスの中から品種を選ぶことができた。玉ねぎがほしければ、ストラスブール種、赤スペイン種、白スペイン種、フランス種、イギリス種の中から選ぶことができた。きゅうりには長いもの、短いもの、とげのあるものがあった。クレスは今日、八百屋の店頭にはいつも同じようなものが並んでいるが、それさえ、当時はインド種、栽培種、広葉種、ちぢれ種がみられた(5)。

一七世紀のイギリスで消費者が選択できる品種の豊富さを知ると、消費用商品の品質と種類がどのような経済的意味をもったか、そして、さまざまな階層の消費者が生産者にどのような影響を与えたかを検討せずにはいられない。今日のインフレ経済のもとにおいては、選択の範囲はしだいにせばめられてきている――八百屋にはせいぜい三種類か四種類のりんご、二、三種類の梨しかなく、またペンキは小さい罐のものはなく大きい罐だけだし、ミルクも一パイントのびんだけで、半パイントのびんはない。選択範囲の減少によって蒙る不便さは、——少なくとも手工業製品については——中古品の活潑な市場の存在によってある程度緩和される。自動車、洗濯機、皿洗い機の価格の幅は新製品のカタログのそれよりずっと広い。その理由は、中古市場が政府の干渉の対象からはずされており、比較的効率よく組織されているからである。一七世紀には、同じような規模の中古市場は存在しなかった。その代り、農村工業に相応した実質上の自由があったため、さまざまな規模の製造業が並存することができた。あるものは大きかった（一作業場に一〇人とか二〇人を雇用）が、たいていは小規模（家族と一人ぐらいの奉公人）なものであった。このような農村工業は階級構造、物質的富裕度、地域的資源の著しく異なる農村社会に全国的規模で散在していた。したがって、これらの農村工業はさまざまの形状、品質、価格の製品を生産し、消費者は広い範囲から選択することができた。一五四〇年代以後、設立されてきた事業が消費社会の育成に大きく貢献してきたことはこれまで見てきた通りである。ここで、さまざまの品質、形状、価格をつくり出した市場活動と手工業の諸特徴とを明確にしなければならなくなった。

一六世紀を通じて、テューダー朝政府は、工業は都市で、農業は田舎で行われるものであるという見解にあくまでも固執した。「都会や大都市は主として、あるいはもっぱら、手工業、製造業、工芸、科学によって維持される」と一五七三年（?）〔原文は上記のようになっているが、この法が制定されたのは一五六三年である〕の職人規制法の覚え書に記されている。「したがって、徒弟は上記の技術および科学をそこで修得し、修練をつむべきであって、他の都市や、また農業など大地の労働によって人びとが生活している所に住むべきでないということは好都合なことである」[6]と。

これが当面の問題についての原理であった。実際には、事態は非常に異なっていた。上述の覚え書が認めているように、「だがしかし、法律の意図とは反対に、多くの徒弟は農民の家で成長し、職業、つまり製造業的職業を教えられる。このため、職人はありあまるほど増え、この国の名誉と力とを誇示すべき都市を衰退に導く」[7]。裕福な人びとも製造業的職業と農業的職業の混乱を助長した。つまり、ジェントルメン織元たちである。ジョン・クックはその著書『先駆者たちの議論』（一五五〇年）の中で、この問題について次のように述べている。「イギリスでは……君たち織元は農村にあまねく拡がる大きな農場に住み、ジェントルマンらしい財貨のある家をもち、あまつさえ、そこで織布業と農業とを営む。さらに、羊や牛を飼育し、これによって貧しい農民や牧夫から生活の糧をとり上げる」[8]と。一六二九年、エセックスの織布業がきびしい不況に見舞われたとき、専業織布工は次のような苦情を申し立てた。織元たちは「織布業と同時に土地を保有する人びとだから」、「不況の時には」かれらの徒弟を織布業から農業へと転業させたと[9]。

農業と製造業との機能の分離は十分には行われていなかった。しかし、政府が法規や勧告によって都市に製造業を温存することができる間は、都市で温存されたのは、富裕な人びとの要求をみたす製造業的職業であった。時計製造業者、金細工師、銀細工師、宝石細工師、鬘師、羊皮紙製造業者は都市におり、農村にはいなかった。さらに、ナイフとか靴下のように、とくに富裕者だけのために作られるのではない商品は、その品質と価格の幅をますます拡げ、その最高級の技術はこれもまた都市のものであった。その反対の命題、つまり、品質の劣る商品はすべて農村でつくられたということは事実の全貌を正確に表現するものではないが、大体において正しい。農村地域は主として安もの商品を生産した。

ここでは三例だけを挙げてみよう。ナイフ製造業の主要な産地の一つはヨークシャ南部であった。最高級のナイフは、シェフィールドの町そのもので作られたが、これより品質の劣る安物の普通のナイフは周辺の村落で作られた。陶器製造業についていえば、泥漿で絵づけをした粗末な陶器は農村で作られ、クリームウェア〔素地がクリーム色の陶器〕、ソォルトグレーズ〔食塩釉を使用した陶器〕、デルフト焼〔酸化錫を加えた乳白釉と青で彩色した陶器〕などの高級陶器はもっぱら大都市で作られた(10)。靴下編み工業は、その形状、これを編むのに使用する糸の種類があまりにも多いので、その品質のすべてを確定することは容易ではない。しかし、普通の毛の靴下およびウーステッド糸の靴下は全国各地の農村地域で製造された。一方、最高級品はジャージィ編み靴下だったが、これは、少なくとも初期のうちは、ノリッヂ（ヤーマスにその補助的センターを置く）とロンドンを中心に製造された。最も高価な絹靴下は一七世紀の後半にいたるまで、ロンドンが完全にこれを独占していた。一六五五年に靴下の機械編み職人が組合の法人組織結成を請願したとき、この請願はもっぱら絹靴下編み業に携わるロンドンの職人だけから提出された。一七世紀の後半になってようやく、絹靴下がかなり安くなり、この時になって始めて、レスタシャとノッティンガムシャの機械編み靴下職人は真剣に絹の靴下編み工業を考えるようになった。(11)

この作業仮説を十分に検証する前に、その他の多くの種類の大量生産商品の品質の多様性に関する証拠をもっと体系的に分析しなければならないが、レース、金属製品、亜麻織物というような商品については、高級品は都市(最高級品はロンドン)で生産され、普通品は農村でつくられたということは事実のようである。

農村工業で働く労働者の社会的経済的状態はどうであったろうか。最近、この分野に関する多くのさまざまな研究によって、かれらの経済状態が明らかになってきた。初期の農村工業は常傭の専業労働力に依存するものではなかった。職人が保有地をもち、家庭のために食料を生産し、その余剰分若干をおそらく売却するということは習慣であり、例外ではなかった。したがって、製造業への就業は補足的収入源であり、現金収入をふやすが、家族の時間の一部しか拘束しない収入源であった。穀作地域ではなく、牧畜地域ではこのような二重経済が行われていた。穀作農業は労働の集約性がきわめて高く、他の作業のための時間がなかった。ハーフォドシャの住民は、ジェームズ一世が同州に新毛織物工業の創設を提案したとき、これを拒否して、主にその理由を次のように説明した。「ハーフォドシャはほとんどが耕作地であります。……この新しい考案〔新製造業〕がなくとも、他の諸州よりも貧しい子供たちを就業させるよい方法をもっております。つまり、女の子を雇って一年の大部分のあいだ小麦を拾わせ、男の子を雇って、播種期やそのほか農業に必要な時に犂隊の先でこれを引かせております[12]」と。

それやこれやの理由で[13]、製造業はその労働に専念できる時間を手もとにもつ人びとのいる牧畜地域に安住の地をみつけたのである。ここではまた、それらの製造業が繁栄し、さらに多数の労働者が必要となるならば、新しい労働者を魅きつけるだけの自由と土地とがあった。

さらに、たいていの消費用品製造業は費用のかからぬ簡単な道具を使用した。仕事場や鍛冶場が必要であれば、住家のわきに小屋を建てるだけで間にあった。ジョン・ティルズリィが、最初グロスタァで、ついでバークリィで三〇人の青年をピン職人として養成することをひきうけたとき、かれが要求したのは一軒の家屋だけであった。一八世紀のグロスタァのピン製造業者の屋敷は、たいてい、裏庭に仕事場のついたただ一軒の居宅であった。スタフォドシャの家庭用陶器製造は一軒の家の一間か、屋外に建てられた一間だけの建物で行われた。釘職人の仕事場は居宅のかたわらの納屋であった[14]。一七一一年、サセックスのヘイスティングズのタバコ・パイプ製造業者は一階と二階に一部屋ずつある二部屋の家に住み、粘土と作業道具一式をおいた隣接の仕事場でパイプを作った。この建物の上階は徒弟たちの寝室になっていた。

有力な農村工業を支える産業構造が簡単なものだったということはよくよく強調されなければならない。というのは、経済史家の中には、これを何か非常に立派なものであったと考え、立派であることなど必要のないところに、また実際に立派でもなかったところに、資本の蓄積を是非にも探し求めようとする人びとがいるからである。商人が貿易で必要とするような資本はこのような消費用品の製造業者にとっては必要ではなかった。もちろん、かれらは自分たちの製品をより広範に販売するために、都市の商人に大きく依存していたが、生産は簡単な産業基盤を変形することなく、長い間、よどみなくつづけられたのである。需要の増大にたいしては、農村の職のない人びとをさらに雇用することで十分であった。一七世紀初頭のウェルッシュ・コットン〔ウェールズ地方の毛織物はこの名称でよばれる〕の織物業者の営業方法についての記述は、あの有名な一五五五年の制定法、つまり、ハリファックスの織布業者の簡単な営業組織について述べた、あの制定法によってすでになじみ深いものとなっている組織を、新しい角度から、したがってあまり知られていない角度から記述するものである。(15) ウェルッシュ・コットンの織物業者は「だいたい、ウェールズの山間地域に住む貧しい人びと」であった。「かれらは二、三人が一緒になって一反を織る原料を仕入れることもしばしばである。布を織上げると、その布の所有者たちはたいてい織布工や縮絨工とともに、これを居住地から一〇、二〇、三〇、四〇マイル、あるいはそれ以上離れたオズウェスター――オズウェストリィ――の市場に持っていく。そこでかれらはこの布を現金で売却した（というのは、かれらは掛売りをしたことがなかったからである)。現金を手にすると、縮絨工と織布工はそれぞれ賃銀を受け取り、それから貧しい出資者たちはその残りをわけあうのである。この現金でもって、かれらは同じ市場で、あるいは居住地に近い別の市場で、ふたたび羊毛を購入し、仕事をつづけるのである」。

農村工業が発展するにつれ、都市で生産された商品の品質と農村の製品の品質との相違はいっそう顕著になった。しかし同時に、農村工業の発展はその品質の幅をさらにいっそう急速に拡大した。その基盤はすでに準備されていた。なぜなら、新事業による手工業の中心地は全くの偶然やでたらめで選ばれたことがなかったからである。いかに萌芽的だったとはいえ、事業は既存の組織を基盤として打ち建てられることが多かった。事業はその手工業の伝統、あるいはこれと何らかの関係ある職業の伝統が以前から存在していた場所に打ち建てられた。このことは、製造業や新農作物の栽培業が発展するにつれ、それらは一つの成功した中心地から、地理的には遠く離れたところ、つまり、同様の成功の可能性を提供する萌芽的製造業などの便宜のある所へと大きく跳んで拡大したことを説明する。大青栽培はハンプシャからバークシャ、グロスタシャ、ウィルトシャ、サセックス、サフォクなどの織布業地域へと拡がった。そこでは奥深い牧草地が大青栽培に適当な土地を提供し、のみならず、そこでは織布業者が大量の大青染料を必要としたのである。サセックスのミッドハーストおよびゴドルミングでは、大青栽培業者の多くは実際に染色業者であった。

農村工業の中心地がかくも広範囲に分散し、その地域的諸条件が多様であったため、必然的に、さらに多くの種類の商品が分化した。たとえば、靴下編み業者はその地域でできる諸種の糸を使用し、さらに、かれらは一体となって、その地域独自の模様と色あいをつくり出した。わたくしたちはすでに、一五七〇年代に始まる靴下編み工業がいかに急速に発展し、一六〇〇年までにイングランドおよびウェールズの少なくとも一〇州をこれにまきこんだことに注目した。[16] 靴下編み工業の地方産業としての顕著な特徴の一部は、これを明確に看取できるし、またほぼ推察することができる。いちばん安物の靴下は最北の四州、ウェストモーランド、カンバーランド、ダラム、ノーサンバランドで製造された。ここで産出する羊毛は粗く、けばだっていた。このような靴下は、一八世紀はじめ、デフォーが「非常に粗末で、質が悪い」と述べたものであった。おそらく、それは今日ウェリングトン長靴(ブーツ)〔膝までくる長靴〕の中に履く厚手の漁師用靴下のようなものであったろう。それより南の、グロスタシャなどの諸州、つまり、コッツウォルド丘陵の毛足の短い羊毛が使用できる諸州では、テュークスベリとかウィンチコムなどの都市で、ウェストモーランドの靴下よりも上等の毛の靴下が製造されたことは容易に想像できる。しかし、これらの靴下は東部の新毛織物地域で製造されたウーステッド靴下には及ぶべくもなかった。また、これらの靴下は北部の毛の靴下とは値段もちがっていた。一五七八年、北部の毛の靴下は一足平均一二〜一八ペンスだったが、一五九〇年、最上のウーステッド靴下は一足八〜九シリングという値段であった。さらに上等の靴下はスコットランド女王メアリが断頭台の上で肌につけていたジャージィ編みの靴下であった（彼女はこの靴下の上に派手なウーステッド靴下を履いていた）。ジャージィ編み靴下はノリッヂとヤーマスで大量に製造された。同じ頃、絹靴下は一足二〇シリングもしたようで、これはロンドンで製造されていたらしい。さらに、金糸・銀糸で刺繡をほどこしたさまざまな趣向のものがつくられた。しかし、金糸・銀糸はきわめて高価で、このような精緻な趣向につねに精魂を傾けていたのは、これもまたロンドンの靴下編み職人だけであった[17]。

レースにもまたさまざまの品質があった。ケントのペンハーストのサー・ヘンリ・シドニィは一五七八年、一ヤードあたり六シリング八ペンスと同じく七シリングの価格で金と銀のボーン・レースを購入した。上等の白レースはさらに高価で、一ヤードあたり八シリング八ペンス（おそらく舶来品）であった。しかし、かれは安いレースも購入した。たしかに、あまりにも安いので、おそらくバッキンガムシャでできたイギリス・レースだったのであろう。これは白と黒（おそらくこの二色をまぜた）のレースで、一ヤードあたり二シリング四ペンスと同じく二シリングであったが、黄色のクラウン・レースは一ヤードたった一六ペンスであった。シドニィ家がシーツ、タオル、ナプキン、枕カヴァを縫うために購入した糸は一ポンドにつき二シリングの太い茶色の糸と、一ポンドにつき三シリングの細い茶色の糸で、両方とも非常に安い糸であった。これらの糸は外国からの亡命者が品質を改良する以前に、ペンハーストのシドニィ家のすぐ近くのメイドストンで作られたものではなかったかと思う。以上は推測にすぎないが、この推測が、後に首尾よく発展する製造業の初期の状況に関する本格的研究を促進するならば、あながち無駄ではあるまい。一七世紀になると、メイドストンはイギリス最高の糸の生産地であることを誰もが認めるようになった。同じ会計帳〔以上の記述はシドニィ家の会計帳によるもので、その同じ会計帳〕は同じ頃のコヴェントリィの製糸業の相対的地位〔一五四九年にはそれが衰退していたといわれる〕の解明に確かな手がかりを与えてくれる。一五七八年、シドニィ家で使用された「ブルーのコヴェントリィ糸」は一ポンドの価格が七シリングだったが、茶色の糸〔おそらくメイドストンで生産された〕はたった二シリングとか三シリングであった。最後に、シドニィ家の家族だけが使う白の絹糸は半オンスにつき一二ペンス、一ポンドで三二シリングという高価なもので、ほぼ確実にスペインから輸入されたものであったと思われる。

購入者も生産者も品質の多様性のもたらす経済上の積極的利益を享受した。購入者は自分の財布と実用上の要求とにまさにぴったりの商品を探すことができた。生産者は、いずれの品質の商品を生産する者も、購入者を必ずみつけることができることを知った。高額の支払いを期待できる裕福な貴族の中に購入者がいなくとも、中流階層の中に購入者をみつけることができたし、そこにもいなければ、農民・職人という下層の人びとの中に購入者をみつけることができた。もし、このような潜在的顧客のすべてが製品を軽蔑したとしても、生産者は好みのあまりうるさくない人びと、つまり、おそらくもっと貧しい人びと、スペイン、アゾレス諸島、西インド諸島などの住民の間になお市場をみつけることができた。たとえば、アゾレス諸島で未加工の大青を購入したサウスハンプトンの商人は、その代金を、イギリスの服地商が国内で売れなかった粗悪な短い反物で支払った。イギリスのピン製造業者がオランダ・ピンの輸入の厳禁を要請したとき、オランダ・ピンの輸入業者はこの処置によって、間接的ながら一万の貧しいイギリス人が失職するであろうと反対した。かれらは、イギリスでは売れないし、また使用されないような安物商品の製造・販売を兼ねていて、ピンと交換にオランダでこの安物商品を売っていたのである。兎の毛皮、布のきれはし、粗末なバンド、毛の靴下、羊毛屑で作ったモンマス帽〔丸く平たい帽子で、もと兵士や船員などがかぶった〕はイギリスでも多少売れたというが、オランダの追加市場もまた重要であって、何千という貧しいイギリス人に「羊毛を櫛でとかし、紡ぎ、梳きばけでけばをたて、これを織り、染色する」仕事を与えた。

しかし、海外の安物市場は最後のとっておきの頼みの綱であった。国内市場が実にさまざまな品質の商品を消化した。そして品質の多様さが何千という農村の職人に生活の資を保証した点に国内市場の最大の功績があった。ジェームズ一世時代、ウェルッシュ＝コットンの織布業者にたいして、法律がかれらの織物の重量と布幅の基準を強制しようとしたとき、かれらは品質の多様性の効用を縷々説明した。ウェルッシュ＝コットンは安い布で、たいてい裏地用に使われていた。裏は時には厚くて暖かいことが必要であるが、ウェイストコート〔一四〜一七世紀の男子用のぴったりした上着(ダブレット)の下に着用した胴着〕や子供用コートのような衣類には軽い裏地をつけなければならなかった。したがって、ウェルッシュ＝コットンには品質の種類が多く、また価格もまちまちであった。一ヤードにつき四ペンスのものがもっとも安く、最高は同じく二シリング、およそ六倍であった。これら両極端の間に、重量、布幅が異なるさまざまな種類があって、等級がごく僅かずつちがっていた。品質と重量の差異は第一に地方的なものであった。つまり、デンビィものは一ヤードにつき八ペンス、一〇ペンス、メリオネスものは一ヤードにつき、一二ペンス、一六ペンス、二〇ペンス、二シリングであった。モンゴメリィものは一ヤードにつき、八ペンス、一二ペンス、一六ペンス、二〇ペンス、二シリングにわかれていた。このような地方的な枠組みの中で、織布工がそれぞれ勝手にちがった品質のものを作った。

その結果、各階層の購入者はさまざまな価格の商品を購入することができたし、ごく一部の人びとの気まぐれや流行でその売行きが左右されることもなかった。誰もが自分にあった価格、品質をみつけることができた。もし、たった一種類の品質の布しかなかったならば、北ウェールズの大部分の人びとは仕事がなくなってしまったであろう。ウェルッシュ＝コットンの織布業者が詳しく説明したように、「もっと貧しい人びと（これらの裏地をいちばんよく使う）は一ヤードに一二ペンスや一六ペンスを支払わなくとも、六ペンスから八ペンスでこれを購入することができた」のである。ウェルッシュ＝コットンの織布業者は広い市場をもっていたために、急につぶれる心配はなかった。かれらがかれらの織る布の幅・長さ・重量を規格化しようという政府の計画にはげしく反対したことは当然であろう。かれらの直感は正しかった。政府の計画は海外貿易にたずさわる大商人の利益のための政策であった。それは織布業者の利益に資するものではなかった。というのは、この政策はかれらの製品の種類を制限し、かれらの製品のための国内市場を縮小し、貿易不況のさいにはかれらのひどい損害をひきかぶせるものであったからである。一世代の後、一六七〇年ころ、レスタァの靴下編み職人はこれまでより厳しい製造基準をかれらに押しつけようとする新しい規則の制定を恐れ、さんざん悩んだあげく、これと似たような主張を提案した。「僅かな靴下を入念に製造することではなく、多くの靴下を普通に製造することは公共の利益にもっとも役立つものである。なぜなら、それは子供にまで仕事を与え、より多くの人びとを雇用するからである。さらに、靴下ができ上り、種類別に分類されると、そこにはあらゆる階層向きの製品が揃っている……。もし、上等の靴下しか製造されないとすれば、貧しい人びとは靴下なしで過さなければならない[18]」。

製品を規格化し、品質の維持をはかろうという政府の政策はエリザベス、ジェームズ、チャールズ諸王の治世を通じて一貫して追求され、さらに、一六五一年の通商委員会は空位時代〔一六四九〜六〇年〕にこれを再び取上げた。[19] イギリスの手工業が海外で直面していた激しい競争という観点から考えると、この政策はたしかに意味のあることであった。イギリス商品の買い手を見つけるのに苦労していた貿易商人は、この苦労をいつもかれらが販売する商品のごまかしのせいにした。それらの商品は「詐欺とごまかし」といわれた。というのは、さまざまな品質の材料、たとえば、金糸・銀糸の中に銅糸をまぜたり、リボンや留め紐に絹糸と亜麻糸とをまぜたからである。しかし、政府が意図した製品の規格化はたしかに製造業の発展および国内市場の拡大を阻止するものであった。また、後述するように、海外市場を詳細に検討すると、政府の政策はある点については海外市場の拡大さえも阻害するものであった。一七世紀の不況期に、商談はしばしば難航したが、多様な品質および価格の製品が製造されたことは、製品を購入できる買い手の範囲を拡げたため、その逆の場合より販路を積極的に拡大する助けとなった。形状・サイズともあらゆる規格の織物製造の自由は製造業者にとっても、また資力の限られた購入者にとっても必要であった。

海外貿易商人および主として都市に住む高度の技術をもつ職人は政府の政策を左右する大きな力をもち、貿易不振で援助の手を必要とするときは、いちばんうるさく意見を述べた。安物商品の製造業者はたいてい田舎に住み、都市の商人や職人とは利害を異にし、その声が議会に届くことはほとんどなかった。しかし、かれらは製品の規格化政策を阻止することに成功した。政府が農村地域でその規制を強制執行するだけの力をもたなかったことが、かれらの成功の主な理由である。政府はギルドを通じて都市製造業を規制し、これに比較的成功し、効果をあげたことを長く忘れることができなかった。一六世紀中葉の都市および農村生活の情況は急速に変貌しつつあったにもかかわらず、一五六三年の職人規制法は右のような規制の範囲を拡大しうるという信念のもとに公布されたのである。さらに、いっそう野心的な計画が一六二二年から二五年にいたる貿易不況期に提案された。それは農村地域の新毛織物工業を規制するためのものであり、各州の治安判事を新毛織物工業の管理責任者とし、住民全体をその傘下に組織するという計画であった。各州で製造された布はその各製造工程ごとに、長さ・重量・染色規準・仕上げについて検査されることになったのである。[20]この計画は実現されなかった。当然のことながら、これを強制することはできなかった。都市における規制さえ、しだいにその効力を失った。職人規制法はたしかに執行されたが、それは恣意的なものにすぎず、何百人という職人は徒弟として修業したことのない職業につき、法の干渉を受けることなく生活した。

特許の歴史が腐敗時代に入ると、特許権所有者の代理人は地方を歩きまわり、ほとんど手当り次第に現金や口どめ料を要求したが、農村工業の広範な基盤をつき崩すことはできなかった。農村工業が売れる商品をつくれば、いつの間にか静かに繁栄したのである。農村工業は徐々に忠実な顧客を獲得していった。なぜなら、農村工業は数多くの実用品――高価なものではなく、全くの日用必需品と、それに安くて楽しく、しかも勤労男女の収入にふさわしい小間物を提供したからである。まことに、運命の女神は一七世紀を通じて、農村工業に慈悲深い微笑みをなげかけた。三世代の間、人びとは物価の安定ないし下降の時代に生活し、実質賃銀は上昇した。上層階層はいつものように、労働者が要求する高賃銀について不満を述べたて、労働者が贅沢品につかう貨幣を慨嘆した。一六六九年、エドワード・チェンバレィン*は次のように書いている。「この国の足たる最下層の人びとは日雇労働者である。かれらはかれらに与えられる多額の賃銀によって、さらにすべての日用必需品が低廉なために、ここイングランドでは他の国ぐにの農民よりも上等の衣・食・住に恵まれている」と。これに反して、王政復古後の貴族・ジェントリ・聖職者は実直さの見本であり、簡素にして見苦しからず、衣服に浪費することなく、むしろ地味につくることを好むとかれは主張する。「かえって、都市や農村に住む庶民や召使いたちは概して身分・財産あるいは地位以上の衣服を着用し、この種の人びとがこれまで常としていたよりもはるかに派手なものを着ているようである」(21)。おそらく、一部の人びとには、このような物質的欲望の追求が精神を堕落させるようにみえたことであろう。しかし、それは同時に、ウェルッシュ＝コットンを織り、レースを作り、靴下や帽子を編み、リボン、ボタン、糸を作る農村の男女に多くの仕事を与えた。農村工業の歯車はこれまでより回転の速度を早めたのである。

＊エドワード・チェンバレィン（一六一六～一七〇三）。学識者。市民革命期にはフランス、スペイン、イタリアなど大陸に滞在、王政復古により帰国。多くの歴史書を公刊したが、中でも原註に記されているものがとくに有名で、この著作（英文書名 *The Present State of England*）の著者として知られている。

しかし、次のことは問われなければならない。つまり、一五七〇年以降、イギリスで生産された広範な種類の消費用品はいかにしてこれほど確実にその潜在的顧客のすべてに到達する道をみつけたのであろうか。この問いは、わたくしたちに国内市場の構造へと注意を向けさせるのである。地方の市場町は新製品を直接に目に見えるところで販売する場であった。このような市場町のなかには、新商品と類似の商品の販売によって、長い間その地方で有名だったところもある。こうしたところで今や新商品は新しい技術工程によって、あるいは新しい需要に対応して生産されるようになった。また、新製造業とか、あるいは大青栽培のような農業的新職業は、これと関連する諸職業の活動によって潜在的需要の高さがわかっている地域に成立する場合が少なくない。したがって、伝統的商品が新しいデザインで販売されると、顧客はすぐにこれを手に入れた。その後、よい市場だという評判が風のごとくたちまち遠くまで広く伝わった。一六世紀の末までに、上流社会の人びとの間で、あるいはジェントリやヨーマン、さらにうまい商売を求める商人たちの間で、どこの市場が多様な種類の商品をみつけるのにいちばんいいかということについて、ほとんど百科事典的知識が集成された。そして商人はもちろんのこと、ジェントルメンやかれらの奉公人までが自分たちの特に必要とするものを探して遠くまで出かけた。(22)

一六〇〇年、つまり、イギリスからの移住者が大西洋の彼方に定住し、新しい耕作方法と新しい食物を知るようになってから後もなお、かれらは故国で使い慣れた平凡な家財道具を身のまわりにそなえるために、イギリスの特定の地点に眼を向けていた。一六一九年から一六三三年の期間に、ブリストルでヴァージニア植民地ゆきの船に貨物を積みこんだとき、除草用および土掘り用の鍬と伐木用斧はディーンの森から取りよせた。グロスタシャを中心に活躍していたベネディクト・ウェッブは広幅織物を供給した。靴下のなかにはアイルランド産の亜麻の織靴下もあったが、ブリストルで船に積みこまれたその他の毛の編み靴下はたしかにミッドランド諸州――ほかならぬ乗客たちの故郷――でつくられたものので、おそらくテュークスベリとウィンチコムでつくられたものも入っていたにちがいない。(23) 一六五七年、リチャード・リーガンはバルバドスで店を始めようとする小売商への助言を書いた。あらゆる種類の釘類、掛金、蝶番（ちょうつがい）、鉄のかすがいはロンドンよりはるかに値段が安いからバーミンガムかスタフォドシャで購入せよと忠告した。しなやかで洗濯がきき、しかも縮まぬ薄手の皮手袋——おそらく作業用——はサマセットのヨウヴィル、イルミンスタァ、イルチェスタァで手頃な値段で購入することができるであろう。また靴類はノーサンプトンで購入せよと。(24)

新しい種類の消費用品が国内にくまなく浸透する速度にも注目しなければならない。市場はこれらの商品によって急速に拡大したからである。廷臣たちが最新の装身具や流行の衣服をもっぱらロンドンで調達していたとき、ほぼ同じくらい多様な商品がはるかに辺鄙な諸州で購入者たちに売られていた。たとえば、絹の使用について考えてみよう。一五七〇年、宮廷でなかなかの洒落者といわれたサー・ヘンリ・シドニィ〔一五二九〜八六〕は身のまわりの必要衣料品をおおかたロンドンでととのえた。一五七〇年にはこのヘンリでさえ、絹の布などで身を装うことなく、かれが身につけていた絹は、レースやタフタを縫いつけるために、かれの仕立屋が一オンスとか一かせ単位で購入した絹糸だけであった。一五七三年ころ、メアリ・シドニィ夫人〔サー・ヘンリ・シドニィの妻。ジョン・ダッドリ、ウォーリック伯、後のノーサンバランド公の娘〕がおそらく始めて、一六シリングの価格の緑の縞の絹のスカーフを購入した。しかし、一五七五年三月まで、サー・ヘンリは絹の靴下を買ったことはなかったし、その後も、定期的に購入したというのではなかった。絹の靴下はロンドンのトマス・ソーンズ氏(ママ)という者が納入しており、ソーン家はスペイン貿易で有名な商人であったから、さきの絹製品はスペインから輸入されたものであろう。それでもなお、ミストレス・モンタギューが一五六〇年にエリザベス女王のために黒の絹靴下を見事に編み上げたという話を一〇〇パーセント信じることはできない[25]。また、一足の靴下に三五シリング、四〇シリング、五〇シリング、五三シリング、五三シリング四ペンス、さらには三ポンドもの大金を支払うことのできる廷臣——サー・ヘンリはそれができたのだが——にいったい何足の手編みの絹靴下が一五七五年までに売られたかを誰がいうことができるだろうか。

ここでは、一五七〇年当時、サー・ヘンリ・シドニィ家で使う絹は絹糸だけであり、一五七五年以前には、サー・ヘンリが絹の靴下を一足ももっていなかったということを述べるだけで十分である。最新の流行が他の人びとよりもサー・ヘンリの心を大きく動かしたことは確実である。したがって、ウェストモーランドのカービィ＝ロンズデイルの服地商が、その僅か三年後の一五七八年に、ロンドンの品数に劣らぬほど多くの種類の商品を仕入れ、その中にロンドン絹、スペイン絹、スコットランドのボビン巻き絹の三種類の絹の縫糸が入っていたことは注目すべきことである。かれの商品棚にはたしかに絹靴下はなかったが、おそらく、シルク・ハットはそろえられていたであろう[26]。価格についていえば、遺言状の財産目録の評価額が小売値と同じだったとすると、その価格はサー・ヘンリがロンドンで購入したよりいくぶん安い。ジェームズ・バックハウスは白糸を一ポンドにつき一〇ペンス（サー・ヘンリが使ったいちばん安い糸は一ポンドにつき二シリングだった）、グリーンの糸を一ポンドにつき二シリング四ペンス、黒糸を一ポンドにつき三シリング四ペンス、コヴェントリィ糸を一ポンドにつき六シリング（この同じ商品にサー・ヘンリは七シリングを支払った）で仕入れた。ロンドン絹とよばれる絹の縫糸は、おそらくイングランド製で、一オンスにつき一〇ペンスと一〇ペンス二分の一であったが、スペイン絹は一オンスにつき一八ペンスと二〇ペンスで、これはおそらく、サー・ヘンリが二四ペンスで購入した縫糸用の絹に相当するものであったろう。「スコットランドのボビン巻き絹」という名称は、当時、スコットランドで絹工業が発展しつつあったことを示唆するものであろう。同じ店には、実にさまざまな種類のイングランド製および外国製の毛織物、亜麻織物、さまざまな価格の何種類かの靴下、シルク・ハットばかりでなく、フェルト帽、ノリッヂ・レースやスコットランド・レースなどさまざまな種類のレース、革帯や房飾り、イギリス製やフランス製のガーター、オックスフォド手袋（おそらくウッドストック製か）、それに当時、だいたい舶来だという理由で慨嘆の的となっていた消費用品、たとえばピン、針、ナイフ、短剣、銀や真鍮のボタン、インク壺、羊皮紙、トルコ財布、トランプ、さいころなどが並んでいた。

イギリスでももっとも貧困な州の商店に、一五七八年に、このような商品が立派に並んでいたことを考えると、イギリスの地金の保有量が枯渇しつつあったことを知るのであるが、同時に、鋭い洞察力をもつ者ならば、この傾向が変化しつつあったことを見逃さないであろう。スペイン絹とフランス製ガーター、それにおそらくインク壺、ピン、針、そのほか一部の小間物類は外国製であったが、イギリスの農村工業はすでにその他の舶来品に代るものを生産するようになっていたのである。裏通りの店の手袋は国内で製造された。新毛織物、釘、亜麻織物、粗麻布の多くはイギリスで製造された。都市の製造業と農村を基盤とする製造業との品質の隔差は、輸送費が問題の本質を多少ぼかすとはいえ、おおよそわかるように思われる。たとえば、ランカスタァの粗麻布は一ヤードにつき七ペンスだったが、ロンドンのそれは一ヤードにつき一〇ペンス、時には一四ペンスという価格であった。分別ある購入者の中には、たしかにこれらの二種の品質を別口の用途に使いわけていた者もいたであろうが、ウェストモーランドの顧客が使ったのは安物ばかりで、かれらは高価なロンドンものをじっとみつめて悲しげに眼をそらした。

一七世紀になると、イギリスの地方都市の商店の数はしだいに増加したが、それらの商店は消費用品を販売するだけでなく、その地方の仕事場にもなった。農村の職人はまた行商人とも誠実な友人関係を結んだ。行商人たちは国内を縦横に歩きまわり、戸毎に商品を売り歩き、農村製品の市場を前例のないほどの規模に拡大した。

毛織物検査官たちのありがたくない眼が光っていたために、ノリッヂのレース製造業者はやむをえず公認の運送業者をさけてその製品をこっそりとロンドンに輸送し、あるいは地方歳市に出入りする行商人にこれを売却した。どうしてかれらがそのいずれかの方法をとらねばならなかったかについてはすでに述べた。これは、職人たちが行商人を利用することを有利と考えた数々の理由のうちのほんの一つにすぎない。行商人たちは粗悪品の買い手をみつけることができた。かれらはこの国のいちばん暗い隅へともぐりこむ道を知っていた。一七世紀の評論家は、行商人をだいたいスコットランド人だといいたがった。たとえば、「荷物を背負い」、行商して歩く「すべてのスコットランド人など」という記述が行商人の描写として一六四二年のチェシャのコングルトン・バラの裁判記録に記載されている。[27] 初期の行商人のなかにはたしかに、スコットランドの布、つまり安物の亜麻織物（だが、一六四一年にはもうこれはいちばんの安物ではなかった）を売り歩く者もいた。行商人は市民革命のあと、「驚くほどの数」に増えた。[28] これらの行商人によって、軽い重量の消費用品が大量に全国津々浦々の顧客の手に届けられた。お伽噺の中で行商人が売り歩く商品が一六、一七世紀の最新流行の婦人用雑貨のリストとして標準化され、化石化されたという事実は、この状況が当時、いかに新しいものであったかを強調するものであろう。ジョン・ヘイウッドが描いたように、行商人たちはこんなものを売っていた。

　手袋、ピン、櫛、くもりなき鏡、髪油（ポマード）、留め金、飾り結び編みレース、
　ブローチ、指環、あらゆる種類の首飾り、御婦人の頭にかむる丸きレースに平たきレース、

針、糸、指ぬき、鋏など、かかる類の品の数々、
好む者のいるところ、かかるものなき所なし。
吸いのみ、包帯、リボン、袖口レース、
革帯、ナイフ、財布、針差し。[29]

しかし、これは全部ではなかった。パンフレット作者は、ガラス器や陶器を藁にくるんで背中に背負って行商するガラス職人について書いた。ロバート・プロットは、スタッフォドシャの壺をかついで農村を売り歩く貧しい陶器の行商人について語った。[30]

一七世紀後半までには、行商人たちは都市の伝統的商人、つまり毛織物商、亜麻織物商、絹織物商、食料品商の商売を横取りする全くの邪魔者と考えられるようになった。[31]行商人は、以前にはしばしば生産者を兼ねていたが、もはや、ほとんど生産者を兼ねることはなかった。むしろ、かれらは卸売商、つまり生産者と小売商の仲介人であった。行商人〔の一部〕は「ロンドン、エクセタ、マンチェスタァの婦人たちで、大小の小売店に商品を納入するだけでなく、旅館に泊って地方まわりの小規模な行商人たちにも商品を提供した」。また、行商人〔の他の一部〕は「マンチェスタァメンやシャーボーンメン〔シャーボーンは西部の羊毛工業地帯をいう〕等で、市場町をつぎつぎとまわり、ゆく先々の旅館でその地方の小売商に商品を提供した[32]」。

一六八一年、あるパンフレット作者は、このような行商人の伸長の結果、商業が混乱したことを批難して、売買を正式の市場にもどすことを要求した。しかし、かれのつぶやきは無駄だった。一〇年後、行商人の勢力はあまりにも増大し、めいめい三、四人の召使いを雇うほどになったといわれる。[33] 都市の小売商が、一六八〇年代の議会の内外において、行商人反対運動を支援する頑強な圧力団体であったことは驚くにあたらない。しかし、行商人の擁護者が一七〇〇年に情熱をもって大声で叫んだように、消費は街頭を呼び売り歩くことによって、格段の伸長を遂げたのである。「というのは、押売りとチャンスがまちがいなく大事をなしとげるのである。……どの国にとっても大規模商業が小規模商業よりはるかにいいにきまっている。しかし、行商行為が消費を減少させるということの理由を、いささかなりとも、もっともらしく述べてみようとする人をわたくしはまだ見たことがない。市場や小売店にいかなければ、一ペンスのものも買うことができないとすれば、わたくしたちのミルク、鯖などの魚類、オレンジ、レモンなどはどうするのか、行商人に反対する人びとに是非考えてもらいたい。さらに、このような方法で大衆のところに運ばなければ、決して売れないような傷もの商品は山とあるのである」[34]。腐りやすい商品や傷もの商品を売る商人をこのように擁護することは、最下級の手工業製品を売り歩く行商人をも擁護することになる。それらは値が安いかぎり、どこかで売れることは確実であった。

しかし、これが市場の限界ではなかった。外国貿易にたずさわる多くの大商人は、つねに外国への販路を調査し、これを刺戟した。かれらはすべての階層の中に潜在する多様な顧客の需要、つまり、国内だけで知りうるよりも多くの種類の好みをもつ多様な顧客の需要にこたえようと努めた。また、この別の世界、つまり、気まぐれな好みをもつ潜在的顧客たちの世界の複雑さについては、もっと慎重に検討する必要がある。というのは、この世界の中にこそ、農村工業の繁栄の極致に向って果しなく広がる地平線が鏡の中に映し出されたごとくに見えるからである。

しかし、この果しなく広がる地平線をみるとただちに、これまでこの議論の背後にかくれていた問題につき当るのである。消費用品製造業は、主としてどの顧客層を対象として成功を収めたのであろうか。消費用品の大衆市場はこれまで産業革命の結果として取扱うことが習慣となっており、一八世紀末以前については重視されていなかった。したがって、需要はまず中流階層の間で起り、ここで真っ先にみたされ、しだいに労働者階層へと浸透したと論じられている。しかし、編み靴下、編み帽子、安もの陶器、釘、タバコ＝パイプ、レース、リボンというような商品の生産に関する一七世紀の証拠は、消費用品の大衆市場がずっと早くから存在していたことを証明する。わたくしたちがもし、大衆市場を準備してきたところにまで視野を拡大すると、大衆市場は、これまで経済史家が規定してきたように、つねに一方通行を遵守していたのではなかったことをすぐにも認めざるをえない。現実ははるかに複雑であった。

たとえば、靴下編み工業はスペインから輸入された絹靴下にたいする裕福な人びとの流行から始まった。しかし、ウーステッド糸の編み靴下の流行がイタリアから入って来るとすぐ、この流行は貧しい人びとの間で以前から行われていたこの職業を活気づけた。大陸の影響により、靴下編み工業はその最上のものは中流および上流階層を満足させる水準にまで技術を改良したが、さらに労働者階層の要求をもみたした。その後、イギリスの靴下は海外にも輸出されるようになった。イギリス製靴下は、一五七〇年代の末、チェスタァからアイルランドに向けて出航した船にはじめて積込まれた。イギリス製靴下はケンダル織*や北部のカージィ織を積んだ船荷で輸送されたから、おそらく、ヨークシャ北部のリッチモンド周辺の靴下編み工業地域で生産されたものと推定しても大過ないであろう。これらの靴下は、のちにデフォーが「非常に粗末な普通品の靴下」とよんだものである。当時、アイルランドには、デズモンドの反乱〔第一次一五六九〜七三、第二次一五七九〜八三〕の後始末のため、かなりの数のイギリス兵が駐留していた。これらの兵士が先の靴下の最初の顧客だったことはほぼまちがいないであろう。これにたいして、将校たちはヴェルヴェットの帽子——これはアイルランド総督宛ての貨幣とともに一五七七年三月に送られてきた——などのような贅沢品を使っていた。(35) イギリスの兵士と役人は根っからのアイルランド人にも靴下の流行を拡げた。一世紀後、アイルランド人はイギリスの編み靴下の大顧客となった。このため、アイルランドとの家畜取引禁止条令**がこの職業をとりつぶしたとき、イギリス国内で狼狽の大音声がわき起ったほどであった。需要は、この場合、イギリスの兵士や役人（イギリスの中流および労働階層）からアイルランドの農民（あるいはかれら農民と同じ社会層の人びと）へと拡がったのである。(36)

＊ケンダルは北西部カンブリア州の都市。もとここにフランドルの織布工が移住したところからこの名称がつけられた。

＊＊一六六七年二月二日発効。国内の畜産業保護のため、アイルランドからの家畜輸入を禁止する条令。Stat. of the Realm, Vol. 5, 597.

イギリス靴下の需要がヨーロッパ大陸で確立し、一五九〇年代までにはこれが関税台帳の記載の中に目立つほどになった。ここに記載された毛の靴下の数量、さまざまな品質、その上、市場の多様性は、購入者が中流および下層階層の人びとであったことを語っている。一五九八〜九九年の関税台帳によれば、イギリス各地の靴下工業の中心地――ノリッヂとヤーマス、コーンウォルとデヴォン――から集荷された大量のウールおよびウーステッドの靴下の梱包がフランス、オランダ、ドイツに発送され、これらの靴下が、一五七〇年代の大陸におけるイギリス靴下の花形商品であったカージィ織靴下にとって代ったことがわかる。毛の編み靴下とカージィ織靴下の価格は、当時、あまりちがわなかったと考えなければならない。一六〇九年までに、カージィ織靴下の輸出は途絶えた。もっとも、スペインとポルトガル、シュターデ〔エルベ川河口の町〕とアムステルダムではなおごく僅かな需要がつづいた。しかし、ウールの編み靴下は大人用も子供用もともに急に評判が高くなった。一方、ウールの編み靴下よりはるかに人気があったのは、毛足の短い羊毛を使ったウーステッド糸の編み靴下で、それはヨーロッパのみならず、バーバリ地方〔アフリカ北部、エジプトの北部から大西洋にいたる地域〕でも人気を博し、これを積んでシュターデのような港に向う船の積荷には、一〇〇〇足、二〇〇〇足、時には二五〇〇足以上も入っていた。一六四一年までに、カージィ織靴下はロンドン出帆の船の積荷から全く姿を消した。これはウールおよびウーステッドの編み靴下がともに流行を支配するようになったためである。これらの靴下は一〇〇〇足とか一万足という単位でスペイン、フランス、オランダに輸出された。子供用のウールの靴下はサン・ルカーとマガラの二港にだけでも五万八〇〇〇足も輸出された。しかし、上記三国の七港のほか、イギリス靴下の輸入港として、さらにアイルランド、アゾレス諸島、マディラ、カナリー諸島、新大陸、イタリア、スウェーデン、デンマークなどの四〇の港名を挙げることができる(37)。ヨーロッパ諸国で、イギリスの編み靴下がどんなものかを知らない国はなかった。あきらかに、これらは金持ちの使うものではなく、庶民の衣料だった。市場は主に最下層の人びとの手にあった。

そのほかに成功を収めた新規事業の一つであったナイフおよび刃物工業に眼を転じると、この産業は日常の仕事に刃物を必要とする労働者の需要をみたすところから始まり、一七世紀の末には眼のこえた海外の高級顧客が手にとるまでになったことを知るのである。一五四九年の『コモンウィールについての一試論』で、対話者の一人である商人は、鉄、鋼鉄、ナイフ、短剣はすべて外国からイギリスに輸入され、さらに、これらの商品が一五四二年当時より三分の一も値上りした事実を慨嘆している。外国製ナイフがロンドンのシティの高級品店の飾り窓いっぱいにならび、非常に貧しい田舎者までが輸入品に固執した。道具類もまた同じ項目に入っていたようである。というのは、『一試論』の中で、イギリス人が自国で製造すべき商品リストには、短剣、ナイフ、金槌(かなづち)、鋸(のこぎり)、鑿(のみ)、斧までが列挙されている。[38] これらの商品を国内で製造することが新しく重要な問題となった。一五六〇年代に、海外からの移住者がイギリスに迎えられたとき、シェフィールド——遅くも一四世紀中葉以降、実用的だが美しくないナイフを製造していた——の荘園領主は慎重な態度で外国人に次のようにたずねた。「あなたは鉄や鋼鉄で何かをつくることができますか」と。[39] セシルが大きな権限をもっていたスタムフォドの市参事会ははがね職人と銅職人のほか、ナイフをつくることのできる外国の職人を求めた。[40] 技術改良が積極的に模索されていたのである。一五六五年、ヤコブス・アコンティウスは研磨機製造の特許を交付された。一五七一年、リチャード・マッシュウはトルコ風デザインのナイフとナイフの把っ手を製造する特許を受けた。[41] かれの努力はたしかに成功した。というのは、エドマンド・ハウズはストウの『年代記』の一六一五年の増補版の中で、次のように述べているからである。つまりフリート・ブリッヂの上記リチャード・マッシュウは外国を旅行し、また外国に滞在して、ナイフとナイフの把っ手作りの技術を学び、この技術を完成させた最初のイギリス人であると。ハウズはさらに次のようにも述べている。これまで数百年この方、「この国のさまざまな地方で粗末で不細工なナイフがたくさんつくられたが、今や世界でいちばん上等で切れ味のいいナイフはロンドンでつくられる」と。[42] イギリスの、あるいはむしろロンドンのナイフはエリザベス時代にその評判を高め、これが徐々に一般に認められるようになったようである。しかし、一五六六年から一五九七年の間に、イギリスの生徒用にフランス語会話の教科書を書いたユグノーの教師は、このことを認めたくなかった。かれはまだフランドルのナイフが上等だと信じていた。かれはフランス語訳の練習問題のなかに、「世界でいちばん上等のナイフを作る」国、フランドルから来たのに、ナイフをもっていないフランドルの子供をからかうくだりをはさんだ。[43]

このようにして、ナイフ・刃物工業はロンドンばかりでなく、シェフィールドやウースタシャ北部でも近代化された。一六二二年になると、ロンドンの聖マーティンズ・ル・グラン教区（聖ポール教会堂の北側の地区）に住む外国人刃物師は、その製品によって首都の名声を高めた職人集団として賞讃されるようになった。[44] 一八世紀初頭には、非常に口の悪いフランス人のミッソン氏までがイギリスの刃物工業が到達した技術改良を認めざるをえなくなり（一七一九年）、「イギリスは世界でいちばん上等のナイフをつくる」と述べている。——だが、正しくは、イギリスは世界でいちばん粗悪な鋏を作り、ペン・ナイフ〔鵞ペンを削るのに用いたナイフ〕ときたら大きすぎて、「ペン先を削るにはとうてい使えない」というかれの辛辣な批評もつけ加えておかなければなるまい[45]。

刃物類はヨーロッパで国内と同じ高評をうけることはなかったが、外国からのイギリス国内への輸入は止まった。一七世紀初頭まで、刃物類はアメリカにわたる移住者たちの買物リストに記されていた。このことから、新しい国でその生活の資をもっぱら刃物類に依存した中流および労働階層の人びとにとって、刃物類は納得のいく水準に達していたと考えられるであろう。バルバドスの小売商がイギリスで仕入れる商品名を記したリチャード・リーガンのリスト（一六五七年）には、長鋸〔二人でひく細身の長いのこぎり〕、両把っ手の鋸、手のこ〔片手用の鋸〕、やすり、伐木用斧、大工・指物師・桶屋用の手斧、鑿、ちょうな、つるはし、マトック〔つるはしの一種〕、除草用鍬、かんな、丸のみ、黒人が砂糖きびを刈取る時に使う片手用鉈鎌、指物師用の曲り柄刃物〔刃の両端に把っ手のついた木工具で手元にひいて削る〕が記されている。小槌だけはイギリスのものより、材質のかたいバルバドス製のもののほうがよかった[46]。リーガンの助言は特殊なものでもなく、またとっぴなものでもなかった。イギリスの西部の港はすべて、アメリカや西インド諸島に向けて刃物類の託送貨物を定期的に輸送していたのである。

それゆえ、ナイフおよび刃物工業は一五四〇年代に促進された新規事業の一つに数えなければならない。これは外国の熟練職人の手をかりて一七世紀には非常に高い評価をうけるようになった。たしかに、イギリスの刃物工業はアメリカ市場を優に支配し、ナイフについては贅沢品好みのフランス市場に大きな影響を与えた。刃物工業は、労働階層の使用に供すべく始まったのであるが、しだいにその水準を高めたのである。

時間が許されれば、始めにイギリス市場で成功し、ついでヨーロッパ市場で成功を収めた事業をこの他の多くの商品——フェルト帽、モンマス帽、ボタン、銅糸、タバコ＝パイプ、革帯、手袋、ガラス、陶器など——の歴史について具体的に語ることができる。ここでは、これまで注目してきた商品の海外市場の拡大を考察するにとどめよう。一六六二年のミカエル祭〔九月二九日、イギリスでは四季支払日の一つで、新会計年度の開始日〕から一六六三年のミカエル祭までの一年間にロンドンから輸出された商品リストが一六七九年ごろ編集された。これはイギリスの手工業を説明するためのもので、再輸出商品はここから除外されている。これはロンドンだけに関するものであるから、新製造業の海外競争の道筋を大まかに指示するものにすぎないが、ないよりはましである。(47)

イギリスの明礬は今や（価格が安いために）、オランダ、ドイツ、フランス、スペイン、ポルトガル、アメリカ植民地、東インド、スコットランド、アイルランドに輸出されるようになった。蒸溜酒はアメリカ植民地、ロシア、東インド、アフリカ、ポルトガルに輸出された。焼酎はアフリカ、スペイン、ドイツ、ポルトガル、フランス、スコットランド、イタリアに輸出された。緑礬はオランダ、ドイツ、フランス、スペインに輸出された。革手袋はドイツ、オランダ、スウェーデンに大量に輸出され、他のヨーロッパ五カ国およびアメリカ植民地、スコットランド、アイルランドへもそれほど大量ではないが輸出された。金と銀のレースは大量にポルトガルに輸出され、やや少量ながら、イタリアおよびスペイン、アメリカ植民地、スコットランドに輸出された。イギリスで織られた絹はスペイン、ポルトガル（四一〇五ポンド）、アメリカ植民地（三四二七ポンド）、フランス（一三四六ポンド）、オランダ、イタリア、スコットランド、ドイツ、アイルランド、フランドル、アフリカ、デンマークに（二〇〇から二〇〇〇ポンドの量）輸出された。イギリスで仕上げ加工をした絹の撚り糸はドイツ、ポルトガル、スコットランドにも（各国それぞれ一〇〇〇ポンド以上）輸出され、デンマーク、アメリカ植民地へも僅かながら輸出された。このリストに示されたどの国も、イギリスにおけるこれらの商品の製造業の中心地を、さらに、海外市場に供給されたこれらの商品の品質を調べてみたい気持を起させる。金・銀のレースはイタリアに輸出されたが、この国からこの製造業ははじめてイギリスに伝えられたのである。絹製品はスペインに輸出されたが、ほかならぬこの国から最初の絹靴下がイギリスに輸入されたのである。明礬はスペインに輸出されたが、一六世紀にはスペインから輸入されていたのである。この間に品質および価格がどのように逆転したのであろうか。

　消費を拡大する推進力として品質の分化に注目することは当然のことである。この問題は長期の経済発展の研究では一般に無視されてきたが、ここには、それぞれ大量の人口を雇用するイギリス各地域の産業構造の特殊性が独自の方法で混合されており、イギリスのある特定地域の繁栄と衰退を解く貴重な鍵鑰が秘められている。たとえば、フェルプス・ブラウンとホプキンズはかれらが査定した商品の品質の変化を無視することによって、はじめて六世紀間の生計費を何とか評価することができた。これは長期間動向を知るというかれらが意図した目的からみればもちろん正しい。しかし、この表を、あらゆる階層の購売力の指標として、したがって、そのまま消費用品の需要を示す指標として使用することは、非常に複雑な意思決定の過程において、ただ一つの要因しか配慮しないことを意味する。それは、消費用品製造業の興亡を決めるさまざまな要因を蔽いかくすことである。どの製造業もただ一つの中心地を基盤とするものではなかった。むしろ、各製造業は多くの中心地をもち、それらは一国の内外の各中心地相互の競争関係によって存続した。ある中心地は、気まぐれだという定評のある一つの社会層だけのために生産した。別な中心地はいくつかの社会層のために生産した。したがって、消費用品製造業は外部からたえず組織の改良をせまられた。(48) さらに、内部からもおそらく同じ状況が発生した。というのは、購入者の識別力と満足度は専門化を促進し、同一製造業内の各部門の生産者にたいしてより高い水準をめざして努力するように督励したからである。そのため、当然のことながら、価格が上って、ついにはこれまでの顧客の手に届かぬ高値となったこともあるだろう。製造業が古い顧客と同じようにかれらの製品に満足してくれる新しい顧客をみつけた時、古い顧客は別の安い商品を求めて遠くをさ迷わねばならなかったのである。一六七〇年代に、イギリス・リネン〔この個所では煩雑にならないようにリネンを亜麻織物と訳さず、原語のまま使用〕およびスコティッシュ・リネンと競争して、アイリッシュ・リネンがイギリスで市場を拡大した背後には、このような経過があったのかも知れない。一七世紀初頭、スコティッシュ・リネンはいちばん安物だったが、一六四一年にはもはやそうではなかった。同じような「品質改良」の進行はレース工業の歴史にも見られる。一七世紀末、ベッドフォドシャやバッキンガムシャのレース製造業者の顧客は一体どこのどなたさまだったのだろうか。昔、かれらは安いレースを作っていたが、この時には、フランドルのレースをしのぐ上等のレースを生産するようになった。もとは一ヤードにつき八ペンスだった。今や一ヤードにつき三〇シリングとなった。召使いたちはどこでエプロン用の安いレースをみつけたのだろうか。

以上の諸問題は、国内製造業の内部構造をもっと綿密に分析する必要があることを示唆する。何しろ、どの製造業も多くの部門から構成されていたからである。しかしさらに、ヨーロッパの同種の製造業との関係において、その地位を検討することも必要である。ネフ教授は、一九五八年に出版したすぐれた著書『産業文明の文化的基盤』において、一六、一七世紀に芸術的商品の生産に力をいれていた大陸、とくにオランダ・フランスの製造業と、安物商品を大量に生産していたイギリス（およびスウェーデン）のそれとの相違を明確に提示した。イギリスについては、ネフ教授の一般化は正鵠を射たものであると評価されるようになってきた。海外で販売されるイギリス製品は、大体、安価な消費用品がもっともうまく成功した。もちろん若干の例外はあった。たとえば、イギリスのナイフの一部は、海外で高い評判をかちえたが、それはロンドン職人の技倆であって、農村地域のそれではなかった。この事実は一部の著作家たちを憂鬱にした。一六六二年、ある著作家は悲嘆のうちに次のような報告書を書いた。どうしてオランダ人は、フランス、ポーランド、東インド、スコットランド、アイルランドのみならず、イギリスにおいてさえ、高級織物の市場を支配し、イギリスを「貧乏人用の呉服屋」にしてしまったのであろうかと。イギリスが何についても最高級品を作るという名声を得たいと願う人びとからみれば、それはまことに悲しいことであった。しかし一七世紀になって、ようやくまともに就業できるようになったわが国の多数の農村人口にとっては、それは悲しいどころか祝福すべきことであった。新しい消費用品製造業の成功の中にはじめて状況の変化を認めたのは経済学者たちであり、かれらはこの状況の変化を悲しむことなく、満足してじっとみつめることができたのである。

Ⅵ　新規事業と経済学

経済学者は、現実生活の変化がみまがうべくもなく明確になってから、遅れて理論化を行うものである。かれらは経済上の変化を先導するのではなく、その結果を追い、これを解釈し、そこから一般化を行うのである。したがって、かれらが未来にたいして案出する政策は過去の経験を映し出す。わたくしたちはこれまで、一六、一七世紀の数多くの起業の中からいくつかを取出し、検討してきたが、いよいよ経済学者の著作について、過去の経験を反映する考え方と助言とを考察する時になった。

多くの経済的起業は政府によってある程度動かされてきたとはいえ、起業が全盛期を迎えたのは、開拓時代を終え、経済の奥深くまで浸透してからのことであった。この時代になると新規事業は権力機関や政府の目の届かぬ所に安定した地位を確立した。いかなる探照灯ももはや進行中の事態に微光たりとも与えるものではなかった。いかに高いトランペットの音も進行しつつある事態に注意を向けさせることはできなかった。新聞記者さえ、何が起りつつあるかを知るには時間がかかった。ウォルタ・ブライスは一六四九年に農業教科書を書き、読者にたいして習得すべき農業改良の六つの方法を教えようとしたが、読者はただちに著者が全く気づかなかった「より新しい農業改良」六点を著者に気づかせた。一六五二年の再版にさいして、かれはこれらの諸点を正しく取入れた。かれはふきげんな調子で次のように述べる。「人間の精神ははかり知れないほど個人的なもので、すぐれた経験をつむが、これは他に伝えられないものではなかろうか」と。(1) かれはイギリス国内をあまねく旅行したが、国内の暗いすみずみを十分に穿鑿しなかったために、上記の諸点には気づかなかったのである。

新しい農作物についてと同じことが、新しい消費用品製造業についてもいえる。これらの製造業はあちこちに散在する多くの中心地に——時には妨害する領主の眼を逃れて小さい村や小屋に、時には司法権力の手の届かぬところに——ひっそりと定着した。一七世紀に、膨張をつづける労働者や不法占拠者の新しい部落の中には、教区・郡(ハンドレッド)・州の境界地域をとくにえらんでつくられたものがある。これらの地域では司法権が競合し、法の網をくぐりぬけることが比較的容易だったからである。

このような状況において、イギリスの産業界に控え目ながらも強力に姿をあらわすこれらの諸現象の意味を、経済学者がなかなか理解できなかったことは当然である。一七世紀初期の経済学者の基本的信条は、一六二〇年代のはじめに書かれたトマス・マン(一五七一〜一六四一。経済著作家。ロンドンの絹織物商の三男)の有名な論文の表題、「外国貿易にあるいはその副題が示すように、「外国貿易によるイングランドの財宝」*に要約されている。イギリスの財宝は外国貿易であった。著者の関心はもっぱら外国貿易、とくに、「外国貿易差額はわが国の財宝を支配する」ものであった。もし、イギリスの財貨が増大されるとすれば、主要輸出品たる羊毛工業に集中された。したし、また従来より以上に支払わねばならなかったのである。羊毛工業が輸入品の代価を支払わねばならなかっ富・財貨を増大する通常の手段は外国貿易によるのであり、そこでわれわれはつねに次の規則を守らなければならない。「したがって、われわれの外国人に売却しなければならない」[2]。つまり、毎年、われわれが消費する以上の価格のものを、あるいは相互補完的方法があった。すなわち、この貿易差額を取得するために、二つの二者択一的るいは国内製品をそれより多く海外に売却するかのいずれかである。イギリス人は輸入品の消費を抑えるか、あ食――その多くはフランス、イタリア、スペインから輸入された――の流行のめまぐるしい変化のうちに、消費用品の国内市場発展の兆候をみることは呪うべきことであった。マンにとって、衣・れはかかる消費のいきすぎを取締る法を欲した。マンにとっての第二の目的はイギリス商品の輸出を促進することであり、これについては、かれも外国人の好みと財力に見合う商品を製造するために全力をつくすべきであるということに同意した[3]。どうやらかれは自分で立てた二つの基準の矛盾に気づいていなかったようである。

＊本論文には二種の邦訳がある。一は張漢裕訳『外国貿易によるイギリスの財宝』（岩波文

庫、一九四二）、他は渡辺源次郎訳『外国貿易によるイングランドの財宝』（東京大学出版会、一九六五）である。

常識に妨げられて、マンといえども、あらゆる製造業を外国貿易にたいする貢献度で判断するわけにはいかなかった。イギリスの貴族、ジェントリの贅沢志向が貧困者に仕事を与え、民富の増進に寄与したことにかれとて異論はなかった。しかし、国王をふくめて全王国を富裕化する行動に取組むことのほうがはるかに利益の多いことであった。これは輸出によってのみ達成された。輸出は貿易収支の黒字を保証し、労働者、手工業者、商人に生活の資を与え、その上、関税収入を国王にもたらした。一八五六年、マッカロックはマンの理論を再検討し、貿易収支は「金メッキの粘土像」に昇格し、一世紀以上もの間、「奴隷的崇拝の対象」として君臨したと鮮明に表現した。(4)

今も昔も、外国貿易収支決算のための煩雑な計算はわたくしたちには必要がない。不確かな基礎の上に、一見確固とした数字がともかくも算出された。一六一二〜一四年、イギリスの貿易収支は黒字だったらしい。一六一六年、それは赤字に転じたといわれ、一六二二〜二三年にも、なお赤字だと考えられた。この年、深刻な経済危機により、その原因の長期的かつ徹底的調査が開始された。それはもっぱら外国貿易の状態と為替相場に関するものであった。(5)不況対策は輸出においてこれまでよりも競争力を強めること、つまり、これまでよりも安い価格で輸出することにおかれたようである。

しかし実際には、これまで見てきたように、このような考え方の影響は、当時、起業家が企画していた線に沿う製造業の発展を阻害するものであった。イギリス製毛織物（主要輸出品）の品質改良のために、この時行われた運動は布の長さと幅を均一にすることを主張した。それは、価格や品質の多様性を買いやすいということで喜んでいたイギリスの消費者の願望に反するものであった。イギリスの消費者にとっては、種類が多いほど、よかったのである。しかし、貿易収支を牛耳ったのは商人であり、それをいずれかの方向に傾かせたのも商人であったから、商人の発言はきわめて重要であった。商人は商品の均質化を望み、したがって、これが政府の政策となった。さいわい、この政策を強力に執行することは結局、不可能だということがわかった。均質性より多様性が国内市場を支えた。海外需要さえこれを促進した。一六六八年に書かれたウィリアム・テンプル（一六二八〜九九。イギリスの政治家、外交家、著述家）の著書によれば、外国人もイギリスの消費者と同じく、安価なイギリス製品を実用的と考えた。オランダ人は自国の上等の布をフランスに売却し、自分たちの衣服用にイギリスの粗末な布を購入するというまい取引をした。オランダ人はまた自国産の最上等のバターを輸出し、アイルランドや北部イングランド製の安いバターを自分たちが使うために購入した。(6) 当時の人がふともらしたこの言葉によって、わたくしたちは、一七世紀後半、北部イングランドのバターがなぜノーサンバランドやダラムから輸出されるようになったかという謎を解くことができる。(7) その品質こそが新しい輸出品としての成功を解く最も重要な鍵である。それは安価であった。オランダの自国産のバターは今や贅沢品となり、あまりにも高価で、一般のオランダ人はとても食卓にのせることなどできなかったのである。

したがって、トマス・マンやエドワード・ミッスルデン*が一六二〇年代の初め、外国貿易の問題にばかり首をつっこんでいたとき、かれらを取りまく世界は新しい様相へと変身しつつあったのである。製造業者および農業生産者は、国内市場向き商品(その多くは安くて楽しい商品)を作り、金メッキの粘土像を台座からひきずり下ろしていた。これらの生産者が外国の購入者の注意をひくことがあれば、何よりのことだが、しかしそれは偶然のことにすぎなかった。この頃、全国各地の村落で、新規事業は順調に進行しつつあり、あるいは創設されつつあった。これらの事業についてはいくつかの任意の事例によってみたことを思い出すであろう。すでに一六〇八年に、イギリスの手工業者はファスティアン織、トランプ、絹レース、リボン、留め紐、絹のガーター、革帯、ビューパー(旗などを作る亜麻布)、クッション、ナイフなどの製造において、大陸の競争相手に勝利したと人びとは確信をもって宣言した。ジョン・ストラットフォドは一時、オランダから未加工の亜麻を購入する商人として活躍したが、一六二〇年にはグロスタシャのウィンチコムで亜麻の栽培を始めた。また、このジョン・ストラットフォドは一六一九年に初期のタバコ栽培を始め、政府の命令で中止した。しかし、農民の活動として、タバコ栽培は一六二〇年代には着実に進行し、二二州で非合法農作物とされたにもかかわらず、長期間にわたって国内市場に、供給しつづけたのである。(8) 一六二五年、サマセットでは、この地方のジェントリたちによって亜麻栽培業が献身的に育成されていた。かれらはケントのエラムから、クリストファ・コカレルをグラストンベリに招き、亜麻栽培とこれを紡糸用に加工するための技術改良をはかった。コカレルはサマセット平野に一三年以上滞在し、新しい干拓地の農業作物として、また製造業に則していいえば、貧しい紡糸工を雇用するものとしての亜麻について、かれ独自の方法を拡めた。コカレルがこの事業を育成しつつあった間にも、靴下編み工業と靴下編みに使用する羊毛の紡糸業は、グラストンベリに居住する多くの人びとによってすでに行われていた。この頃、ハンウェルのアントニィ・コウプはリンカンシャのスポールディングで大青を栽培していた。一五八〇年代に、一部の人びとがイギリスの大青は品質が劣るといいふらしたという憂鬱な噂をよそに、一七世紀の間に、大青栽培は有利な農作物として確固とした評価をかちえた。(9) 人びとはすすんで大青栽培に従事し、大青栽培は大青を挽く機械を所有し、これを常時回転させるだけの資本をもつ人びとによって援助された立派な組織企業でなければならなかった。しかし、これらの必要条件がみたされると、ウォルタ・ブライスも認めているように、大青栽培は一七世紀中葉のミッドランドの多くの地主たちに富を築かせ、労働者たちに十分な仕事を与えた。(10)ノーサンプトンシャでは、一八世紀になっても、大青栽培は人気の高い農作物であった。ジョン・モートン**は一七一二年に出版した『ノーサンプトンシャの博物誌』の中で、「ミッドランド諸州各地で、大青が非常に多く栽培されている、あるいは栽培されてきたことはほぼまちがいない」と述べている。(11)この時期にいっそう大きな成功を収めた事業の一つに、織布業のための菜種油に関する試みがある。一六二〇年の直前、グロスタシャのベネディクト・ウェッブがこの試みに成功した。一六二五年、かれはディーンの森で五五〇エーカにあぶら菜を栽培した。さらに、イースト＝アングリアのフェン沼沢地域では、他の人びとがそれより何百エーカも多くのあぶら菜を栽培した。(12)一七一四年、イギリス王として即位したジョージ一世に祝辞を述べるために、イングランドにやって来た一人のスコットランド人により、この新しい農作物の栽培が静かに普及していたことを知るのである。ヨークシャのイージングウォルドでジェームズ・ハート***は一面に菜種を植えつけた二〇エーカから三〇エーカの畑をみて、菜種はつぶして織元たちの用に供されるものであると報告した。(13)この農作物はエーカ当り一〇ポンドというきわめて申し分のない利益を農場経営者にもたらし、国内需要ばかりでなく、外国にも輸出された。ロンドンから積み出されたものもあったが、小さな港が菜種貿易についてははるかに大きな比率を占めていた。たとえば、一七一九年、庶民院に提出された請願には、ウィズビーチという小さい港から年間一〇〇〇トンが輸出されたと記さ

れている。(14)

＊エドワード・ミッスルデン（活躍期一六〇八～五四）は商人で経済著作家。一六二三～三三年、デルフトのマーチャント・アドヴェンチュアラー・カンパニィの総督を勤めた。

＊＊ジョン・モートン（一六七一？～一七二六）は博物学者。一六九四年、ノーサンプトンシャの一教区の代理牧師を勤めた。

＊＊＊J・ハート（一六六三～一七二九）はエディンバラの牧師。一七一四年、ジョージ一世の戴冠祝賀使節の一人となる。

以上述べてきたことは、一七世紀の雇用様式を変化させた製造業および農業のごく一部の職種にすぎない。これらの諸例は、マンやミッスルデンが貿易不況を打開すべく全く別の分野で勧告を行ったまさにその同じ一六二〇年代という時期に、重要な事業がはじめられつつあったことに注目させるのである。当時、経済学者は消費用品製造業や国内市場拡大の重要性を考慮することはなかった。新しい経験がこの教訓を国内に持ちこむにはさらに二〇年間、つまり市民革命までかかった。市民革命はたしかに、起業の歴史から新しい経済政策を発展させるにあたっての一つの転換点であった。それは市民革命が有力な著作家や政治家に、かれらが平和な時代には決して知ることのできない深い知識を、地方経済の多様性について教えたというただそれだけの理由によるものであった。

人びとはこれまでより足まめに国内を歩きまわった。そのなかには、財産の資産没収委員、軍役委員、資産調査委員など、議会の委員会の委員を勤め、議会に大きな影響力をもつ人びともいた。かれらは旅の途次、政治的社会的理念や経済発展にたいする現実的関心を伝えた。一六四六年に始まる深刻な不況は、一六四九年の国王の処刑とともにいっそう深化し、一六四九年から一六五一年の間にどん底に落ちた。この不況により、かれらは経済復興のために緊急の手段を講じなければならないことを痛感した。新しい共和制（コモンウェルス）は新しい綱領をたて、信用を回復し、新しい経済上の活力を浸透させなければならなかった。新しい綱領は新しいコモンウェルスをただその名称を新しくしたというだけで終らせるものではなかった。パンフレットは、未来に横たわる大きな経済上の可能性を数え上げているが、そこには、パンフレット著作家が国内を巡回して知った教訓が生かされていた。かれらの第一の関心は内乱により最悪の状態におちこんだ貧困と失業とを緩和することであった。当然のことながら、かれらは最大の希望を農業改良、とくに、小屋住農の小保有地や農民の畑に転換できる荒蕪地・森林・狩猟場の改良に託した。王室・教会・王党派の土地の没収はこのことを当面の達成目標とするものであった。かれらの運動の第二の主題は野菜・果物・工業用農作物を経済的に評価することであった。これらの農作物は集約的労働を必要とするのみならず、高い収益を生み出した。かれらの第三の勧告は貧困者を雇用する製造業に関するものであった。この問題に関して、パンフレットには農村工業の役割の重要性がはっきりと看取される。(15) なかでも、国内市場価格を重視したヘンリ・ロビンソン*の経済改革に関する幅広い計画にはこのことが最も明確に記されている。国内市場はなお外国貿易の補助手段とみなされているが、それはその役割において必要不可欠なものと考えられた。なぜなら、外国貿易とは「国内商業が国民の需要をみたしてなお余りあるほどに生産したような商品の余剰分の輸出にほかならなかった」からである。(16)

＊ヘンリ・ロビンソン（一六〇五？～一六六四？）は商人であり、同時にきわめて論争的経済著作家。ロンドンの絹織物商の長男として家業に従事するとともにすぐれた著作を数多く著わした。

ヘンリ・ロビンソンは遅々とした歩みながらも、農村工業の潜在的経済力を模索していた。一六四一年、かれは河川輸送の改良が国内商業を促進することを述べた短い論文を書いた。この問題に関して、イギリスはドイツ、イタリアに比して遅れているとかれは考えた。一六四九年、ロビンソンは新しい論文で、これと関連する問題——手工業の原料の供給を受けるべき人びとが、ちりぢりに散在しているために生じる困難——に取組んだ。散村（ハムレット）や集村（ヴィレッヂ）の無秩序な拡がりは輸送費をいたずらに増加させ、手工業製品の価格をつり上げた。これらの製品は市場と各製造工程に分化した職人との間を、いたずらに往来した。かれはこの時間浪費型分散居住を整理し、保有地をまとめて村をつくり、河川沿いに都市を建設することを提案した。この解決法は現実性に乏しく、かれの批判者がひそかに、かれに何を語ったかを想像することができる。一六五二年に書かれた第三論文で、かれの計画はついにきわめて受け入れ易い形をとるようになった。すなわち、すべての河川を航行できるようにし、河川のない町には運河をつくるという提案である。これは豊かな実りを生み出す提案であった。農村工業は以前と同じ場所で営まれたが、河川を輸送路へと改良したことは、一七世紀後半に達成されたもっとも顕著な事業の一つであった。[17]

ヘンリ・ロビンソンのような人びとの考え方は、公刊される前に同時代の仲間たちによって討議され、一個人の私的な、そしてとっぴな考え方を超えるものを示していると当然考えられるのであるが、こうしたかれらの理論的洞察力が、議会派に強い共感をもつ若い世代の起業家による起業の新規の爆発へとつながらなかったことはある意味でふしぎである。エリザベス朝のコモンウェルスメンに劣らぬ勇気と公共心とをもった共和政支持者(コモンウェルスメン)が、一五四〇～一六三〇年の期間にはじめられたものと類似の事業を、この時期に当然もっと数多くはじめたと考えてもおかしくないであろう。ところが実際には、実験的色彩の濃い個人的な種類の起業が、どちらかというと多かったことを証拠は示している。ジョン・ビールはより広汎な市場で販売するりんご酒に関する実験を行った。サー・リチャード・ウエストンはサリィの砂地ヒースの自分の土地で実験的にクローヴァを栽培した。サセックスのホーステッド＝ケインズの牧師ジャイルズ・ムアは亜麻栽培を試み、野菜や樹木の新種を収集し、その普及をはかった。これらの実験はすべて長い眼でみれば、雇用展望の改善を意図するものであった(18)。とくに、ハートリブ・サークル*の人びとはさまざまな分野における経済発展を計画し、いずれの計画も貧困者の雇用を著しく増進することはまちがいないと自信をもって予言した。しかし、これらの計画はまだ始まったばかりで、地主(ジェントルマン)や教区司祭の邸、果樹・蔬菜園、畑でめいめいが実験を重ねている段階であった。

*サミュエル・ハートリブ（一六七〇？没）。父はポーランドの商人であったが宗教的迫害を逃れ、プロシアに移住。かれは一六世紀の末に生れたが、一六二八年頃イギリスに来住した。名目は商人であったが、教育・経済・農業に関心をもち、夥しい数のパンフレットを著わした。ジョン・ミルトンなどもかれの友人であった。

この時代になると、人びとは以前より慎重になったと考えざるをえない。それは経済状況が変り、将来の予測がつきにくいばかりでなく、別な理由で人びとの自信がゆらいできたからである。もはや、かれらは確実に成功すると思われる外国の手本をまねることをやめた。かれらはそれよりも新しい、勝手のよくわからない道をつき進むようになった。しかし、社会の底部では、早くに創設された諸産業が弾(はず)みをつけて着実に成長しつつあった。貧困者やさほど貧困とはいえぬ人びとは上からの助けをかりることなく、自ら解決の道を歩んだ。タバコ栽培の歴史についてはは史料が珍しくみごとに揃っており、一六一九年にこれが始めて着手された時には、数百ポンド、時には数千ポンドを必要とする新事業であったことが例示されている。しかし、二年とたたぬうちに、これは貧しい人びとの間に普及した。一六四〇年代および一六五〇年代には、タバコ栽培は数百の貧困者を雇用する職業となった。(19)

イギリス経済の中を多くの新しい産業の底流が全速力で流れていたことは、一六七〇年代になってようやく十分に認められるようになった。この時、新しい不況は深刻となり、パンフレット著作家は「地代の低下と貿易の衰退」を緩和させようとして、ふたたび筆をとったのである。新しい世代のもっとも注目すべき著作家はカルー・レイネルというハンプシャのジェントリで、かれはオックスフォド大学およびロンドンの法学院で学んだ。かれが政治の舞台にあらわれたのは、一六五五年のペンラドック一揆*に加担し、非常に年齢が若いということで恩赦をうけた時だけである。(20)その後かれは経済学研究に専心し、一六七四年に『イギリスの真実の利益』という著書を出版した。イギリスの地主的ジェントルマンの伝統的教育を受けたと思われるこの人物が、タバコ栽培のように禁止された職業にたいするきわめて根強い偏見をかなぐり捨てて、国内産業の発展をこれほど雄弁に主張しようとは、一体、誰が予想したであろうか。タバコ栽培がイギリス人の健康を害することを数十年にわたって主張する政府の宣言にカルー・レイネルは耳を傾けた。しかもなお、かれは不敵にも、この問題にその著書の一章を割き、タバコはきわめて高額の地代をもたらす農作物であり、「同時に、非常に多くの人びとを雇用する……」農作物であると述べてこれを擁護した。「普通ならばエーカ当り一〇シリングの土地が、タバコ栽培によりエーカ当り三ポンドとなり、（したがって、地主にとっては全く申し分がないし）また、借地人は必要経費をすべて支払っても、エーカ当り三〇ポンドから四〇ポンドの収益をうることができる。……タバコ栽培にたいするいかなる反対論もこれがもたらす利益と競合することはできない」と、かれは従来の諸説を無視して主張した。イギリスのタバコは外国のものより品質が劣るという議論さえも要約的に片づけられた。「もし、人びとが将来も現在と同じようにこの議論を取上げ、それが今後もつづくのなら、一体、どうなるのだろうか。……とくにイギリス人の身体にはどんな外国タバコよりイギリス＝タバコがいいとみんな言っている」と。実際には、イギリス＝タバコと外国タバコとを混ぜ合わせることが一般に行われており、この混ぜ合わせのあと、イギリス＝タバコはより高価な外国タバコとなったのである。(21)

＊ジョン・ペンラドック（一六一九～一六五五）はウィルトシャのジェントリの長男で、王党派に属し、一六五五年三月、二〇〇人の仲間とともに議会軍に攻撃の狼火をあげたが、二日後に捕えられ、処刑された。

カルー・レイネルはたしかに独創的な人で、イギリス経済とその将来について洞察の鋭い論評を発表した。イギリスの富と繁栄を促進するために、かれは外国貿易より国内商業を奨励することが必要であると考えた。かれの主張はヘンリ・ロビンソンのそれより、はるかに明確で、かつ建設的であった。「商業は国内・国外のいずれにおいても推進されなければならないが、とくに国内商業は外国貿易より影響するところが大きい……外国貿易は補助的な手段であって、主要な利益は国内商業にある」[22]と。国内商業を促進するためには、河川輸送が改良されなければならない。これまでにも、手ごろな費用で河川を掘鑿する方法として二つの新しい動力が開発された。農業および農地関係の労働力雇用の方法について、かれは大農場より小農場のほうが有利であるという。つまり、「土地は小区画に区分されているほど、国民にとっては好都合である。また、多くの人口を養うほど、その土地は立派に耕作される」と。ここでもまた、集約農法——野菜および染料・大麻・亜麻、それにタバコというような工業用農作物について——の成功を綿密に観察した結果にもとづき、独創的で、かつ新鮮な意見が開陳されている。レイネルはハンプシャの人だった。この点に注意しなければならない。この州は一六世紀の起業家たちの刺戟によって大青栽培が新時代の先頭をきって開始されたところである。製造業的職業について、かれは大量の労働力を雇用する農村工業に暖かい賛辞をおくった。たとえば、マンチェスタァのレース製造、ドーセット〔州〕のブランフォドのベルト製造、シェフィールドのナイフ、ランカシャのファスティアン織、イプスウィッチの帆布製造（「これまで製造されたもののうち、もっとも上等な帆布」とかれは主張した)、ワークソップの甘草、ファーナムのホップ、サフラン゠ワルデンのサフラン、ウィンチコムのタバコ、ノリッヂ、カンタベリ、コウルチェスタァ、スピタルフィールズおよびロンドン近郊の毛織物、絹、サテン、ヴェルヴェット、メイドストンの糸(価格にして毎週一〇〇〇ポンドずつ売れた)、エクセタのサージ織など。(23) これらは、一六世紀の新規事業——新製造業および新しい技術によって全く新しい職業に転換された旧製造業——以外の何ものだったであろうか。サフラン゠ワルデンのサフランだけが中世からつづいていたもののようである。だが、わたくしたちの知るかぎりでも、サフランの栽培方法は一六世紀後半にオランダで有名なオランダ人専門家によっておそらく大幅に改良された。レイネルはこれらの新職業を都市と関連させた。というのは都市が集荷の中心地および市場だったからである。しかし、その労働力は、これまでみてきたように、一部は都市の労働力であり、他の一部は副業がなお一般的であった農村のそれであった。

レイネルが編集した別の産業リストには、かれがさらに改良の余地があると考えた職業が提示されている。これらもまた、一六世紀から一七世紀初頭以降の起業、たとえば亜麻織物、絹、タペストリ、りんご酒醸造、タバコ栽培、ぶどう栽培、鉱山業、製塩業、真鍮細工、製紙業などである。(24) これらの職業のこれまでの成果にレイネルは満足できなかった。しかし、レイネルがいっそうの技術の向上を望んだというだけの理由で、これらの職業を重要でないと片づけてしまうことはまちがいであろう。これらの職業はいずれも、特定の地域で積極的に遂行されていた。それぞれの職業が雇用を提供した場所および状況について、さらには、大青栽培について例証したように、それがどの程度の規模の雇用を提供したかについて、はっきりと語ることができれば、地方史研究者の調査はいずれの職業についても報いられるであろう。絹・塩・真鍮・紙・りんご酒は一七世紀末に地方的中心地を確立した製造業であったことがすぐに思い出される。局地的労働力の雇用主として、また局地的市場への供給者として、これら製造業の役割は時にはすでに無視できないものとなっていた。たとえば亜麻工業の場合には、これまでの改良にたいして今後のいっそうの改良を勧告するレイネルの言葉を認めることができる。イギリス北部の亜麻工業の規模については、地方史研究者が調査を始めたばかりである。かれらの調査はレイネルの悲観的な批判を支持するものではない。「現在、われわれはベッド用のシーツや身につけるシャツさえ作れない」とレイネルは嘆じた。[25] かれはより上等の亜麻織物が生産されることを望んだのであろうか。かれはいく先々で大麻・亜麻の栽培を見たかったのであろうか。どこの土壌もひとしく亜麻・大麻の栽培に適しているわけではないのだから、それは不可能なことであった。一六七三年、大麻・亜麻はほうぼうで、しかし、実は栽培に適した地域、とくに東部のフェン干拓地と沼沢地やミッドランド西部と南西部の若干の地方という特に栽培に適した地域で栽培された。さらに、イギリスの亜麻織職人のためにしだいに大量の亜麻糸がバルト海沿岸地方やアイルランドから輸入されるようになった。[26]かれらはオランダやシレジアが名声を博していたような上質の亜麻織物を競争して製造しようなどとは考えなかった。その代り、かれらは粗質の亜麻織物の需要をみたした。カルー・レイネルが不満を感じたのはおそらくこのためであったろう。[27]

亜麻工業の局地的重要性は二つの地方史研究、つまりヨークシャのニド溪谷とランカシャ両地域経済の研究について僅かながらも知ることができる。両地域とも亜麻工業にかなりの労働力が雇用されていた。一六世紀のニド溪谷では人びとは畜産業で生計をたて、毛織物業を副業としていた。しかし、毛織物の市場はリーズで距離的に遠く、この峡谷地方に住む人びとはいささか不利な立場におかれていた。一五六〇年代以降、ハルはバルト海沿岸地方からしだいに大量の亜麻を輸入するようになった。さらに、ヨークの商人はニド溪谷の鉛をダンティヒに運び、亜麻を積んで帰港した。かれらはこの峡谷のまさに入口にあるバラブリッヂに亜麻を運ぶことが好都合な道程であることを知った。ニド溪谷の経済は一六世紀後半から一七世紀にかけて変化した。人口は増加し、各人の保有地の規模は縮小され、これまでより大勢の人びとが土地を得た。亜麻工業は峡谷沿いにこれまでよりははるかに広汎に広がった。自宅に一台の毛織織機をそなえた一六世紀の典型的農民兼毛織物職人は、二台の亜麻織機と小保有地をもつはるかに多数の亜麻織職人に代った。粗質の亜麻工業はニド溪谷の経済の二本の柱の一つとなった。[28]

ペニン山脈のランカシャ側では、亜麻織職人はかれらの労働をつづけるため、バルト海沿岸地方の糸ではなく、アイルランドの糸に依存した。ノーマン・ロウの会計帳は一六世紀末までのことしか語っていないが、農村工業一般の周知の様相をくっきりと描き出している。アイルランド糸はしだいに大量に輸入されるようになり、ついにアイルランド人自身がこれに驚き、一五六九年には、高額の輸出課税を賦課することになった。これも亜麻糸輸出を阻止することができなかった。一五九三〜九四年にリヴァプールに輸入されたアイルランド糸はこれまでにない高額に達した。この九〇年代にはまた、ランカシャの亜麻織物——麻袋やこれに類した粗末なものに使用——はウォーリックシャ、ノーサンプトンシャ、ベッドフォドシャ、ケンブリッヂシャ、サフォク、バークシャ、ウェールズで販売された。(29) したがって、亜麻織職人がかれらの製品を輸出しようという野望をもたなかったように見えたとすれば、かれらはこのために、おそらく、かえってましな暮しをしていたことであろう。一五八〇年代、一五九〇年代の経験に導かれて、かれらの国内市場はいっそう安定した。一五八五年以降、外国貿易にたいしてほとんどたえず妨害が加えられるようになると、外国市場をめざしていたランカシャの毛織物——マンチェスタァ＝コットンとよばれていた——製造業者は、かれらの製造業の衰退を防ぐため、すぐに国内市場に眼を転じた。このため、かれらは営業態度をかえ、外国で人気のあった高級多彩色の布とは正反対の、国内でいちばん売行きのいい渋いグレイの布を製造しなければならなかった。

状況が変り、外国、とくにフランス市場が活気をとりもどすと、マンチェスタァ＝コットンはふたたび派手な色彩（いろゆき）となり、海外に輸出されるようになった。(30)一方、亜麻工業は亜麻糸の供給が安泰であるかぎり、海外の騒ぎに煩わされることなく、独自の歩みをつづけた。一七、一八世紀のイギリスの亜麻織物の徹底的研究を計画したニグリィ・ハートによれば、亜麻工業はかなり繁栄していたという。これまでの歴史家がふしぎとこれを軽視してきたのは、おそらく亜麻工業が国内市場にしか供給していなかったためであり、また後世の観点からいえば、アイルランドやスコットランドの亜麻工業が後にイングランドのそれを凌駕したためであろうと、かれはいうのである。(31)しかし、一七五六年になっても、スコットランドおよびアイルランドから輸入される亜麻織物はせいぜい二五〇〇万ヤードであったのにたいし、イギリスは二六〇〇万ヤードの亜麻織物を生産していたのである。(32)

一六七三年、カルー・レイネルは数多くの新製造業の過去の成果と将来の可能性を強調したとき、かれは本来の主張からはずれて、種類の多いことの利点を称賛した。「さまざまな種類の製品を作ることは有利である」とかれは主張した。(33)その種類が多いほど結構である。かれは無意識のうちにバーリィ卿の言葉を繰返した。エリザベス朝の起業に関するバーリィ卿の関心はまさにこの点にあったのである。新製造業の様式（パターン）を研究した一七世紀の人びとは、経済学の論文にしだいに頻繁にあらわれてくるもう一つの真実、すなわち、多くの人手を経由して作業をすすめる職業は、ただの一工程だけの、したがって生産者が直接消費者の手に渡す職業より多くの利益を国民に与えるという真実を理解した。一般に、一六世紀の人びとはこれと正反対の考えをもっていた。かれらは生産者と消費者との間は直接に交渉するほど有利であると考えた。市場から遠く、仲介人として行商人がわがもの顔にふるまう農村地域では、これらの寄生的な人びとを排除しようとして、人びとはひたすら法を制定した。新製造業の成功はこれまでとは異なる哲学——これについては、一六四七年、グロスタァ駐屯軍隊付牧師のジョン・コーベット〔一六二〇〜八〇、グロスタァの人〕が雄弁に語った——を教えたのである。牧歌的情景の中でさまざまな農村工業が繁栄していたこの州のまさにただ中でかれが執筆したということは、場所柄にふさわしいことであった。ここでいう農村工業とは、毛織物・絹織物・ピンおよび釘・針金・トランプ・刃物・木皿・びんなどの製造業、鉱山業、りんご酒醸造業のほか、当然のことながら、タバコ・大青栽培業もふくまれていた。[34] ジョン・コーベットは共感と称賛をもってグロスタシャの農村社会を眺めた。ここは地主によって邪魔されることなく、ほかならぬヨーマン、借地農、それに小自由保有農が構成する社会であり、かれらは「この地方を富ませる手工業、さらに多くの人の手を経由する手工業を活用する人びと」であった。[35] 一七二五年のデフォーの著作は商業について同じ主張を述べている。かれは自信をもって、穀物取引業の組織および穀物取引業者の階層制度——穀物仲買人や食糧販売業者から麦芽業者や運送業者にいたる——を詳細に語り、商業の安全を守る原則として、「取引にはできるだけ多くの人手を経由すべきである」と断言した。[36] 一七世紀の労働集約的消費用品製造業の多くはたしかにこの基準に悠々と合格したのである。

この時期になると、労働の雇用が新製造業および新農業的諸職業の価値を判断する基準として重視されるようになったので、穀作および牧畜農業にたいする態度に静かな変革が起った。一六世紀には、穀作が農業の首位を占めるべきであるということが原則であった。穀物は生命の糧であり、農民は国家の主柱であった。しかし、一七世紀の経験は、牧畜が牛皮、羊皮、羊毛、木材などを生産し、これらは完成品となるまでに多くの人びとの手を経由する原料を提供するため、長い目でみると、穀作より多くの雇用を創り出すことを教えた。

穀作より牧畜を有利とするこの新しい議論は、一六四〇年代のサー・リチャード・ウェストンの著作にはじめてあらわれた。かれはフランス・オランダ・フランドルにおける経験から、牧畜地域に人口が非常に多いことを指摘した。一〇〇エーカの酪農場は一〇〇エーカの穀物畑よりはるかに多くの人手を必要とするとかれは主張した。羊毛からの紡糸・織布、さらに羊皮の製造をも考慮するならば、牧羊は穀作より多くの作業を供与するとかれはつづけた。[37] その後、この議論は普及した。サミュエル・フォトリィ〔一六二二〜一六八一。次に記す著作の著者として知られる〕は一六六二年に『イングランドの利益と改良』を出版し、この議論をさらに前進させた。[38] 一六九二年にはジョン・ホートンがふたたびこれを論じ、一六九九年、チャールズ・ダヴナント*は牧畜農業が穀作農業より国民の利益となると述べて、この議論をくり返した(39)。このようにして、穀作農民は権力の座からおろされた。「犂をもたない者はすべてこの王国を滅す」ということは、一六〇一年当時の国務大臣セシルの信条であった(40)。農業と製造業との結合の上に立つ牧畜イギリスの新しい農村経済は新しい考え方を教えたのである。

*チャールズ・ダヴナント(一六五六～一七一四)は経済学者であり、政治論についての著作も多い。概して庶民の立場から発言した。

要約すると、新しい消費用品製造業および農村地域の農業経営と結合した製造業的諸職業の成功とは、長い間定説となっていた従来の経済学の教義に代る新しい命題を提示した。新しい命題はまず第一に、国内商業は国民にとって外国貿易以上とはいえないまでも、同じくらい利益が多いものであることを主張した。一七六〇年、デイヴィッド・マックファーソンが率直に記したように、「わがイギリス国民はわが国の手工業職人や商人にとって最上の顧客であ」った(41)。第二に、手工業の種類が多ければ、利益はそれだけ大きかった。第三に、最も利益の多い製造業は多数の人手を経由するものであった。第四に、牧畜農業は穀作農業よりも国民をうるおすものであった。国富の増大に関する旧学説は新事実に適応しつつあった。旧学説の全体を根底から大胆に改訂しようとしたアダム・スミスに向って、道は開かれつつあったのである。

『国富論』のもっとも広く利用されている版を校訂したセリグマン教授は、アダム・スミスを「われわれが家内工業制とよぶ資本主義的企業時代の最初の偉大な理論家」と語っている。[42] たしかに、工業生産の基本原理を分析した本文には、どのページにも、家内工業制についての記述が目につく。ピン製造業は分業の経済上の優位の実例をスミスに始めて示したものである。スミスはこのほか、羊毛工業、釘製造、ボタン製造から実例をひき出した。さらにスミスは、一般の男女にとって必要不可欠の日常の消費用品について、分業と市場とを例示するために、織布業、亜麻織物のシャツ・靴の製造業（靴下については後の部分で述べているが、この議論の個所では述べていない）、台所用金網・ナイフ・フォークなどあらゆる種類の道具類を作る金属加工業、ふだん使いの皿をつくる製陶業、ピューターを作る錫工業、窓ガラスを作るガラス工業を指摘した。スミスは一つの経済制度を基盤とする富に関する新理論を構築しつつあった。この経済制度のきわめて広範な発展については、一五四〇年から一七〇〇年にいたる一世紀半について、これまで考察してきた。しかし、これまでは「家内工業制」という用語を使用しなかった。それはこの用語が払拭すべき言外の意味をもっているからである。この用語を最初に使用した歴史家は、家内工業制のもとでの生活をあわれな一時しのぎの便法、つまり、貧乏人はほかにましな手だてがないために頼らざるをえない便法として描こうとした。そこでは、労働者の製造業からの収入——これはつねに非常に安いものと考えられていた——および、かれの家屋内での労働条件——これはつねに暗いみすぼらしいものと考えられていた——が強調された。家族のために食糧を確保し、屋内での息のつまるような作業の代りに、戸外での労働を供与する農業保有地は静かに過去のものとなってしまった。家内工業制のもとでの生活は経済活動という整然とした範疇に分類できるものではなかった。この生活は製造業とも農業ともはっきり分類できないもので、両者の混血児であったから、明確にこれを云々することはできなかった。しかし、家内工業制のもつ二重性はこの制度にとって非常に好都合だった。家内工業制は独立を保証し、多くの場合、単一の職業に従事する職人や農民の生活よりもはるかに大きな経済的安定を与えた。ここでの生活様式はさまざまであった。このような二重労働の事例は、工業化社会の中で人間精神を破壊するような退屈な作業の繰返しという問題の解決方法として議論することができるし、また、たしかに今日このことが一部では議論されている。もし、「家内工業制」という用語をここで使用するとすれば、この用語に通例まつわる偏見を払拭するようにつとめなければならない。

工業生産の役割に関するスミスの理論は、かれを取りまく周囲の世界、そしてその中には多数の家内工業の実例がみられる世界、にたいするかれの認識によって構成されたものであった。しかし、かれの業績のもっとも感動的部分はかれの理論構造総体の壮大さであって、これを構成する部分の詳細さにあるのではない。細部を検討すると、時には歴史事実をほとんど犠牲にするほどの単純化によって、スミスの主張ははじめてその目的を達成できたことがわかる。したがって、スミスは汚れた鏡、つまり、ある時は事物をはっきりと映し出すが、次の瞬間にはこれを歪曲するような鏡を通して家内工業制を提示した。このことを最もはっきりと説明するのは一七七〇年代の状況がスミスの考え方の両面価値を正当化しているということであろう。アダム・スミスがかれの経済学説を構築したちょうどその時、家内工業制はまさに崩壊の危機にあった。かれは現存の経済の単なる解説者ではなく、将来を展望し、人びとに行動を起させ、その進路変更を説得する理論家たることを自負していたから、かれは家内工業制をぜひとも取除くべきものと考えた。したがって、かれは将来是非必要であるとかれが考えた政策を採用するよう政府に働きかけるために、家内工業制については簡単な、しかも時には冷酷なほどの見解を提示した。スミスの見解は家内工業制の一面的考察にすぎない。なぜなら、かれの目的は歴史家が願うように、家内工業制の特質を分析することではなかったからである。(43) スミスの理念は産業革命の黎明期に形成されたのであるとセリグマン教授は述べている。スミスの理念が現存制度の機能を縮小する危険を賭しても、産業革命をより急速に推進することを意図したものであったことを認めるならば、家内工業制に関するかれの両義的な意見にも納得できるのである。まず第一に、分業の重要性がスミスの念頭に浮んだのは、家内工業制下の労働者、とくにピン製造工について考えている時であった。かれの議論の論理上、かれは一種以上の職業に従事する人びとを是が非でも糾弾せざるをえなかった。したがって、かれは織機で布を織り、同時に、畑を耕作する織布工兼小保有農をはっきりとした言葉で批難した。

> わずかな畑を耕作する農村の織布工は織機から畑へ、そして畑から織機へと移動する間に多くの時間を損しなければならない。二種の職業を一つの仕事場で行うことができるならば、時間の損失はたしかに、はるかに少ない。とはいえ、この場合にも時間の損失はまことにかなり大きい。人間は一般に、ある種類の作業から別の作業に移るときは、しばらくぶらぶらするものである(44)〔大内兵衛・松川七郎訳、アダム・スミス『諸国民の富』(岩波書店、一九六九)1、七四ページ。ただし、訳文は多少変更した。以下同じ〕。

家内工業制にたいするこの批難をやわらげる産業心理学者がスミスのそばにいなかったと嘆くのは時代錯誤であろう。当時の産業組織の段階では、当然のことながら、人びとは無駄に過ごした時間への関心を口にすることができた。しかし、後智恵の恩恵を利用しなくとも、スミスの言葉を読む人は、知性があれば、スミスの次の文章にはなはだしい誇張があることに気づかずにはいられないであろう。

> 三〇分ごとに仕事や道具をかえなければならず、一生を通じてほとんど毎日二〇種類も

の労働を行う農村の労働者は誰もが自然に、あるいは否応なしに、ぶらぶらする習慣や、怠惰で不注意に仕事をする習慣を身につけ、この習慣が多くの場合、かれを怠け者にし、緊急の時にも精力的に仕事に打こめない者にしてしまう(45)〔大内、松川訳前掲書、1、七五ページ〕。

これは一八、一九世紀から伝わる農民手工業者の日記などが語る印象とは異なる。仕事と道具とを三〇分ごとにとりかえ、これほど不注意に活動力(エネルギー)を浪費することは、多少とも知性のある人間のすることではない。スミスは分業に関する別の個所で、たいていの製造業は知的かつ合理的な方法で、以前から多少の分業を採用していたことを認めている。紡糸作業は織布作業とは別の家族によって行われていた。また、一作業に専業化していたとは思われない織物製造業者の場合には、個々の家族の内部において家族員は分業を行っていた。要するに、スミスの描く織布工農民の姿は、かれの論点を明確に説得するためのぶざまな戯画であって、歴史家の検討にたえるものではないと思われる(46)。

しかし、スミスはこの場合にも、かれの研究のすべてにおいてと同様、国民資産の収支決算の作成を依頼された会計士の姿勢(ポーズ)をとっている。かれは個々人が営む個人的生活には注意を払っていない。かれは国富を創出する労働の所有者たる人間にたいする繊細な配慮からかれの理論をひき離すことによって、はじめてかれの説明をきわめて明確なものとすることができたのである。しかも、労働大衆の生活はスミスの自信にみちた提言の終りに疑問符を挿入することを要求しつつ、いたる所にしゃしゃり出ている。たとえば、スミスは労働賃銀の不平等を説明しなければならなかった。そしてかれはその例の中に、複数の職業から収入を得る人びとのいることを認めたのである。一つの実例として、スミスはスコットランドの貧しい小屋住農について考察した。かれは地主や借地農の臨時雇いとして働き、同時に、わずかな香料植物用の庭で作る食糧、乳牛を飼う牧草地、それに「おそらく一、二エーカの地味の悪い耕地」によって、かれの賃銀の不足を補った。この例には偏見がはめこまれている。つまり、耕地は地味が悪い。「耕作に適せず、居住条件の劣悪な地方では」[47]二つの職業をもつことが一般的な現象であったことをスミスは読者に思い起させたのである。その場合でも、つねに陰気な情景だったとはいえないのである。スミスはスコットランドの家内工業について述べた別の個所で、機械を使用するよりはるかに安い靴下はどうして製造されるかを説明した。靴下編み工はシェットランド在住の奉公人であり、労働者であって、スコットランドに毎年一〇〇〇足以上の靴下を一足五ペンスと七ペンスで輸出していた。土地をもっていなければ、かれらは自らの労働をこんなに安く販売することはできなかったとスミスは主張する。[48]しかし、これが果して安い労働を完全に説明するものであったろうか。これにつづく文章で、スミスはシェットランドのウーステッド編み靴下のなかには一足一ギニー〔一ギニー金貨は一七一七年以降二一シリングであった〕

以上で販売されたものもあったことを認めている。このような事実は、家内工業制によって生産された商品の品質を価格との関係でより精密に考察する気持をおこさせるのではなかろうか。なぜなら、このように上等で高価なウーステッド靴下もまた同じく家内工業制のもとで生産されたものであったからである。

別の個所でも、スミスは、一つの職業で生活をたて、同時に、「別の職業からわずかながらも収入」を得ている人びとの例が「主として貧しい地方」(傍点、著者)にみられるというかれの見解をくり返している。ところが、その次の文章で、スミスは「同様のことが非常に裕福な首都」、つまりロンドンでも認められると述べ、ここの商店主たちは部屋を貸して余分な収入を得ており、このためロンドンの貸間代はエディンバラよりぐっと安いと語っている。(49)

大切なことは、家内工業制を中傷するような形容詞や偏見にみちた例証をならべたてて、これをひとからげに批難することはできないということである。家内工業制については、さまざまな社会経済状況におけるその功罪を慎重に分析することが必要である。スミスは家内工業制の利害得失——たとえば、かれらは食糧の大半を自ら生産しているという利点をもつ——を比較考量しようとはしなかった。なぜなら、家内工業制はスミスが分業を支持して構築しつつある議論と矛盾するものだったからであろう。家内工業制はかれの筆の運びを鈍らせ、かれの議論を複雑にした。そこでスミスは目をそらして、都市と農村の経済活動の明確な差異、現実よりはむしろある意味では過去と未来を映し出すような両者の明確な差異に好んで眼を向け、さらに好んでこれを強調した。製造業は都市の仕事であり、農業は農村の「製造業」であるとかれは断言した。その場合にも、スミスは農村で最近始まった製造業について考えないわけにはいかなかった。そしてかれは、リーズ、ハリファックス、シェフィールド、バーミンガム、ウルヴァハンプトンなどの都市はこのような製造業を起源とすることを認めざるをえなかった(50)。

しかし、スミスの研究は重商主義批判としてもっとも有名である。スミスは富裕な手工業者が自己の利益に合致するような政策を執行させるために、権力と権勢をふるって政府を動かしているのを見た。富裕な手工業者の利益は、家内工業制のもとで労働する小手工業者のそれとは明らかに相反するものであった。時折、スミスは小手工業者を擁護しようとしたかにみえる。たとえば、未加工の亜麻が関税免除で輸入されれば、このために原料はできるだけ安値でイギリスに入って来ることになるから、亜麻工業に従事するすべての人びとはどんなにか助かることであろうとスミスは述べている。しかし、富裕な手工業者は政府にしつこく迫り、経費を安くするために、加工亜麻の輸入を確保した。かれらはこれまで亜麻加工に従事し、今は職を失ったイギリス人を完全に無視したのである。スミスの著作には、小手工業者や職人を犠牲として、富裕で権力ある手工業者の利益のために設けられた内外の商業上の制限について無数の例証が示されている。「富裕な有力者のために営まれる製造業こそ、重商主義がまず第一に奨励するものである」とスミスは論を結んだ。「貧しい人びとのために営まれる製造業はたいてい無視されるか、苛酷な取扱いを受ける」(51)。スミスは富裕な商人にむかって、まさに家内工業の労働者を弁護したかにみえる。しかし、そうではなかった。かれは別の議論を擁護する証拠に眼を転じたのである。

しかしながら、より長期的な歴史的展望に立って、重商主義の別な側面を考えなければならない。スミスは重商主義の堕落、つまり、「富裕な有力者」による重商主義操作を批判した。だが、国民の自給力を強化する重商主義は経済の奥深くに根を下ろした多くの新製造業の成立を、その初期の段階では許した。新製造業はこれらがなければ極貧の生活を送ったであろう人びとにとって生きる糧であることを証明した。重商主義のもとにおいてこそ、はじめてこれらの小製造業者層は出現し得たのであり、ひどい損害を蒙るような妨害にあうことなく繁栄することができたのである。一五八〇年から一六二四年の間に、小製造業者の発展にたいして破壊的な力が加えられた。しかし、その後、かれらはふたたび静かにもとの道を進んだ。一七世紀後半、さらに一八世紀初頭、つまりデフォーの時代には、副業としての農村工業は一部の人びとの眼には燦然とした輝きを放ち、多数の独立労働者の誇りと静かな繁栄を映し出した。

だが、スミスがあの国民的光景を眺めた時までに、質的変化が起った。農村工業の増大をはじめのうち奨励した同じ重商主義の機構のなかで、重商主義的目的の不断の追求が農民手工業者の生活基盤を侵食しはじめたのである。スミスは農民手工業者がかれらの小さな仕事場でいつも侮られ、いじめられているのを見た。スミスは一部の階層の利益を増大するだけの目的で別の階層に損害を与える経済政策を糾弾するあまり、怒りがペン先から奔出した。(52) 重商主義にたいするスミスの攻撃は、大商人・大製造業者が小製造業者に与えた損害に正当な注意を払っている。しかし、スミスはかれら小製造業者を救済するためには一片の助言も行わなかったのである。代りにスミスは眼を転じて、フランスの重農主義者の影響をうけたといわれているが、親方手工業者たちの権力によって損害を蒙った別の、そしてより大きなグループ、つまり消費者を守ろうと考えた。「重商主義のもとにあって、消費者の利害はほとんどつねに生産者のそれの犠牲となっている」(53) と。新しい消費社会の影響力をこのように理解したが、しばらくの間、消費社会のかくも誠実な僕であった男女にたいしては、その重要な役割を認めなかった。消費者の利害がここではスミスの主張の首位を占めた。もっとも、重農主義者の影響が実際にどの程度であったか、また、アダム・スミスが周囲の世界の洞察からどれだけのことを学んだかはある程度推測の域を出ないのである。

最後に、経済発展史上、兼業をいかに考察すべきかについて、その長期的展望に言及しなければならない。一六世紀には、兼業は大きな罪であった。つまり、さまざまな人びとの生活の資をひとりの人間がその手に集めてはいけないという根強い信念があった。(54) しかし、人びとは政府を無視して、しだいに二人、さらには三人分の生活の資を自らの手に集めるようになった。一七世紀の経済危機にさいして、兼業は裏町の糊製造業兼養豚業者の例のように、都会に住む者や農村社会に住む多くの人びと——かれらは自分たちが生きていくだけでなく、他の地方から絶え間なく流入する移住者をも養うことができた——を救済することがわかった。このような社会の人びとは、単一の職業に従事する労働者には許されないある程度の自由を享受した。一七世紀の間に、政府の反対は消失した。

兼業制は一七世紀に最盛期を迎えた。一七二〇年代のデフォーの著作には、これが鮮かに、そして楽天的に描かれている。かれはサマセット、グロスタシャ、ウィルトシャの羊毛工業地域を旅行し、ハリファックスで織機のぐるぐるまわる音を聞き、ダービィシャ高地では僅かな畑をもつ鉛鉱夫の家庭に招待された。一八世紀になると、手細工職人は工場生産と競争せねばならないことがわかり、兼業制に危機が訪れた。農業需要と製造業需要との間の均衡はしばらくは保たれたが、農村工業の成功は、工場における工業生産というより労働集約的で同時に労働節約的方法を必然的に考案させることになった。この工場生産が家内工業従事者に消滅を宣告した。家内工業発展史上のこの段階こそが長時間低賃銀の過重労働の物語を喧伝した。世論は家内工業の敵となったのである。

アダム・スミスの著作には、こうした感情が比較的やんわりとした批難の言葉で表現されている。一九世紀になると、はるかに厳しい批難がほかならぬJ・R・マッカロックの著作にあらわれた。かれは『商業に関する初期イギリスの小冊子』の主要なテキストの校訂者で、今日、経済史研究者はこのテキストを非常によく利用している。この書物には、「外国貿易によるイングランドの財宝」に関するトマス・マンの論文やサミュエル・フォトリィ、サー・ダッドリィ・ノース*などによる一七世紀の論説が収録されている。一八二五年、マッカロックはアイルランド問題特別委員会で次のように証言した。「手工業と農業との兼業はこれが存在するいずれの国についても、その国の未開性を証明するものと考えます。さらにわたくしは、いずれの国にとっても兼業は決して有利なものではなく、明らかにその反対のものであると考えます」とかれは主張した(55)。

＊サー・ダッドリィ・ノース（一六四一～九一）。第四代ダッドリィ・ノース男爵の第四子。学問に興味なく商人となり、トルコ貿易などで財を蓄え、財政・経済に関する著作をあらわした。また、自由貿易をはじめて提唱した。

しかし、これは兼業に関する最終的意見ではない。二〇世紀のベルト・コンベア生産は産業革命を新しい水準へと導き、人間を機械として扱い、我慢できないところにまで人間の品位を堕してしまったのである。一つの「新しい観点」、といっても歴史家はこれを新しいなどと思わないから笑ってすますであろうが、これが一九七四年三月三〇日の『タイムズ』紙の見出しにあらわれた。つまり、「兼業は専業より労働者を幸福にするだろう」

とその見出しは宣言した。

多すぎるほど仕事をもつと、ほとんど、あるいは全く満足感を得られない。解決の方法は人間が多様化することである。多様化は職場においても家庭においても、健康なバランスのとれた生活にとって何よりも必要なものである。誰もがすぐさま少なくとも二つの仕事をもち、週の一部を各人の好みにあった一つの仕事と同時に二つをとりまぜた仕事に費すべきである。……もし、非常勤（パート・タイム）の仕事がこれを希望するすべての人びと、つまりあらゆる身分の人びとやさまざまな技術をもったすべての人びとに容易に利用できるのであれば、個人の満足感にとっても、経済の安定という点からいっても、その利益はきわめて大きい(56)。

このように説得力ある言葉で表現された二〇世紀の審判は、一六、一七世紀にこの主張を実現させた新規事業に、新鮮な光を与えるものである。しかし、当時のイギリスの経済発展の段階では、兼業はこれとは別の目的をもっており、一つの職業に専心する退屈さを緩和するためのものではなかった。兼業は、これをしなければ、人びとが十分に働けず、十分な賃銀をもらえず、したがって、満足に生きていけなかったであろうような毎日、毎週をみたすものであった。生計の資を得る手段のない浮浪者や土地のない人びとは、農村社会の起業をまっさきに、そしてもっとも確実に擁護したのである。そして、これらの起業をもっとも熱心に代弁したのは誰だったのだろうか。それは確かにマッシュウ・ベデルという土地調査官であった。かれは一六二八年、多くの荘園所領を調査し、そのうちの二荘園について次のようなことを述べた。ヨークシャのウェスト＝ライディングのロスウェルを訪ねたあと、かれはこう記した。

この町で、住民は非常に大量のボーン＝レースを作り、貧しい人びとはこれによって職を得、多くの収入を得ている。かれらの扉口には行商人がたえずやって来て、商品を集荷し、運搬するので、かれらはこれらの商品をすぐに現金にすることができる。

かれはサマセットのグラストンベリを訪れたあと、なお一層雄弁に語った。

上記の町には非常に大勢の貧しい人びとがいるが、非常に広い共有地や泥炭地があるため、かれらはウーステッド靴下の糸を紡ぎ、これを編む作業に従事しながら、結構に暮している。この仕事があるため、かれらは物乞いをしない。というのは、およそ一二日間、わたくしはこの町に滞在し、この間、わたくしはこの荘園に所属するすべての家を訪ねたが、老人も若者も誰ひとりとしていささかなりとも施しを乞う者はいなかった。

Ⅶ　終　章

一七世紀を通して、新しい消費用品の生産は国民の経済的資源をしだいに大量に吸収するようになった。これらの新しく発見された資源の源泉について、また新しい生産の成果と国民経済の他の分野との関連について述べるために、結論に代えて、この発展をより広い背景の中で考えてみたい。新しい製造業および新しい農作物・園芸作物が量的にどの程度寄与したかを正確に測定することができないため、こうした問題を議論することはどうしても仮説の提示とならざるをえない。しかし、伝統的農業生産物（穀物・畜肉・酪農）および伝統的製造業の生産物（鉱物・毛織物）についても、これらを正確に測定することは困難である。一六、一七世紀における生産統計の数値はすべてきわめて大ざっぱな概数であって、当時の人びとの印象的観察――地理的に広範囲にわたる国内各地でえられた幅広い個人的知識にもとづく――よりも信頼度の高いものと考えてはならない。経済に関する同時代人の統計によらない判断は、（これまでみて来たように）ゆき届いたもので、急所をついており、質の高いそれとわかるほどの議論を展開するためには、大量の数字の収集より役に立つ。質的にすぐれた正しい判断を行うことは、国民総生産を計算することより容易であるから、前者はだいたい後者よりも信頼度が高い。とはいえ、当時の経済状態に関する一般論は同時代の人びとによって注意ぶかく研究され論じられたものであり、乱暴な言論は統計によるものであれ印象によるものであれ、異論なしに承認されたことがなかったことを想起すれば、上記の両者をあわせて検討することは得るところが多い。

新しい消費用品製造業と新職業が使用した第一の、そしてもっとも主要な資源は労働力であった。この点に関する夥しい証拠が、イギリスのみならず、大陸、とくに同一の経済活動が同様に活況を呈したオランダとフランスにおいても同時代人によって書かれている。ピン製造業、靴下編み工業、レース製造業、野菜・大麻・亜麻・大青栽培業は前例のない規模で貧困者を雇用した。この労働力の源泉をつきとめることは難しいことではない。一五〇〇年から一七〇〇年の間の夥しい人口の増加がこれを証明する。一五二〇年代のはじめ、イギリスの全人口はおよそ二二五万であった。一六〇三年には三五〇万と記録されている。人口増加率は一六四〇年以降下降し、一六八八年、グレゴリィ・キングが計算した人口は五五〇万であった(1)。最も急激な人口増加は一五二〇年から一六四〇年の間に生じた。この期間は一七世紀イギリスで最大の成功を収めた事業がはじめられ、製造業の世界に安定した地位を確保した時期である。

しかし、これらの増加分の労働者の雇用とかれらの衣・食・住の問題とをきり離して考えることはできない。たしかに衣食住の問題は、まず第一に緊急かつ真剣に配慮しなければならない問題であった。余分の人手を雇用できれば、それだけ生産をあげることができたが、人びとは何よりもまず、余分な人口が不足がちの貴重な資源をどれだけ食べるかに注意した。一五二〇年以前にも、農民にとっての耕地不足、労働者の貧困、物価騰貴という形であらわれた欠乏に社会の注目が集まった。モアの『ユートピア』はこれらの問題についての配慮を説得力ある言葉で記した。この著作は一五一五〜一六年、つまり労働生産力がまだ完全に利用されていなかった時代に書かれたものである。

モアがはっきりと看取した初期の経済問題は一五二〇年代、一五三〇年代にも解決の緒をみつけてはいなかった。ヘンリ八世が莫大な費用をかけて対仏戦争を続行し、富裕な国民に臨時税や強制貸付けを要求し、一五三六〜三九年に修道院解散を行うと、事態はこれまでよりむしろ悪化した。修道院解散は社会の各方面に均一の影響を与えるものではなかった。しかし、修道院の保護のもとに生活していた人びと、また修道院が提供する労働や慈善にもっぱら依存していた人びとの貧困はこのために深刻なものとなった。それは、一五四〇年代には土地をもたぬ者や失業者の困窮はいっそう惨憺たるものとなった。一五四二年にヘンリ八世が第三回のフランス遠征を始め、同時にスコットランドを攻撃して諸都市を焼き払い、略奪を恣(ほしいまま)にし、こうした攻撃の費用捻出のため、貶貨政策を行ったからであった。ヘンリ王は所期の目的通り、貶貨政策によってかなりの利益をえたが、国民すべてを貧困にした。物価は驚くほど上昇した。一五〇八年、食糧・衣料・燃料の生活必需品目の物価指数は一〇〇であった。これが一五四五年には、一九一に達し、一五四六年には劇的に飛躍して二四八となった。一五〇八年の建築労働者の賃銀購買力は一五四六年までに半減した。(2)

エドワード六世の即位とともに、摂政サマセット公は新しくスコットランドに無慈悲な遠征軍を送り、対フランス戦争がふたたび勃発した。両遠征とも、ヘンリ八世時代よりもさらに多額の戦費を必要とした。一五四九年、一五五〇年、一五五一年と三年間凶作がつづいたあと、ふたたび貶貨政策が行われた。このため、物価はふたたびインフレの渦にまきこまれた。物価指数は一五四六年に二四八を示したが、一五五一年には二八五を記録した。(3)

エドワード六世時代にコモンウェルスメンが貧困者救済のための新政策樹立を雄弁に語り、またこれを決定したのは、このような状況に由るものである。さらに、このような状況があったからこそ、政府は土地を独占する強欲な借地農(なぜなら、物価の上昇はこれらの借地農の経営規模の拡大を促進した)および耕地を牧草地に転換する借地農(この方法でかれらは羊毛と畜肉からの収益を上げ、雇用を縮小した)にたいして、行動を起したのである。

人口増加と物価騰貴は、経済危機の根底にひそむ発展とつながっていた。経済危機は労働諸階層を生活するに十分な手段をもたないままに放置し、かれらに物乞い、借金、盗みなど手から口への生活を余儀なくさせた。しかし、一方、経済危機は裕福な人びとの手に好機をつかませた。起業および起業家の歴史は、インフレに刺戟されて精力的に行動した実業界の人びとの事業を映し出している。かれらの勇敢な行動の結果、さいわいにも、貧困者のための仕事が生じたのである。消費用品の輸入は同一の商品が国内で製造され、あるいは栽培されるようになるにつれ、しだいに減少した。新しい仕事は男子のみならず、婦人・子供のためにもつくられた。家族収入は増大し、生産に従事するものは今や購入者の側に立つ機会が与えられたのである。

新製造業による労働力の吸収度を測定する前に、需要の増大と食糧費の上昇にたいする農業部門の対応を考察しなければならない。一五〇〇年の二人分の食糧は、一七〇〇年には五人分の食糧となった。にもかかわらず、人口が上昇に転じたばかりの一六世紀初頭の凶作の年には、何年にもわたって穀物が輸入されたのに、人口が五〇パーセント以上も増加した一六二一年には、あり余るほどの穀物とその低価格に国会議員は頭を悩ました。最上の穀作地域でのよりいっそうの集約農業（飼育家畜数の増加に伴う従来より大量の施肥の成果もこれを補足した）、および良質の牧草地の穀物畑への転換——もっとも成功したのは沼沢地の干拓であるが、一部の森林・渓谷の開拓も成功した——この両者により、生産が著しく増大したのである。一七世紀の進行につれ、穀作農民の不断の努力は生産過剰をひき起すまでになった。かれらは、国内需要を賄ってなお余りある穀物を生産することに成功した。その結果、穀物価格は下落し、人びとは穀作による収益が十分でないと訴えた。しかし政府は、国会議員のジョンソン氏が一六〇一年に庶民院で陳述したように、穀作農民は「この国でもっとも重要な人間」であるから、どんな犠牲を払ってもかれらを力づけなければならないという見解に固執していた。穀作農民を激励するために、一六七三年以降、穀物を輸出する借地農に報奨金が支払われた。かかる穀物輸出は一六七五〜七七年にはとくに増大し、一七〇〇年以降もこの輸出額が維持された。一八世紀前半、公定評価で計算された輸出穀物は、イギリス国内産品の輸出全品目のうち、成長率のもっとも高いものであった。(4) イギリスの穀物はバルト海沿岸地方の穀物と価格を競うほど、その生産性は高くなった。

しかし、穀物生産に雇用された労働力が、一七世紀から一八世紀初頭にいたる期間に、全体でどれだけ増大したかを知ることは不可能である。一部の地方では、穀作面積が拡大され、これまでより多くの労働力が雇用されたにちがいない。しかし、全国的にみると、穀作は、もっとも生産性が高く、効率のよい地域で、従来よりいっそう集中的に行われるようになった。穀作の専業化は生産性を増大し、労働力を節約する方法（そこには播種・除草・収穫作業のために改良された道具類の使用も数えられる）と相携えて進行した。(5) 季節的な労働力需要の高まりは、近隣の牧畜地域から臨時に労働力を雇用することで処理することができた。これは一六四〇年代にピカリング渓谷でヘンリ・ベストが穀物収穫に「〔ヨーク〕荒地の人びと」を雇用したのとちょうど同じことである。[6]

＊ヘンリ・ベストの経営は the Wolds of East Yorkshire で行われた。季節労働者を雇用したのはピカリング渓谷のモールトンである。酒田利夫「一七世紀前半ヨークシャにおける混合農業――ヘンリ・ベストの農業経営文書の分析」（『三田学会雑誌』六七―七、一九七四年）参照。

一五四〇年から一七四〇年の間に穀物生産に雇用された労働力の変化を正確に測ることはできない。しかし、労働力がしだいに経済的に使用されるようになったことは、穀作地域における農民の畑地数の減少、同時に数的には目立って増加しないが、大農場がますます大型化したという一般的に看取される傾向から測定することができる。大農場はそれだけ合理的に労働力を配置したし、穀作地域の人口減少を嘆く声は一六五〇年代になってもミッドランド東部諸州から消えず、少なくとも一六六二年の定住法の中にも（含みとしてではあるが）残っているから、穀作に従事する労働力が増加したと推定することは早急にすぎるであろう。[7] スパフォド博士が詳細に検討したケンブリッヂシャの二教区は上記の一般的提言〔つまり穀作地域の労働力は必ずしも増加しなかった〕を肯定する例証である。この二例は、ここでそう決めるのは早すぎるであろうが、おそらく穀作社会の典型であったように思われる。イースト＝アングリアのチョークランドの穀作地域に位置するチペナムでは、一五四四年から一六六四年までの期間、人口は相対的に安定していた（一五四四年には人口二五〇～三〇〇、一六六四年には人口三一〇～八〇）。しかし、土地保有農数（地主を除く）は一五四四年の四五名から一七一二年には一八名に減少した。残余の人口は土地をもたない世帯から構成されていたが、その戸数は一五四四年の一五から一七一二年には二六～三一にふえた。土地保有にみえるこの大きな変化は農業労働の機会を拡大するものではなく、したがって人びとは移住しなければならなかった。ケンブリッヂシャの粘土層の穀作地域に位置するオーウェル（この教区に関する史料はそれほど多くない）についてもスパフォド博士は同様の研究を行い、ここでもまた、大農場は一六〇〇～三〇年という短期間に規模を拡大し、同時に小屋住農の数が増加したと結論した。しかし、一五七〇年から一六五〇年の期間の人口の自然増はこの教区の中に吸収されたのではなかった。当該村落社会は同一規模のままであり、余分な人びとはどこかに移住したのであった(8)。

＊定住法（Act 14 Charles II, C. 12 §3）とはある特定教区への法的居住を定めたもので、この法に違反なく居住するものは救貧法の対象となる権利が与えられることを定めた法令。

一七世紀にこれまでより大量の労働力が雇用されるようになったと確実にいうことのできる耕作地域は、野菜・サフラン・ホップなどの特定の作物が栽培されていたところだけである。一六九五年、グレゴリィ・キングは国内産の果実および野菜の年生産額を一二〇万ポンドと評価した(9)。この評価額の四分の一が労賃だったとすれば(妥当ではあるが控え目な概算である)、ついで労働者の平均賃銀を年間一五ポンドとみるとすれば、右の評価額は二万人、つまり、グレゴリィ・キングが七六万四〇〇〇家族と査定した労働者・通いの奉公人・小屋住農・貧困者という大階層の二・六パーセントを専従者として雇用したことを示す(10)。

食糧供給および労働力雇用の増大にたいする牧畜地域の役割は、経済危機が複雑になるにつれ、それだけ複雑な対応を示した。牧畜農業は穀作農業よりもはるかに経済的に労働力を使用した。一七世紀になると、一部の牧畜地域は、自給分としての僅かな量の穀物さえ生産することを止め、しだいに穀作地域から供給される穀物への依存度を高めるようになったので、不完全雇用あるいは失業というこうした牧畜地域に潜在していた問題にいっそう深く悩まされることとなった。牧畜を生業とするテュークスベリの渓谷地方に関する一七世紀初頭の記述は、ほかの多くの牧畜地域にみられる特徴的状況を簡潔に述べている。「ここには人びとを雇用するなんの産業もないし、耕地もほとんどないので、貧しい人びとはやむなく羊などの家畜を盗み、垣根を破り、果樹園を荒し、等々。その場所は浮浪者の名所となったほどである。……そして仕事のない者にとって恐ろしいことには、そこに刑務所が建てられたのである(11)」。

不完全雇用は牧畜地域特有の弱点であった。一七世紀には全国的規模で人口の自然増加が起り、これが穀作地域から流れこんできた土地なき人びとの移住と重なって、失業は危機的状況に達した。穀作地域における囲い込み、耕地の統合、および穀作の合理化が労働力需要を低下させるにつれ、人びとは、無断で小屋を建てられる寛大な共有地や、かれらの家畜を飼育できる共同放牧地が残っているところへ押し流されてきたのである。ディーンの森、ロッセンデールの森、ケントのウィールドの森のような僻遠の地で発生した不法占拠や共有地の強奪にたいする激しい苦情は、牧畜地域の急激な人口増加をはっきりと示すものである。[12] もっと一般的にいえば、一六六二年の定住法は、人びとが「家畜の飼育に最善の土地、小屋を建てるのにいちばん広い共有地か荒蕪地、燃料や伐採のためのいちばん広大な森林に定住しよう」として、教区から教区へと移動しつつある事実を嘆じている。[13]

結果的にみると、このような事態は経済を決して破壊するものではなかった。土地なき家族は、この未開発の地方に到着するや、直ちに小屋を建て、生活の資を稼ぐ新しい方法のあれやこれやをすぐさま開発することになった。同時に、地主や起業家は、荒廃した放牧地をもっと生産的に使用するよう勧告された。かれらは工業起業家の活動力を鼓舞したと同じ楽天的清教徒の熱情で答えた。フェン沼沢地・森林・狩猟地の改良工事が精力的に行われた。一七世紀の間に、フェン沼沢地は穀作地となり、その他の草地は食肉用の家畜を飼育するための生産性の高い放牧場へと転換された。[14]

その結果、畜産業は地域間の枠をとりはらっていっそう機能的に統合され、このため、一つの地方では生後すぐの家畜の飼育、別の地方ではある程度育った家畜の飼育、さらに第三の地方では市場に出すための肥育の専業化が行われるようになった。牧畜業者は一七世紀の価格の安定、さらには上昇の鍵をにぎっていた。人口の増加、とくにタイン川流域と中部工業地帯のような地方の都市人口や工業労働者の増加は需要を支えた。エリザベス時代にも、イギリス人は肉や酪農製品をよく食べる国民であると外国人は考えていた。しかし、イギリス人の消費量は、当時においても、とうてい食欲を満足させるものではなかった。酪農業の増大とアイルランドからの家畜輸入の増加、とくに一六二〇年以降のそれはこの事実を証明する。アイルランドの関税収入から計算した数字は一六三一年ころには家畜三万四〇〇〇頭、一六四〇〜四一年には家畜四万六〇〇〇頭、羊三万五〇〇〇頭、一六六四〜六五年には家畜五万八〇〇〇頭、羊およそ一〇万頭がイギリスに輸入されたことを語っている(15)。しかもなお、イギリスではこれらの輸入品が食肉の価格を実質的に低下させることなく、需要はけっこう上昇傾向にあった。一六六七年、アイルランドとの家畜取引禁止条例が家畜輸入を停止させたとき、イギリスの高地地方の家畜飼育業者はこれまでより数多くの仔家畜を飼育すべく、かつて例のないほど多額の報奨金を受取った。たしかに、一六六七年直後、肥育用の家畜の価格は高すぎて、ロンドン近隣諸州の家畜肥育業者はかれらの労苦にたいする手間賃がほとんどとれそうにもないと考え、最初はひどく狼狽した[16]。しかし、一七世紀の後半の畜産物の価格をみれば、供給が決して需要を超えなかったことを知るのである。畜産業は一般に穀作より収益が多いと考えられていた。一六九九年、チャールズ・ダヴナントは次のように書いている。「イギリスの国家的利害にとって、家畜の飼育に土地を使用することは穀物生産のために使用するよりも重要である」と[17]。

しかし、一七世紀に繁栄した畜産業は食肉生産部門だけではなかった。これよりいっそうめざましい成長をとげたのはチーズ生産であり、これは家畜飼育よりはるかに労働集約的生産であった。チーズ製造の専業化はイギリスの多くの新しい地域で進展し、とくにミッドランド西部で目ざましい成長をとげた。チーズはこれらの地方から、バーミンガム周辺（ロンドン周辺や南東部も同じ状況にあった）の増加しつつある工業人口に、安価で栄養価の高い蛋白質を供給することができた[18]。この事実をグレゴリィ・キングの概算、つまり、一七五万人は一週のうちわずか二日しか肉を食べず、さらに慈善をうけている一二〇万人は一週のうち一日しか肉を食べないというキングの概算と対比しなければならない[19]。労働する貧困者は非常に多くのチーズを食べていたのである。

一七世紀の牧畜地域における疲弊した土地の改良に関して、当時の人びとがはなはだ多くの証言を残している。これらの証言をみると、畜産業は過去の牧畜業の粗放的組織よりも多くの労働者を雇用したと考えなければならない。牧草地には排水施設が設けられ、施肥が行われ、もぐら塚が除去された。森林や灌木のやぶは放牧地に転換された。囲い込まれた暖かい放牧場をつくるために生垣がめぐらされた。酪農業は家族もちの農民の労働を基盤としたから、その成長のかげには労働雇用量の大幅な増加をまちがいなく看取することができるのである。酪農業はかなりの数の小保有農を養い、ところによっては、その数を増加した。そして、これまで穀作に従事していた労働力の一部はたしかにより労働集約的なチーズ・バター製造の専業化に吸収されていった。これにたいして、牧草地から労働集約的穀作地に転換された旧牧畜地域の土地では農業改良がすすんでいたことであろう。たとえば、一五四〇年ごろのウォーリックシャのアーデンの森は「だいたい囲い込み地で、牧草がゆたかに茂っていたが、穀物はさして多くはなかった」。ところが、一七世紀の末には、これとは対照的に、「非常に多くの森林やヒースランドが耕地および牧草地となったため、ここでは穀物・家畜・チーズが自給分のみか、他の諸州にも供給できるほど大量に生産されるようになった。だが、人びとはまだ穀物等々がフェルドン地方〔ウォーリックシャの南部〕から供給されていたことを憶えている」[20]。

牧畜地域は多くの追加労働力をその経営の中にみごとに取りこんだのである。しかし、それにもまして重要なことは、これら諸種の労働と製造業の副業とを統合したことである。副業は中世以来、各地の牧畜経済の特徴であった。しかし、一七世紀にはその数が増加し、地理的にも広範な地域に拡がり、牧畜経済の内容を質的に変化せしめたのである。本書でとり上げた消費用品製造業のすべてが農村に定着したのではなかった。糊製造業や酢製造業など一部の製造業は、都市の人びとに新しい職業を提供した。しかし、大部分の製造業は一部のヨーマンや多くの小保有農の家族の副業として、最初の、そしてもっとも快適な環境を牧畜農民の中に見出した。この基盤の上に、製造業は何十年にもわたって発展し、多くの労働者を補充した。このため、大群の土地なき人びとが創出されることはなかった。無産の工業労働者が消費用品の製造業の労働力としてかなりの比率を占めるようになるのは、一七〇〇年以降を待つまでもなかった。――ただ、たとえばスタフォドシャ南部やウースタシャ北部の金属加工業の場合は、一七二〇年以降のことである。(21)

このような労働者数を全国的規模で計算することはできないが、その大きさをある程度示すことができる。ある新製造業――靴下編み工業――では、年間一〇〇〇万足の国内需要にこたえるために、年五〇週、週二足の靴下を編む一〇万の靴下編み工が必要であった。この職業は、この国の貧しい労働者家族総戸数の一三パーセントから一人の編み工を必要としたのである。さらに、一六九七〜九八年の一年間にイギリスから輸出された一四万三八二三ダース(一七五万足)の靴下を製造するために、一万七二五八人の編み工、つまり貧しい労働者家族戸数の二・三パーセントから一名ずつの編み工を必要とした。(22)全体として、一六九〇年代の国内・国外の靴下需要をみたすために、貧しい労働者家族の一五・三パーセントが副業として靴下編みに従事し、生活の資を補うことができた。もし、靴下編み工が年間三〇週しか就業しなかったとすれば、そしてこれはおそらく実際に近い概算なのだが、とすれば、労働者家族の四戸ごとに一人の靴下編み工が必要だったのである。

しかも、靴下編み工業は消費用品を製造する一〇〇ほどの新職業の一つにすぎない。新職業の多様さは、個々の社会に選択可能ないくつもの職業源を導入した。地方の実例をみるとこのことがよくわかる。エリザベス時代、グロスタシャのウィンチコム教区は「衰微・荒廃の極にあり、住民は全般に貧困のどん底に落ちていたため、これを修理し、維持できなかった」都市(バラ)として記述されている。ここは一七世紀を通して貧しい都市であったが、その貧しさはいくつかの新職業によって救済された。短命に終った大青栽培の努力につづいて、一六一九年にはタバコが栽培された。それはその後、一六八〇年代の後半まで、一～二エーカという僅かな保有地をもつ農民によってつづけられた。一六二〇年ころ、亜麻栽培、亜麻加工業、それに実験的に亜麻工業が導入され、少なくとも一六三〇年代の中葉までつづいた。靴下編み工業は一六六〇年代にはすでに始まっていた。[23] 視野をよりいっそう拡げると、スタフォドシャは農村工業に恵まれた州であった。「この州のごく狭い中心地域だけが農業と製造業との兼業を行っていたとは思われない」。ろくろ細工、木工業、皮鞣し業がニードウッドの森で行われていた。スタフォドシャ南部は石炭・鉄および日常の金属用品、たとえば錠前・ドアや窓の把っ手、ボタン、馬の鞍・ハーネスなどの付属金物、拍車、鐙(あぶみ)・バックル、何万本という釘を作っていた。炭坑夫や鉄鉱石の採掘夫はキャノック＝チェイズを居住地とした。スタフォドシャ南西部のキンヴァの森には草刈鎌鍛冶や刃物師が定住し、スタフォドシャ＝ウースタシャ境界地方のスタワブリッヂにはガラス職人が定住した。製陶業はこの州の北西部のバーズラム周辺で発展した。鉛鉱石および鉄鉱石の採掘業は州の北東部で行われ、皮革製造業および羊毛・亜麻・大麻の織布業は州内各地で行われた。(24)

一六、一七世紀の消費用品製造業は、農村地方でこれまで十分に使用されていなかった労働力を開発し、同時に人口増加および移住によって利用できるようになった過剰労働力の大部分を吸収した。さて、ここで、この事業を維持するための資本はどのようにして獲得されたかが問われなければならない。大部分の消費用品製造業において、固定資本は微々たるものであった。靴下編み工は一対の編み針、レース編み工は一本の鉤針・ピン・針差しがあればよかった。糊製造業者や釘製造業者が必要とした小屋はすぐにこわれるような木造で、一生住めるものではなく、ただ二、三年もてばよいというものであった。市場向け蔬菜栽培において、季節に先がけたはしりの蔬菜が最高の市場価格をつけるとすれば、たしかに釣鐘型のガラス蔽いが是非とも必要だったが、それほど意欲的でない蔬菜業者はこうした補助手段を使わずにやっていくことができた。手作業の道具は一シリングか二シリングであったし、種子は一ポンドにつき数ペンスとはしなかった。(25)どのような職業や作業でも、より多くの設備投資をすることができたが、ほとんど設備投資をせずにすますことも全く可能だったのである。

新消費用品製造業のいずれの職業においても、実質上、最大の支出は労賃であったが、これは一六世紀にはおそらく物価の上昇にはついていけなかった。その差は一七世紀にはわずか縮まった。短期間に多額の支出をしなければならない企業——たとえば、夏のさかりに大勢の日雇い労働者に賃銀を支払う企業——は地主であるジェントルメンや裕福な商人の事業であることが多かった。ウォーリックシャのストラットフォード＝オン＝エ〔ネ〕イヴォンの近くのミルコートの大青栽培業は、たとえば一六二六年の盛夏期に臨時雇いの労働者の賃銀として毎日、平均三ポンド一五シリングを支払った。しかし、このような場合には、契約上の合意により、関係者、つまり、親戚や友人のみならず、商人・地主・借地農（あるいは職人）の間でほとんどつねに危険と支出とが分担された。タバコ栽培はこうした基盤をもとに行われたが、それはイギリスだけのことではなかった。商人・地主・借地農が必要経費と利益とをわけあい、どんな時でも、最後の収支決算が出るまでは全員が生産費の一部を負担した。史料はこの複雑な共同経営の全貌を必ずしも明らかにするものではない。一六一九年のウィンチコムのタバコ栽培の実験の場合には、ただ二人、つまりジョン・ストラットフォド（商人）とヘンリ・サマースケールズ（熟練した技術をもつ農民）の間で共同経営が成立した。両人はタバコ栽培のために僅かな土地を借り受けたとき、その地主をこの企業の経費と利益とをわけあう共同経営者とした。一見、共同経営者はわずか三人であった。しかし、後で起った法律上の争いによれば、ジョン・ストラットフォドが分担した三分の一は実はかれの友人・親戚の間でさらに八分割されていた事実が明らかとなる。八分の一の分担分を負担した共同経営者の一人は地主と交渉した友人であり、他の一人はストラットフォドの義弟であった。ミセス・エレノア・ゴッドフリは一五六〇〜一六四〇年の期間のイギリスのガラス製造についての研究を最近公刊したが、その中で彼女はこのような共同経営についてこれと似た興味深い実例を示している[26]。

家庭で働く家族労働力で営まれる消費用品の生産において、各戸はそれぞれ原料を購入（あるいは信用貸で少量の原料を確保）し、これらを製品に仕上げた。かれらは製品を行商人に売却するまで、新しい仕事に手をつけることができなかった[27]。したがって、信用貸組織は長い一連の信用関係の鎖によってつながれ、貧しい者はわずかな借入金、各地を行商して歩く行商人は中位の借入金、地方市場で活躍する商人はやや多額の借入金、ロンドン商人はかれらの中で最高額の借入金をもっていた。この長い一連の債務組織は消費用品製造業の資金ぐりを円滑に維持するには十分であったが、この長い鎖の一つ一つの環は、実際には、小製造業者が村や町の隣人や親戚から調達した僅少の貸与金や借入金で繋がれた網の目状の信用貸によってつなぎとめられていたのである。さらに大きな投資を必要とするより大きな企業でさえ、同一のその日暮しの基盤の上で存続した。ロンドンで染色業を営む起業家のジョージ・ミンは一六二一年に茜草の栽培を始めたが、ほかならぬかれの使用人ジョージ・ベッドフォドはミンがその経営を安定させるまでの長い期間、この事業の資金を援助しなければならなかった。ベッドフォドはオランダで茜草の栽培法を学んでいたころ、食事をぬいたり、経費節約のため町から町へと徒歩で旅行するなど、やりくりしながら、こつこつと数シリングずつを貯めていた。かれはイギリスに帰り、ケントで茜草の栽培をひとりで始めたが、最初の収穫を刈取るまでに三年間待たねばならないことを知った。しかし、かれはこれに怖じけなかった。かれはなおここで二ポンド、あそこで五ポンドと借りて、敢然と苦難にたち向い、ある時はかれの義父から、またある時はかれの故郷のソールズベリのさまざまな人びとから貸付金を調達した。

一九世紀には、慎重な計画にもとづく産業融資組織は当然のこととなるが、一七世紀にはそれはまだ萌芽状態にあった。製造業は長期間の存続を大きく期待することなく、また高価な恒久的設備に投資する必要もなく開始された。一時しのぎの代用品がけっこう役に立った。リッチモンドの靴下編み工のアースラ・ヒックスのように、男も女も結局は同じ職業を四〇年間もつづけたことであろうが、始めからそのつもりで計画をたてたのではなかった。(28) むしろ、かれらの経歴は職業の選択にたいする態度が柔軟で、のんきともいえるようなものであったことを示している。このことは新事業がたいした準備もなく、またさわぎたてをすることもなく、短期間のうちに始められ、普及したことの理由を説明するものである。大青栽培は新農作物としてある年に一つの地域社会にあらわれ、翌年は消失するということも起りえたのである。(29) ある年、大青の葉を乾燥し、これを丸めるために使った小屋が、翌年にはタバコを乾燥するために使われることもあっただろう。茜草を乾燥するために、麦芽やホップを乾燥する窯を利用することは申し分なく結構なことであった。オランダでは、茜草をたたいて粉末にするために高価な建物が建てられたが、実際には普通の建物で間に合ったのである。[30]大青を挽く作業場に二〇ポンドの資本を支出する場合もあったかも知れないが、[31]それは季節ごとに簡単に移動できる取外し可能な建物でよかった。

そのほかの生産要素も短期間に準備することができた。ウィンチコムのタバコ栽培に関するジョン・ストラットフォドの記述から判断すると、かれがその土地の地主や借地農と交渉を始めたのは一六一九年、つまりかれが始めてタバコを栽培した年の一月以降のことであった。かれは土地と労働力とを至急必要としたが、それはすべてちょうどよい時に見つかった。仕事はさりげなくあらわれ、そして去っていき、周到に計画をたてる必要はなかった。[32]これは起業家についても、日雇い労働者についてもいえることであった。ジョン・ストラットフォドが生涯にわたってロンドンやウィンチコムで従事した多くの職業についてはすでに述べた。かれの共同経営者ヘンリ・サマースケールズはタバコ栽培の知識をもっていたが、ウィンチコムに来る前には、アムステルダムでノルウェーからロンドンに輸入する木材貿易に従事していたこともあった。同じ観点から、もっと貧しい人びとも同時に二つ三つの職業に従事していた。たとえば、スタフォドシャの酒類販売認可の居酒屋の主人は、洋服仕立職人か織布工、織布仕上げ工か車大工、農民、靴職人、染色工、指物師を兼ねていた(33)。糊製造業者が養豚業を兼営していた例についてはすでに述べた(34)。要するに、消費用品の諸職業はたいてい僅かな資本で始まった。これらの諸職業が急速な成長を遂げたのは、自分の責任で独立して営業を行う多数の個人企業家の心をすばやく捉えたからであった。家族企業はいずれも基礎が不安定で、長期にわたって存続することはなかったようである。しかし、家族企業の数がきわめて多かったために、この職業は確実に生きぬくことができた(35)。何十年にもわたる家内工業の時代が過ぎてようやく、成功した経営者の間から、より規模の大きい、そしてより資本集約的企業が姿をあらわすのである。

消費用品製造業はわずかな資金と豊富な労働力の供給をもって始まった。しかし、その製品にたいする需要はどうして生じたのであろうか。すでに見たように、消費用品はただ一つの価格で販売される均質の商品ではなく、さまざまな種類の品質をもつものであった。ギルドは農村地域では規格統制を行わなかった。都市においてさえ（ロンドンを除く）、新製造業はだいたいギルド組織をつくらぬよう自制した。新製造業は地理的にも各地に散在し、内部組織にも規制がなかったため、限りないほどさまざまな種類のデザインと品質、そしてさまざまな価格の商品を作ることができた。だがしかし、製造業に従事しながらも、農村を根拠とし、土地に大きな利害関係をもつ家族がその大部分を占めていたので、技術の平均水準は低く、普通の商品は安物だった。地方の商品はたいてい大衆向きに作られた。大衆はどうしてこれらの商品を購入することができたのであろうか。

一六世紀を通じて、賃銀は物価の上昇においつけず、生活必需品を除くと、労働者家族の商品にたいする需要はほとんど皆無に近かった。ロンドンの若い徒弟や奉公人の派手な服装は古参の仲間たちから白い眼で見られた。しかし、大部分の人びとはこのような買物をする余裕はなかった。一七世紀になると、下層の人びとの収入は増大した。一五八〇年代に平均賃銀を一日四ペンスと引用した起業家たちは、一六二〇年代にはそれを一日八ペンスと述べている。たしかに、ロンドンの建築労働者の賃銀率指数は、一七世紀の最初の一〇年間から上昇の動きを推測することができるとはいえ、一六五〇年代になるまでこの賃銀上昇をはっきりとは示していない。しかし、ロンドンの労働事情は特別だった。ロンドンへの移住の比率はけたはずれに高かったからである。[36] さらに、男子の賃銀率だけでは家族の稼ぎについてはわからない。夫の賃銀に加えて、妻子の稼ぐ賃銀こそ、経済著作家たちにもっとも深い感銘を与え、かれらに新しい消費用品諸職業を賞讃せしめたのである。[37]

家族収入の増加から生じる現金の恩恵については、すでに当時の論評の中で指摘されている。このような論評は一六世紀中葉以降、[38] 穀作地域から牧畜＝製造業地域への労働人口の着実な移動を念頭においたものであった。おそらく、グレゴリィ・キングの年間農産物の概算にヒントをえたものであろう。ただ、これより以前の時期について比較できる数字はない。キングは穀作地からの生産を年間一〇〇〇万ポンド、牧畜地および森林からのそれを年間一二〇〇ポンドと査定した。[39] とにかく、キングの概算は穀作地域より牧畜地域においてより多くの農業的富がつくられたことを示している。もちろん、この富は諸階層に公平に分配されたとは考えられない。しかし、穀作地域より牧畜地域において、社会構造はより平等主義的であったから、農業収益は事実上、諸階層の間により公平に分配されたとあえて推定してみたい。同時に、消費用品製造業は牧畜地域で繁栄し、別途の現金収入が賃銀労働者、小屋住農、小保有農およびこれらの人びとの妻子に広くゆきわたった。このようにして、購買力と生産力とは手をとりあって困難をのりきった。さらに、他の地域で生産された穀物に依存する牧畜地域にとって、穀作農民が低価格で多くの人口を養うという事実も有利に作用した。したがって、新製造業の労働力と畜産業の生産品（これは一七世紀を通じて同一価格を維持）にたいする変らぬ需要は、一七世紀の牧畜地域に、安定と、静かな、そして控え目なある程度の繁栄をもたらした。一六六一年、大陪審がウースタシャの治安判事にもらした冷笑的論評、「召使いが主人よりいいみなりをしているという点を別とすれば[40]」、主人と召使いとを区別することが、いよいよ難しくなってきたという言葉の意味も、なるほどとうなずける。

穀作地域で大部分の人びとがどのように生活していたかということはいっそうわからない。この時代にヨーマン農民は耕地を独占した。かれらの経営規模の拡大は、かれらの財産目録が証明するように、かれらに贅沢品の購入者となる資力を与えた。しかし、一六九一年、リチャード・バクスタァ*の地主にたいする情熱的訴えは、小農民――かれのいう

「貧しい農民」——が収支をつぐなうために苦境にあえぎ、生活必需品以外の何ものをも購入する現金がなかったことを伝えている。かれの考えによれば、労働者と奉公人は少なくとも衣・食・住を与えられていたので、まだましだった。[41] 穀作地域から若者がつぎつぎと移住していった事実は、故郷での経済見通しが暗く、どこかほかの土地、つまり、牧畜＝製造業地域か、その近くの都市では、もっとましな暮しができると堅く信じていたことを、率直に語るものであった。多くの市場町は一七世紀後半にはその規模を拡大し、商業上の中心地であると同時に、社会的文化的生活の中心地として、より大きな役割を果すようになった。都市を支えた消費用品にたいする活潑な需要は、広大な農村地域のヨーマンやジェントリの購買力によって火勢を強めた。かれらが購入した商品の一部は、畑で働く仕事をみつけることのできなかった若い男女によって製造され、販売されたものであることはまちがいないところである。

*リチャード・バクスタァ（一六一五〜九一）。長老派の聖職者として議会派に大きな影響を与えた。

一七世紀の人口すべてについて、一人当りの収入が上昇したとは確実にいえないとしても、この国、とくに都市や牧畜＝製造業地域には次のような地域社会が非常に数多く存在していたということができる。そこでは、一五五〇年には労働諸階層の家計のなかにになかった消費用品――真鍮の料理鍋、鉄のフライパン、陶器の皿、編み靴下、さらには帽子やエプロンの縁飾りのレース――を購入できるだけの現金を、一七〇〇年になるとかれら労働諸階層が手にしていた。一七二〇年ころ、デフォーが訪ねたダービィシャ高地のワークワスの鉛鉱夫の家庭では、夫の日給五ペンスと妻が時折働きに出て稼いだ日給三ペンスの現金収入で購入した消費用品の一部を垣間見ることができる。この夫婦は丘の中腹の横穴に住んでおり、「まるまると肥った、そして血色のいい、元気な五人の子供」を育てていた。かれらのパンは入口の狭い地所につくった大麦で焼かれ、肉は一頭の雌豚とともに飼育していた数頭の豚を屠殺し、ミルクはやせた小さな牝牛からしぼった。棚にのせた陶器、ピューター、真鍮の什器は現金で購入したものであった[42]。

国民的規模でいうと、一六八八年のグレゴリィ・キングの「年間の衣服費」に関する概算に消費者の購買力をみることができる。かれの計算によると、衣服費に人口一人当り年間およそ一〇シリングが支出されており、それらは新品ではあるが、贅沢品とはおよそ程遠い消費用品製造業の製品だったと推定される。つまり、年間一〇〇〇万足の靴下（およそ一人当り二足）、八〇〇万組の手袋とミトン（二また手袋）、六〇〇万組の靴紐と留め金、四九一万個のさまざまな種類の帽子（一人当りほぼ一個）、四〇〇万本のふだん用とおしゃれ用のバンドとスカーフ、二〇〇万枚のレースつきおよびレースなしの襟飾りと胸飾りが購入された。これらの商品のすべてに合計二二三〇万二三七五ポンドが支出された（つまり、国民一人当り約二分の一ポンド＝一〇シリング〕。キングの概算の偉大さは、どの品目がどの階層によって購入されたかをかれが考えたことにある。かれがある商品について五〇〇万から一〇〇〇万の消費をいうとき、かれは中・上流層にしか用のない衣料品の国内市場を考えていたのではなかった。キングは、シャツ・スカート・半ズボン・コート・上着（ダブレット）・靴などの基本的な衣料品の需要のほかに、靴下・手袋・靴紐・留め金・帽子・バンド・スカーフ・襟飾り・胸飾りはほぼ国民全部が購入するものと考えた。キングが概算したこれとは別の四〇万ポンドは装飾用リボン、房飾り〔肩かけ用など〕、金・銀・ウーステッドのレース、刺繍、撚り糸に支払われた。このような品目、とくにリボンやレースに支払われた現金の一部はヨーマンや〔富裕な〕熟練職人の懐中から抽き出されたものであったろうが、農民や職人もごく僅かながらその一部を支払ったことであろう。中流上層やジェントリ層の衣裳部屋に入ったとキングが考えた商品はたかだか一〇万本のベルトと革帯、二〇万枚の袖飾りとひだ襟、一〇万本の婦人用革帯と飾り帯、五万個のマフと二〇万本の扇とコルセットの骨で、その価格は合計五万五〇〇〇ポンドにしかならない。

国民総生産の概算は一八世紀についても行われているが、これは理論的には一七世紀のそれとは区別されるべきものであろう。新消費用品製造業と新農作物が国民総生産にどれほどの寄与を果したかを価格で測定できれば、本書の主題は十分に達成される。だが、実際には、こうした寄与のごく一部についてしか価格を示すことはできない。一七世紀の末、グレゴリィ・キングは慎重な配慮をもって、このような計算をまとめた。かれは年間の穀物生産高を一〇〇〇万ポンド、牧畜・森林地域のそれを一二〇〇万ポンドという価格で示した。染料用農作物・大麻・亜麻などの工業用農作物の生産額を一〇〇万ポンド、果実・蔬菜・「園芸作物」のそれを一二〇万ポンドと評価した。[43] したがって、工業用新農作物と果実・蔬菜とを合計した価格二二〇万ポンドが、伝統的農業生産額、つまり、それ自体、価格にして二二〇〇万ポンドに附加されたことを同時代人キングは語るのである。この加算分は農業総生産高の九パーセントにあたる。一五四〇年にはこの中のほとんど何ものも栽培されていなかったのであるから、この数字はほぼそっくりそのまま、輸入を減少し、貧困者に雇用を提供した農業的起業の成功を語るものである。

だが、国内市場向け製造業の商品生産を金銭関係で測定しようとしても無駄である。これら製造業の〔国民総生産にたいする〕寄与の増大は、次の事実、つまり、家内工業が地理的にはとびとびながらも既存の中心地の周辺の村々に着実に拡がり、さらに遠く離れた新しい土地へと拡大していった事実からしか推論しえないのである。手編み・機械編み靴下、絹のリボン、レース、ピンなどの製造業の散在はそのほんの数例にすぎない。大体において、一七世紀の著しい特徴として、手工業の中心地が増加したことを確信をもっていうことができる。競争が激化する一八世紀後半にいたるまで、手工業の中心地は数的に減少することなく、また地理的に集中することもなかった。

以上述べてきた資料は、一八世紀の経済成長に関する現在の論争で提示される統計資料と対比できるほど精密なものではない。にもかかわらず、一七世紀の経済成長に関する主要な構成要素を概観することは、一八世紀のイギリス経済分析のもつ重大な欠陥を指摘することになる。たとえば、ディーンとコール両氏による農業生産の評価は穀物生産のみを基礎とし、一人当りの一定消費量を仮定する。(44) 畜産および森林地域の生産についての評価は試みられていない。しかし、グレゴリィ・キングの計算では、これらの総評価額は穀物生産のそれより高く、本書ではこれまで、この項目の生産が穀物生産よりずっと急速に増大したのではないかと考えてその理由を検討してきた。酪農業の急速な成長はたしかにこの可能性を暗示する。さらに、果実、蔬菜も一八世紀の計算から脱落しているが、これらは畑作生産額の五パーセントを占めていた。しかも、果実、蔬菜が穀物需要を低下させたため、輸出用にそれだけ多くの穀物がまわり、外国貿易額が上昇した。最後になるが、一六八八年、グレゴリィ・キングが一〇〇万ポンドと評価した工業用農作物の生産が一八世紀に減少したとはどうしても考えられないのである。

さらに、国内市場向けに製造された消費用品の種類はディーンとコール両氏の収支決算の中では十分に評価され、重視されているとはいいがたい。(45) その他の商品として、僅かにビール、皮革、蠟燭、石けんがあげられているだけである。「重要でない国内市場向け製造業」(その業種は明示されていない)の一部が一八世紀前半にその生産高を二倍、時には三倍に伸ばしたことを、かれらも認めている。しかし、皮革業と醸造業とはめったに人口増加と同一速度で成長するものではなかったから、これらの製造業の生産は国内市場向け製造業の全体としての趨勢を示すと判断される。しかも、ビール、皮革、蠟燭、石けんは一〇〇種目にも及ぶ国内市場向け製造業のうちの四種目にすぎないのである。もし国内市場向け製造業の生産数量を示すことができるとすれば、さらに、国内市場向け製造業のすべてが、たとえば靴下編み工業が示すような成長率に達していたとすれば、わたくしたちは次のことを確信できるだろうか。つまり、「原料供給についても、製品市場についても、主として国内経済に依存する製造業は、一般的にいって、主要輸出工業よりもはるかに成長の速度が遅い(46)」と。

一七〇〇年から一七六〇年の期間に消費用品生産を促進した国内市場の役割についてはジョン教授が、一七五〇年から一七八〇年の期間のそれについてはエヴァズリィ教授が、説得力ある議論を展開した(47)。本書で提示した証拠はこの発展の根源が一六世紀の前半にあったことを証明するものである。一六世紀前半というのは、輸入の削減と貧困者雇用のために消費用品製造業を促進する政策が、慎重審議の結果、決定された時であった。一五四〇年当時、富裕な人びとの贅沢品と考えられていた商品は、一六世紀の末までに非常にさまざまな品質で、しかも誰もが購入できるようなさまざまな価格で製造されるようになった。一七世紀のデフレーションは農業生産および製造業生産の削減を伴うものではなかった。[48] この増大した富の分配に不公平がなかったとはいえないが、地理的にも社会的にも、歴然とした富の再配分が行われた。その結果、安もの商品の国内需要は高価な高級品の需要と同じく、あるいはそれ以上に活潑で、さらに広汎なものとなった。一七世紀後半、この国の労働力増大の方法を模索していた当時の人びとはこれが真実であることを知った。一六〇九年、ロバート・グレイは、過剰人口にたいするイギリス経済の見通しについて悲観的な調子でペンをとり、新大陸で幸運を求めるようかれらに勧告した。「われわれの大地は生産物をもたらした。しかし、その胸には自ら生んだ子供らすべてを育てるだけの乳はない。大地は、これに依存する人びとを雇用することも、また、もっとましな状態にしてやることもできない」。これにたいして、カルー・レイネルは一六七四年、つまり商業活動が低下し、人口増加が鈍化したとき、著作を公刊し、一七世紀における製造業および農業生産に関するかれのさまざまな経験からまとめた見解を述べた。「もし、人口が今より一〇〇万人多かったならば、商業や行商がいかに好転するかがすぐにわかるであろう」[49]と。この上一〇〇万人も多くの人をとうてい食べさせていくことはできないという恐怖感が、妖怪のように人びとにつきまとうことはもはやなかった。人びとはむしろ一〇〇万の忙しく働く人びとの手足に期待をかけたのである。

原註

I 章

(1) CSPD *1547–80*, 22.

(2) コモンウィールという考え方およびその実際の意味あいについては、A. B. Ferguson, *The Articulate Citizen and the English Renaissance* (Durham, N. C., 1965), 363 ff. *et passim.*

(3) R. Davis, 'English Foreign Trade, 1660–1700', in *Essays in Economic History*, ed. E. M. Carus-Wilson (London, 1962), ii. 261.

(4) B. R. Mitchell and P. Deane, *Abstract of British Historical Statistics* (Cambridge, 1962), 366, 279.

(5) R. S. Smith, 'A Woad growing at Wollaton in the 1580's', *Trans. Thoroton Soc.* lxv (1961), 41.

(6) Ibid.

(7) VCH *Oxon.* ix. 189, 112; *Hearth Tax Returns, Oxfordshire*, 1665, ed. M. B. Weinstock, Oxf. Rec. Soc. xxi (1940), 143.

(8) 一六七四年のリチャード・ヘインズの計算によると、仕事のない者は一教区に約六〇人いた（Thirsk and Cooper, 91）。

（9） A. Everitt, in AHEW 478.

（10） Thirsk and Cooper, 587, 781. グレゴリィ・キングはこの国の労働者・小屋住み・貧困者家族数について、非常に異なる二つの数字を示した。靴下編み工業に関する拙稿（'The Fantastical Folly of Fashion: the English Stocking-Knitting Industry, 1500-1700' in N. B. Harte and K. G. Ponting〈eds.〉, *Textile History and Economic History*〈Manchester, 1973〉, 64）で、わたくしはキングの概算の最初の草稿に示された一〇万という数字をとった（Thirsk and Cooper, 768）。ここではキングの最終稿に示された数字、つまり七六万四〇〇〇戸（ibid. 781）を記しておく。一六八八年、グレゴリィ・キングは靴下の「年間消費量」を一人当り二足として総計一〇〇〇万足と計算した。

（11） D. Defore, *An Essay upon Projects*（London, 1887）, 31, 19, 11-2, 21.

（12） Ibid. 6-9, 22. スペインからの輸入品に関する一六世紀のリスト（年代不明）にジャコウ猫の皮が記されている。

（13） Defore, op. cit. 25, 31.

（14） S. Hartlib, *His Legacie*（2nd edn, London, 1652）, 8.

（15） R. Ashton（ed.）, *James I by his Contemporaries*（London, 1969）, 63.

（16） C. Wilson, *England's Apprenticeship, 1603-1763*（London, 1965）, 101.

（17） BL Lansdowne MS. 14/15 にはこの組合に与えられた諸特権の要約が記されている。M.

Dewar, *Sir Thomas Smith: a Tudor Intellectual in Office* (London, 1964), Ch. 13.

(18) ジョン・ストウは『年代記』の初版を一五八〇年に出版し、一六〇五年に死亡するまで、改版をつづけた。その後、エドマンド＝ハウズがストウの『年代記』を書きついだ。この時、ハウズは新技術に特別の関心を示したが、これはストウにはみられなかったものである。

(19) John Stow, *The Annales of England...until...1605* (London, 1605), 983-4; *idem*, *The Annales of England...unto 1614* (London, 1615 edn.), continued by Edmund Howes, 866 ff.

(20) *A Discourse of the Common Weal of this Realm of England*. ed. E. Lamond (Cambridge, 1954), 10.

(21) Ibid. 16-7. アグレットはコルセットの留め紐の先の金具である。これははじめは全く実用的なものであったが、しだいに装飾的なものとなった。

(22) Ibid. 44-5, 63-9.

(23) Ibid. 64-5.

(24) Ibid. 125-6.

(25) Ibid. 126-7.

(26) Ibid. 127-8.

(27) Ashton, op. cit. 199; John Houghton, *A Collecition for the Improvement of Husbandry and Trade* (London, 1692), 76; Defore, op. cit. 11, 17.

(28) たとえば、ＤＮＢの以下の項目を参照。John Hooper（かれは貧困者にたいして限りない寛容さを示した）およびNicholas Ridley（かれはウェストミンスタァのエドワード六世の面前でロンドンの貧困者にもっとよい食事を与えるように強く主張した）。G. R. Elton, 'An Early Tudor Poor Law', in *idem, Studies in Tudor and Stuart Politics and Government*, ii (Cambridge, 1974), 137 ff., esp. 151 ff.

（29） 一九七四年にフォード講義を行ったJ. Gallagher 教授もその一人である。

（30） Smith, op. cit. 27, 34, 40–6.

（31） J. Thirsk, 'New Crops and their Diffusion: Tobacco-growing in Seventeenth-Century England', in *Rural Change and Urban Growth, 1500–1800*, ed. C. W. Chalklin and M. A. Havinden (London, 1974), 81–8, 92; *idem*, 'Projects for Gentlemen, Jobs for the Poor: Mutual Aid in the Vale of Tewkesbury, 1600–1630', in *Essays in Bristol and Gloucestershire History*, ed. P. McGrath and J. Cannon (Bristol and Glos. Archæolog. Soc., 1976), 147–69.

（32） VCH *Oxon.* ix. 113.

（33） Ibid. 114, 119.

（34） TED i. 86–8.

（35） Carew Reynel, *The True English Interest* (London, 1674), 32–3.

Ⅱ　章

（1） TED iii. 311–45, esp. 331–2.

（2） *L. & P. Hen. VIII*, xvi. 1540-1, 75; Stow, *Annales of England*, 983. D. W. Crossley, *The Sidney Ironworks Accounts, 1541-1573*（Camden Soc. 4th ser. 15, 1975）には一五四一年以降のロバーツブリッヂとパニングリッヂの製鉄業の繁栄が記されている。これらの製鉄業はサー・ウィリアム・シドニィが一五三九年に取得した旧修道院領に創したもので、軍役簿によれば、この年、この近在にはすでに四九名のフランス人が居住していた（ibid. 24）。クロスリィ氏は、鉄製品の内需の増大を強調するが、鉄工業を推進したのは主として軍需であったと思われる（ibid. 26, 31）。

（3） E. Straker, *Wealden Iron*（London, 1931）, 47.

（4） Ibid. 119.

（5） Ibid. 49. ウィールド地方の銃製造業および「鋳掛け屋」という不名誉な名称でよばれた平和時の鉄工場の一七世紀の歴史については、H. C. Tomlinson, 'Wealden Gunfounding: an Analysis of its Demise in the Eighteenth Century', EcHR xxix. 3（1976）, 383-400, esp. 384-5.

（6） Richard Ligon, *A True and Exact History of the Island of Barbados*（London, 1657）, 110.

（7） *A Discourse of the Common Weal* 16-7.

（8） トマス・ダービィおよび別個の許可状をもつ二人のロンドン商人は、一五四二年に、大青栽培用の土地の取得と労働力の雇用にたいして許可を与えられている（*Letters and Papers of Hem. VIII*, xvii. 48, 164）.

（9） TED i. 329-30.

(10) TED ii. 52.

(11) J. B. Hurry, *The Woad Plant and its Dye* (London, 1930), 63. 一五七九年にリチャード・ハックルートが染色技術習得のためペルシアに派遣した代理人宛てに書いた指示は参考になる。TED ii. 51-3.

(12) *Calendar of Letters and State Papers...in the Archives of Simancas, iii. Elizabeth, 1580-86*, 71, 73.

(13) 一五八六年の一資料（製紙業に関するもの）には、イギリスでファスティアン織製造を計画したジョン・ヘイルズの企画について、よくわかるようでさっぱりわからない記述がある。記述者の主張によれば、この企画は外国の競争相手の敵意にみちた反撃で失敗したという。

(14) *A Discourse of the Common Weal* 63.

(15) W. G. Zeeveld, *Foundations of Tudor Policy* (Cambridge, Mass., 1948), 46; F. Caspari, *Humanism and the Social Order in Tudor England* (Chicago, 1954), 111.

(16) Elton, *Studies in Tudor and Stuart Politics and Government*, ii. 137 ff.

(17) 枢密院は次のように勧告した。「汝らのごとく外国を旅した者は、接触伝染病の危険を予防するため、諸外国で汝らが目撃した方策を実行に移すべきこと」。Paul Slack, 'Some Aspects of Epidemics in England, 1485-1640', Univ. of Oxford D. Phil. (1972), 266.

(18) たしかに、世界中を歩いた。そのすぐれた例証については、TED ii. 51-3.

(19) Ⅲ章九四ページ。

(20) D.S. Davies, 'Acontius, Champion of Toleration and the Patent System', EcHR vii (1936), 64.

(21) 本講義後、次の著書が刊行された。M.L. Bush, *The Government Policy of Protector Somerset* (London, 1975). 本書は政府にとって戦争と戦費とが最大関心事だったことを強く主張している。

(22) エドワード六世治世の国外・国内からの借入金の明細表およびその支払い方法に関するメモは、セシルが書かない場合にはかれが註釈をつけた (F.C. Dietz, *English Public Finance, 1558-1641*, Illinois, 1932, 33)。

(23) P. Bowden, *The Wool Trade in Tudor and Stuart England* (London, 1971), 44.

(24) 都市の衰退について、以下の個所はとくに詳しい。*A Discourse of the Common Weal* 16, 78, 125.

(25) TED iii. 136, 145.

(26) E. Wyndham Hulme, 'The History of the Patent System', LQR xlvi (1896), 146-7. 一五四九年、明礬はポルトガル人によってワイト島で採掘されていた可能性はあるが、はっきりした証拠はない。明礬はサウスハンプトンにもあったが、これはおそらくヨーロッパから輸入されたものであろう。一方、ワイト島の明礬は一四世紀から知られていたが、当時、これは輸入明礬より品質が悪いといわれていた (VCH *Hants. & Isle of Wight*, v. 453)。

(27) Hulme, op. cit. 147.

(28) たとえばCSPD *1595-7*, 102.

(29) ジェームズ一世およびチャールズ一世時代の明礬工業の歴史については、Thirsk and Cooper, 239-43.

(30) VCH *Essex*, ii. 411.

(31) Thirsk and Cooper, 444.

(32) VCH *Essex*, ii. 412-3.

(33) C. W. Chalklin, *Seventeenth-Century Kent* (London, 1965), 154-5. しかし、最初の特許は一五六五年に交付された。R. H. Goodsall, 'The Whitstable Copperas Industry,' *Archaeologia Cantiana* lxx (1956), 143-4.

(34) *The Journeys of Celia Fiennes*, ed. C. Morris (London, 1947), 10-1.

(35) TED iii. 132-3.

(36) ランダル・テンチはリーズのコール・バンクの織物乾燥業者の一人であった。かれは織物検査封印役を勤め、さらに、教会委員をひきうけ、一六二九年に死亡した。

(37) リチャード・ハックルートは一五七九年、かれの代理人にたいして、ペルシアに赴き、亜麻織物の染色技術についてできるかぎり多くのことを学んで来るように説得した。というのは、かれの言によれば、「それはイギリスに古くからあった職業で、このため、すぐれた亜麻布はまだ残っているが、染色の技術は消失し、この国では見つけることができなくなったからである」(TED ii. 52)。

(38) APC *1547–50*, 109. 404.

(39) Hulme, 'The History of the Patent System...', LQR lxi (1900), 46.

(40) VCH *Suffolk*, ii. 271; *Statutes of the Realm*, iv. pt. 2, 1049 (1 Jas. I, c. 24).

(41) VCH *Suffolk*, ii. 271.

(42) Ibid. ii. 272.

(43) R. Coke, *A Discourse of Trade* (London, 1670), Preface, printed in J. Thirsk, *The Restoration* (London, 1976), 120–1.

(44) N. Lowe, *The Lancashire Textile Industry in the Sixteenth Century*, Chetham Soc. 3rd Ser. xx (1972), 99; A.P. Wadsworth and J. de L. Mann, *The Cotton Trade and Industrial Lancashire, 1600–1780* (Manchester, 1965), 19–20; VCH *Yorks.* iii. 469; Thirsk and Cooper, 444–5, 258. イギリスにおけるファスティアン織の製造は、ミラノやジェノヴァのファスティアン織のすぐれた技術をもつ宗教亡命者の渡来によって一六六九年に始まったといわれる(Thirsk and Cooper, 70)。一五四〇年代の軍服用の需要がまずこの織物の国内生産の必要を促進したということは考えられることである。タフタを裏に使ったミラノのファスティアン織はエリザベス朝官僚の夏の制服の上着(ダブレット)に使われたことはほぼまちがいない(C.G. Cruickshank, *Elizabethan's Army*, Oxford, 1966, 93)。

(45) 製鉄業の独占にたいして西部ミッドランドの金属加工業者が提出した請願については、Thirsk and Cooper, 188–90.

(46) D. Hey, *The Rural Metalworkers of the Sheffield Region*, Occasional Paper, 2nd Ser., no. 5 (Dept. of English Local History, Leicester Univ., 1972).

(47) *Statutes of the Realm*, iv. 1 & 2 Philip and Mary, c. 14, 1555.

(48) TED i. 297.

(49) Ibid. 298.

(50) Ibid. 315.

(51) PRO E 134, 44/45 Eliz. Mich. 1. この資料は靴下が新毛織物という名称のもとに包括される場合があったことを示す。ただし、この訴訟では、編み靴下の一部はウーステッド糸ではなく、紡毛糸でつくられたと記されている。

(52) Thirsk and Cooper, 204.

(53) J. Thirsk, 'The Fantastical Folly of Fashion', op. cit. 50-73.

(54) Ibid. 56.

(55) この計算は公文書館収蔵のロンドン港関税台帳一六四〇～一年に拠る。

(56) T. Fuller, *The Worthies of England* (London, 1952 edn.), 419.〔なお、本書の内容については、本文四二ページ訳註参照。〕

(57) J. Thirsk, 'Stamford in the Sixteenth and Seventeenth Centuries', in A. Rogers (ed.), *The Making of Stamford* (Leicester, 1965), 65.

(58) V. Morant, 'The Settlement of Protestant Refugees in Maidstone during the Sixteenth

Century,' EcHR 2nd Ser. iv（1951）, 211.

（59） TED i. 327, 329-30. *Considerations delivered to the Parliament, 1559*（一五五九年の議会に提出された諸意見）の起草委員会の構成およびサー・トマス・スミスのそこでの役割については、S. T. Bindoff, 'The Making of the Statute of Artificers,' in S. T. Bindoff, J. Hurstfield, and C. H. Williams, *Elizabethan Government and Society*（London, 1961）, 81-9.

（60） TED iii. 145.

（61） Fuller, op. cit. 253.

（62） L. B. Wright, *The Elizabethans' America*（London, 1965）, 204.

Ⅲ 章

（1） D. S. Davies, 'Acontius, Champion of Toleration, and the Patent System,' 64.

（2） W. H. Price, *The English Patents of Monopoly*（London, 1906）, 7.

（3） Davies, op. cit. 63 ff.

（4） Price, op. cit. 3.

（5） トマス・フラァはまたその著書 *Worthies*（『偉人伝』）（三八七）において、バーリィ卿はいつもどのようにして職人たちにその技術についてたずねたか、そして靴修理工から皮革のほんとうの鞣し方を教わったかを述べている。

（6） Price, op. cit. 7.

(7) C・T・カーが次の書に附した慎重な序文でこのことについて述べているように、「(一五六〇年代、)独占はまだ公正で文句のつけようのない経済政策の重要な一部であった」。C. T. Carr, ed., *Select Charters of Trading Companies, A. D. 1530–1707*, Selden Soc. 28 (1913), lix.

(8) Price, op. cit. 7.

(9) たとえば、サー・ジョン・ニールは、独占とは本来新しい発明および新しい製造方法を保護するものであったが、やがて塩、糊、紙などの従来の製造方法にまで拡大されたと信じている。しかし、実際には、塩・糊・紙に関する特許は他の特許と変るところがなかった。これらはすべて新しい技術にたいして交付された(J. E. Neale, *Elizabeth and her Parliaments, 1585–1601*, London, 1957, 352)。

(10) 一五六五年、ロンドンに輸入された石けんは価格にして四四二二ポンドであった。このことは石けんの輸入が他の多くの消費用品、たとえば、ピン(価格にして四三七四ポンド)、羽根ぶとんの側布(同じく四九五五ポンド)、スペイン皮革(同じく三六九一ポンド)など、価格にして中規模の輸入品とほぼ同額であったことを示す。主要な輸入品は、ワインと油(それぞれ四万〜五万ポンド)、それに、亜麻織物(八万六二五〇ポンド)、帆布(三万二七二四ポンド)、ファスティアン織(二万七二五四ポンド)のような消費用品であった。

(11) Hulme, LQR xlvi. 145.

(12) Ibid. 145–7.

(13) Ibid. 146.

(14) Ibid.

(15) Stow, *Annales of England...continued by Edm. Howes* (London, 1615), 948; Hulme, LQR lxi. 45.

(16) Hulme, LQR xlvi. 147-8.

(17) *A Discourse of the Common Weal* 42; E. Hughes, 'The English Monopoly of Salt in the Years 1563-71', *Eng. Hist. Rev.* xl (1925), 334-50; R. Howell, *Newcastle upon Tyne and the Puritan Revolution* (Oxford, 1967), 21.

(18) Hulme, LQR xlvi. 149; LQR lxi. 45-51. これは完全なリストではない。浚渫、排水、製粉、水の汲み上げ、給水パイプ、石炭の精錬などの動力にたいする特許は消費用品の製造に直接つながらないので言及しなかった。

(19) Dietz, *English Public Finance, 1558-1641*, 32-48.

(20) Heyward Townshend, *Historical Collections* (London, 1680), 230-1.

(21) Ibid. 230.

(22) Ibid. 234.

(23) 女王の関税収入の減少に関する多くの資料を収めたLansdowne MSS. の一巻には年代不明の文書があり、これは新毛織物にたいする課税と封印とを弁護している。

(24) K・J・アリソン博士は、かれの未公刊学位論文'The Wool Supply and the Worsted Cloth Industry in the 16th and 17th Centuries', Univ. of Leeds Ph. D. (1955), ii. 609 ff. の中で、

新毛織物検査税について詳細な記述を行っている。わたくしはかれの記述を自由な形でこのパラグラフに利用した。こうした利用を御許し下さったアリソン博士と、この綿密な研究を御教示下さったJ・P・クーパー氏に感謝する。

(25) CSPD *Addenda, 1580–1625*, 457.

(26) CSPD *1603–10*, 306.

(27) Heyward Townshend, op. cit. 249–50.

(28) Neale, op. cit. 383.

(29) VCH *Hants.* v. 424.

(30) VCH *Yorks.* iii. 469.

(31) Thirsk, 'Fantastical Folly', 60. 一五七〇年、貧困者雇用に関するノリッヂ市の提案が麦芽挽き、紡糸、梳毛作業に限られていたことに注目すべきである。一五七〇年代の末までに職業選択の範囲ははるかに拡大した。

(32) J. Godber, *History of Bedfordshire* (Luton, 1969), 222.

(33) P. Slack, 'Poverty and Politics in Salisbury, 1597–1666', in P. Clark and P. Slack, *Crisis and Order in English Towns, 1500–1700* (London, 1972), 181.

(34) CSPD *Addenda, 1566–79*, 356–7.

(35) *A Discourse of the Common Weal*, 16–7.

(36) TED iii. 136.

(37) *Statutes of the Realm*, 24 Hen. VIII, c. 4, renewed in 28, 31, 33, and 37 Hen. VIII; 5 Eliz. c. 5, これは 35 Eliz. c. 7 により廃止された。

(38) E. Kerridge, *The Agricultural Revolution* (London, 1967), 236.

(39) Hulme, LQR xlvi. 147. この場合、ウェイドとハァールは外国職人のために交渉する代理人であった。BL Lansdowne MSS. の諸資料は、かれら両人が、イギリスに創設すべき事業について、またその他多くの政府の諸問題について、セシルの相談役だったことを示す。

(40) H. W. Brace, *History of Seed Crushing in Great Britain* (London, 1960), 15.

(41) Hulme, LQR lxi. 47.

(42) Brace, op. cit. 15-6.

(43) H. C. Darby, *The Draining of the Fens* (2nd edn., Cambridge, 1968), 13-9.

(44) R. W. K. Hinton (ed.), *The Port Books of Boston, 1601-1640*, Lincs. Rec. Soc. 50 (1956), 23.

(45) E. Moir, 'Benedict Webb, Clothier', EcHR 2nd Ser. x (1957), 257-64. 本文中のパラグラフに示す詳細はこの論文に拠った。

(46) Brace, op. cit. 20.

(47) Thirsk and Cooper, 499-500.

(48) Brace, op. cit. 19.

(49) Kerridge, op. cit. 237.

(50) Brace, op. cit. 27; M. Falkus, 'Lighting in the Dark Ages,' in *Trade, Government and Economy in Preindustrial England*, ed. D. C. Coleman and A. H. John (London, 1976), 259-60.

(51) Brace, op. cit. 16-7.

(52) W. Blith, *English Improver Improved* (London, 1653), 255. 同じ文言は次の著書にも見える。Joseph Blagrave, *The Epitome of the Whole Art of Husbandry* (London, 1685), 180. また以下のものも参照のこと。Heyward Townshend, op. cit. 188; Anchitel Grey, *Commons Debates*, iv. 161.

(53) 一六八一年のジョン・ホートンのこの意見はJohn Houghton, *A Collection of Letters for the Improvement of Husbandry and Trade* (London, 1681), 112-5; また、一六九八年のW・ダヴナントの意見はW. Davenant, 'An Essay on the East India Trade,' in *Discourse on the Public Revenues*, ii (London, 1698), 44.

(54) W. Blith, op. cit. 256.

(55) J. Thirsk, 'The Isle of Axholme before Vermuyden,' *Agric. Hist. Rev.* i (1953), 21-2.

(56) Blith, op. cit. 260.

(57) VCH *Somerset*, ii. 426.

(58) これは一六一九年に死亡したジョン・アッシュである。

(59) VCH *Somerset*, ii. 423-4; HMC 7th Report (Taunton Records), 694.

(60) VCH *Dorset*, ii. 344-8. 製造業の専門家によって遠隔地域間が結合されたが、その方法を具体的に示す例として、一五九七年のイプスウィッチの貧困人口調査を参照。そこにはドーセットのブリッドポートから新しく移住してきたヒューヂ・ラッセルの名前が「ロープ製造職人のかしら」として記されている（*Poor Relief in Elizabethan Ipswich*, ed. J. Webb, Suffolk Rec. Soc. lx〈1966〉, 139）。

（61） VCH *Derbyshire*, ii. 372.

（62） Robert Plot, *The Natural History of Staffordshire* (Oxford, 1686), 109. 一七〇〇年のスタフォドシャの状況についてはロージャー・ヴォーン氏の御教示によるところが多い。かれの学位論文は当該地域の製造業についてさらに多くのことを語るであろう。

（63） K. S. Bottingheimer, *English Money and Irish Land* (Oxford, 1971), 7-12.

（64） 野生の茜草の根は栽培茜草のように鮮やかな紅色を出さないが、今日の工芸家が好むばら色を染め出す（Geoffrey Grigson, *The Englishman's Flora*, London, 1958, 348）。

（65） A. Longfield, *Anglo-Irish Trade in the Sixteenth Century* (London, 1929), 182-3.

（66） Hulme, LQR lxi. 45.

（67） Longfield, op. cit. 184.

（68） State Papers Ireland にも関連記事がみえる。後日、一六、一七世紀のイギリスおよびアイルランドの大青栽培について詳しい記述を発表したいと考えているので、ここでは簡単に記す。

（69） Bottingheimer, op. cit. 12.

Ⅳ章

（1） *A Discourse of the Common Weal*, 63.

（2） M. St. Clare Byrne (ed.), *The Elizabethan Home*（London, 1949）, 40. 男子の一日当り平均賃銀は一五〇〇年から一六五〇年の期間に四ペンスから一シリングに上昇した。一五八〇年代の人びとは一日当り平均賃銀を四ペンスと述べ、一六二〇年代の人びとはこれを八ペンスと記している。Ⅶ章二六九～七〇ページ。

（3） J. Raine（ed.）, *Wills and Inventories from...the Archdeaconry of Richmond*, Surtees Soc. xxvi (1853), 279.

（4） S. J., *The Present State of England*（London, 1683）, 266.

（5） D. Hartley, *Water in England*（London, 1964）, 322.

（6） Wadym Jarowenko, 'Starch', in *Encyclopaedia of Polymer Science and Technology*（New York, 1970）, xii. 787.

（7） R. Plot, *Natural History of Oxfordshire*（Oxford, 1677）, 280-7.

（8） John Stow, *Annales of England, continued by Edmund Howes*（London, 1615）, 867-9.

（9） J.F. Larkin and P.L. Hughes, *Stuart Royal Proclamations*, i: *1603-25*（Oxford, 1973）, 189.

（10） Ⅲ章九四ページ。E. P. Cheyney in *A History of England*, ii (London, 1926), 289. バーリ

イ卿は特許の申請をいかに綿密に吟味したか、また特許の結果の報告をいかに徹底的に要求したかに注意せよ。

（11）Ⅲ章一二七ページ。

（12）Thirsk, 'New Crops and their Diffusion: Tabacco-growing in Seventeenth-century England', 76 ff.

（13）Larkin and Hughes, op. cit. i. 537. ロンドンの糊製造業者組合はこの時（一六〇七年）法人組織として結成されたが、一六一〇年に中止となり、家内工業が禁止された。一六一二年、組合の再結成が計画されたが、成功しなかった。一六一九年、無許可で営業していた糊製造業者がふたたび許可を得た。一六二二年、糊製造業者組合が再度結成された。

（14）Larkin and Hughes, op. cit. i 188 ff.

（15）Ibid. 237 ff.

（16）Ibid. 252.

（17）CSPD *1619–23*, 162.

（18）Larkin and Hughes, op. cit. i. 473.

（19）Ibid. 474.

（20）W. Notestein, F. H. Relf, and H. Simpson, *Commons, Debates 1621* (New Haven, 1935), vii. 513–5.

（21）Ibid. 514–5.

(22) Longfield, *Anglo-Irish Trade*, 191.

(23) P. Mathias, *The Brewing Industry in England, 1700–1830* (Cambridge, 1959), 3–4.

(24) Hulme, LQR lxi. 50–1.

(25) Notestein, Relf, and Simpson, op. cit. viii. 77 ff.

(26) Ibid. 77–80; iv. 108; v. 259.

(27) Townsend, *Hist. Coll.* 230–1.

(28) Price, *Patents of Monopoly*, 156–9. 糊の独占製造中止のニュースを議会に伝えた議長は、「ひだ襟をきちんとつけていたい人びとはこれまでよりも安い費用で望みをかなえることができますね」という女王の冷笑的な言葉を伝えた（Townsend, op. cit. 250）。

(29) Price, op. cit. 156–9; Townsend, op. cit. 250.

(30) Hulme, LQR lxi. 52. チェイニィが示した別の数字には商業特許権がふくまれている（E. P. Cheyney, op. cit. ii. 290）。一五九七〜九八年および一六〇一年の討議については、Neale, *Elizabeth and her Parliaments, 1584–1601*, 353–5, 376 ff.

(31) Hulme, LQR lxi. 53; Price op. cit. 30.

(32) Robert Zaller, *The Parliament of 1621. A Study in Constitutional Conflict* (Berkeley, 1971), 128.

(33) E. R. Foster, Proceedings in Parliament, 1610 (New Haven, 1966), ii. 268–9.

(34) Carr, *Select Charters* lxvi.

(35) ジェームズ一世は一六〇七年の布告で、糊はふすまからだけ製造すべきことを強調した。したがって、一六〇七年の糊製造業者組合の設立は制限され、管理された手工業を意味した(Notestein, Relf, and Simpson, op. cit. vii. 438-9)。

(36) Carr, op. cit. lxxi.

(37) Zaller, op. cit. 126-8.

(38) D. O. Wagner, 'Coke and the Rise of Economic Liberalism', EcHR vi (1935-6), 30-44.

(39) DNB 当該項目参照。

(40) ジョン・ストラッドフォドの経歴に関する資料については、Thirsk, 'Projects for Gentlemen, Jobs for the Poor' 147 ff.; Thirsk 'New Crops and their Diffusion', *passim.*

(41) J. Steven Watson, *A History of the Salters' Company* (Oxford, 1963), 70; Blith, *English Improver Improved*, 239.

(42) Grigson, *The Englishman's Flora*, 57.

V 章

(1) たとえば、Margaret Cash (ed.), *Devon Inventories of the Sixteenth and Seventeenth Centuries*, Devon and Cornwall Rec. Sec. N. S. ii (1966), *passim.* とくに、エクセタの呉服商の在庫商品については、164-7.

(2) たとえば、Thirsk and Cooper, 252-3 (for 1641)。

（3） *Philosophical Transactions*, x-xii. no. 116, 26 July 1675.

（4） Plot, *The Natural History of Staffordshire* (Oxford, 1686), 227.

（5） John Harvey, Early Gardening Catalogue (Phillimore, Chichester, 1972), 66-7.

（6） TED i. 354.（文中傍点著者）。

（7） Ibid.

（8） TED iii. 5.

（9） Thirsk and Cooper, 229.

（10） L. Weatherill, *The Pottery Trade and North Staffordshire, 1660-1760* (Manchester, 1971), 7.

（11） Thirsk, 'Fantastical Folly', 68-72.

（12） J. Thirsk, 'Industries in the Countryside', in F. J. Fisher (ed.), *Essays in the Economic and Social History of Tudor and Stuart England* (Cambridge, 1961), 87.

（13） Ibid. *passim*.

（14） Weatherill, op. cit. 45; M. B. Rowlands, *Masters and Men in the West Midland Metalware Trade before the Industrial Revolution* (Manchester, 1975), 27.

（15） TED i. 187-8.

（16） Thirsk, 'Fantastical Folly', 56. この数字にチェッシャを除外したのは、この地域の靴下編み工業の初期の証拠を実証できないからである。

(17) Ibid. 57-9.

(18) H. Stocks (ed.), *Records of the Borough of Leicester, 1603-88* (Cambridge, 1923), 536-8.

(19) 空位時代については、Thirsk and Cooper, 255-8.

(20) Ibid. 222-3.

(21) Edward Chamberlayne, *Angliae Notitia* (London, 1669), 445, 85.

(22) リンカンシャのケアビィのハッチャー家は、牝牛を買う時にはダービィシャに、馬を買う時にはノーサンプトンシャに出かけた。サー・ヘンリ・シドニィは一五七三年五月、ウェールズ境界地方長官としてシュロップシャのラドロウにいた。この月、かれの召使いが三種類の亜麻織物、一つは一ヤード七・五ペンス、つぎは同じく八ペンス、さらに同じく八・五ペンスの亜麻織物一二〇ヤードを購入するため、二回のマーケット日に使いに出されたのはランカシャであった。J. Thirsk, *English Peasant Farming* (London, 1957), 176.

(23) S. Kingsbury, *Records of the Virginia Company of London* (Washington, 1906-35), iii: *1607-22*, 186, 390, 387, 392. しかし、ウィンチコム地域の靴下編み工業がこれほど早くに始まったか否かはなお確かではない。

(24) Ligon, *History of Barbados*, 109-10.

(25) Thirsk, 'Fantastical Folly', 54.

(26) J. Raine (ed.), *Wills and Inventories From...the Archdeaconry of Richmond*, Surtees Soc.

xxvi (1853), 275–81.

(27) Thirsk and Cooper, 359.

(28) Ibid. 418.

(29) John Heywood, 'The Four P. P.' in W. C. Hazlitt, *A Select Collection of Old English Plays* (London, 1874), i. 349–50. この劇のもっとも古い版は一五四〇年ころ、遅くも一五六九年以前のものである。

(30) Thirsk and Cooper, 419; Plot, *Nat. Hist. of Staffs.* 124.

(31) Thirsk and Cooper, 389 ff.

(32) Ibid. 392–3.

(33) Ibid. 417.

(34) Ibid. 428–9.

(35) 一六一〇年、バーナビィ・リッチは、ダブリンの商人が高級品の顧客をアイルランド人のなかにではなく、イギリス人のなかに見つけたと宣言した。Longfield, *Anglo-Irish Trade*, 149.

(36) Thirsk, 'Fantastical Folly', 67.

(37) 新大陸だけでもアイルランド靴下を大量に、スコットランドの工場製靴下を若干購入した。

(38) *A Discourse of the Common Weal* 16–7, 64, 125, 127.

(39) G. I. H. Lloyd, *The Cutlery Trades* (London, 1913), 101–2.

(40) Thirsk, 'Stamford in the Sixteenth and Seventeenth Centuries', 65.

(41) Hulme, LQR xlvi. 148; lxi. 45.

(42) Stow, *Annales*（1615 edn.）, 948.

(43) Byrne, *The Elizabethan Home*, 10.

(44) W. Durrant Cooper, *Lists of Foreign Protestants and Aliens Resident in England, 1618–88*, Camden Soc. 82（1862）, Intro. iii.

(45) M. Misson, *Memoirs and Observations in his Travels over England*（London, 1719）, 171.

(46) Ligon, op. cit. 110.

(47) たしかに、ロンドンがつねに商品売買の国内市場の確実な指標を示したのではなかった。たとえば、一五九六年九月、ロンドン港の関税・臨時税台帳によれば、カンブリックとローンの輸入はロンドン以外の港にはるかに多額の金額を納入したことを示している（CSPD *1595–7*, 287）。一六一二—一四年の貿易収支は、ロンドン港から輸入される物品がその他の港で荷揚げされた物品の三分の一にみたないことを語っている（Thirsk and Cooper, 455）。

(48) 製造業の組織がつねに変化していたことは、一七世紀初期のノリッヂのウーステッド織市場に関するペネロープ・コーフィールドの記述の中に暗示されている。一七世紀初期にはウーステッド織は主として輸出にまわされたが、後期には主に国内市場で売捌かれ、一八世紀中葉にはまた大部分が輸出された（P. Corfield, 'A Provincial Capital in the late 17th Century: the Case of Norwich' in Clark and Slack, *Crisis and Order in English Towns*, 279–80）。

Ⅵ 章

（1） Blith, *The English Improver Improved* (London, 1652 edn.), 224–5.

（2） J. R. McCulloch (ed.), *Early English Tracts on Commerce* (Cambridge, 1952), 125.

（3） Ibid. 127, 180, 128.

（4） Ibid. vii.

（5） Thirsk and Cooper, 457, 461, 473–4; Thomas Mun, 'England's Treasure by Foreign Trade' in McCulloch, op. cit. 117 ff.

（6） William Temple, *Observations upon the United Provinces of the Netherlands* (London, 1673), 208.

（7） P. Brassley, 'The Agricultural Economy of Northumberland and Durham in the period 1640–1750', Univ. of Oxford B. Litt. thesis (1974), 148.

（8） Thirsk, 'Projects for Gentlemen', 160–2; *idem*, 'New Crops and their Diffusion', *passim*.

（9） Ⅰ章四九〜五〇ページ。

（10） Blith, op. cit. (1653 edn.), 229, 234.

（11） John Morton, *Natural History of Northamptonshire* (London, 1712), 17.

（12） Thirsk and Cooper, 220–2; Brace, *History of Seed Crushing*, 22.

（13） *The Journal of Mr. James Hart* (Edinburgh, 1832), 9.

（14） Brace, op. cit. 27.

（15）たとえば、William Goffe, 'How to Advance the Trade of the Nation and Employ the Poor', *Harleian Miscellany*, iv. 366 ff.
（16）Thirsk and Cooper, 53.
（17）*Brief Considerations concerning the Advancement of Trade and Navigation*（Thirsk and Cooper, 52-7 に再録）; *Certain Proposals in order to the People's Freedom*（London, 1652）, 9.
（18）John Beale, *Herefordshire Orchards*（1657）; Sir Richard Weston, *A Discourse of Husbandrie used on Brabant and Flanders*（2nd edn., London, 1652）; R. Bird（ed.）, 'The Journal of Giles Moore', *Sussex Record Soc.* 68（1971）, 113.
（19）Thirsk, 'New Crops and their Diffusion', *passim*.
（20）上記の記述はＤＮＢに拠る。しかし、レイネルの考え方がどのような影響のもとに形成されたかについてはほとんどわからない。ただ、一六五五年エクセタの刑務所を出所後、かれが外国にいったことはほぼ確実である。
（21）Reynel, *The True English Interest*（London, 1674）, 32-3.
（22）Idid. 7.
（23）Idid. 20, 53-4.
（24）Idid. 22 ff.
（25）Idid. 24.
（26）バルト海沿岸地方からの亜麻の輸入については、B. Jennings（ed.）, *A History of Nidder-*

dale (Huddersfield, 1967), 176. アイルランドからの輸入については、Lowe, *Lancashire Textile Industry in the Sixteenth Century*, 11.

(27) Houghton, *A Collection of Letters for the Improvement of Husbandry and Trade* (London, 1681), 114-5.

(28) Jennings, op. cit. 171-6

(29) Lowe, op. cit. 43 ff., esp. 58.

(30) Ibid. 96-7.

(31) N. B. Harte. 'The Rise of Protection and the English Linen Trade, 1690-1790', in Harte and Ponting (eds.), *Textile History and Economic History*, 74.

(32) Ibid. 107, 93. アイルランドおよびスコットランドについての数字は一七六〇年のものである。一七五〇年には、一八五〇万ヤードであった。

(33) Reynel, op. cit. 19.

(34) John Smith, *Men and Armour for Gloucestershire in 1608* (London, 1902), *passim.*

(35) *Somers Tracts* (London, 1811), v. 303.

(36) A. E. Bland, P. A. Brown, and R. H. Tawney, *English Economic History. Select Documents* (London, 1914), 487-8.

(37) J. Thirsk, 'Seventeenth-Century Agriculture and Social Change', in *Land, Church and People, Essays presented to Prof. H. P. R. Finberg*, ed. J. Thirsk, Agric. Hist. Rev. Supp. XVIII

(1970), 174-5.

(38) Samuel Fortrey, 'England's Interest and Improvement', in McCulloch (ed.), *Early English Tracts on Commerce*, 227.

(39) J. Houghton, *A Collection for the Improvement of Husbandry and Trade*, ed. R. Bradley (London, 1727), i. 49; Thirsk and Cooper, 815.

(40) Bland, Brown, and Tawney, op. cit. 274-5.

(41) W. E. Minchinton (ed.) *The Growth of English Overseas Trade in the Seventeenth and Eighteenth Centuries* (London, 1969), 38 に引用。

(42) A. Smith, *The Wealth of Nations*, ed. E. R. A. Seligman (London, 1910), i. p. xi.

(43) Ibid. xii.

(44) Ibid. 8.

(45) Ibid.

(46) この個所について当時のもっとも厳しい批判は、J. S. Mill, *Principles of Political Economy*, BKI, Ch. VIII (Toronto, 1963) ii. 126-8.「これはたしかに農村労働者の能力不足をきわめて誇張して書いたものである」とミルは記している。〔ミルの本書は『経済学原理』全五巻として、戸田正雄訳（春秋社、初版一九三九年改訳一九四七年）と末永茂喜訳（日本評論社、第一巻一九四九年刊行）の二種の邦訳がある。〕

(47) Smith, op. cit. i. 105.

(48) Ibid. 106.

(49) Ibid. 106-7.

(50) Ibid. 3, 113-4, 336, 361.

(51) Ibid. ii. 137 ff., esp. 139.

(52) Ibid. 148.

(53) Ibid. i. p. x; ii. 155.

(54) TED i. 353.（職人規制法に関する覚え書）

(55) D. P. O'Brien, J. R. McCulloch, *A Study in Classical Economics*（London, 1970）, 283 には BPP *Select Committee on Ireland, 1825*（129）, viii. 812 から引用されている。

(56) Patrick Goldring, *Multi-Purpose Man*（London, 1974）.

Ⅶ章

(1) Julian Cornwall, 'English Population in the Early Sixteenth Century', EcHR 2nd Ser. xxiii (1970), 44; Thirsk and Cooper, 772.

(2) W. G. Hoskins, *The Age of Plunder. The England of Henry VIII, 1500-47*（London, 1976）, 209-10; E. H. Phelps Brown and Sheila V. Hopkins, 'Seven Centuries of the Prices of Consumables, Compared with Builders' Wage Rates', in P. H. Ramsey, *The Price Revolution in Sixteenth-Century England*（London, 1971）, 39.

(3) Ramsey, op. cit. 39; Bush, *Government Policy of Protector Somerset*, Chs. 2 and 3.

(4) Thirsk, 'Seventeenth-Century Agriculture and Social Change', 148; Bland, Brown and Tawney, *English Economic History. Select Documents*, 274; A. H. John, 'English Agricultural Improvement and Grain Exports, 1660–1765', in *Trade, Government and Economy in Pre-industrial England, Essays presented to F. J. Fisher*, ed. D. C. Colemand and A. H. John (London, 1976), 48, 51, 59.

(5) この点については、*The Agrarian History of England and Wales, V: 1640–1760* において実証される。

(6) AHEW 434.

(7) たとえば Thirsk and Cooper, 147–50; Bland, Brown and Tawney, op. cit. 647–9 参照。

(8) Margaret Spufford, *Contrasting Communities. English Villagers in the Sixteenth and Seventeenth Centuries* (Cambridge 1974), 61–2, 90, 118; *idem, A Cambridgeshire Community. Chippenham from Settlement to Enclosure* (Leicester Univ. Press, Occasional Paper, no. 20, Dept. of English Local History, 1965), 39, 48.

(9) G. Chalmers, *An Estimate of the Comparative Strength of Great Britain...* (London, 1804), 67.

(10) この計算は以下の概算を基礎とする。つまり、グレゴリィ・キングが述べたように(Thirsk and Cooper, 781)、労働者および農業奉公人の年平均賃銀を一五ポンドとし、かれらの戸数を三六万四〇〇〇、小屋住農・貧困者の戸数を四〇万（合計七六万四〇〇〇）とする。これら両者のいずれの戸からも市場向け菜園に雇用されていた。

(11) Thirsk, 'Projects for Gentlemen', 49.

(12) AHEW 410-2.

(13) Bland, Brown and Tawney, op. cit. 648.

(14) Thirsk, 'Seventeenth-Century Agriculture and Social Change', 167-70.

(15) D. Woodward, 'The Anglo-Irish Livestock Trade in the Seventeenth Century', *Irish Hist. Studies*, xviii, no. 72 (1973), 493-4.

(16) Roger Coke, *A Discourse of Trade*, 33; Thirsk and Cooper, 85.

(17) A. H. John, 'The Course of Agricultural Change, 1660-1760', in *Essays in Agrarian History*, i. ed. W. E. Minchinton (Newton Abbot, 1968), 239-43, 247, 249; Thirsk 'Seventeenth-Century Agriculture and Social Change', 150-1, 174.

(18) このことはデフォーのイングランドについての記述の中に述べられている。*The Agrarian History of England and Wales*, v: *1640-1750* の中で、とくに、ミッドランド北西部の経済に関するデイヴィッド・ヘイの記述はこのことを論証する。

(19) Thirsk and Cooper, 784.

(20) V. H. T. Skipp, 'Economic and Social Change in the Forest of Arden, 1530-1649', in *Land, Church and People*, 91.

(21) M. B. Rowlands, *Masters and Men in the West Midland Metalware Trades before the Industrial Revolution* (Manchester, 1975), 42-3; *Agrarian History of England and Wales*, v: *1640-1750* 所収、D・ヘイの北西部ミッドランドの経済に関する論文。
(22) Ⅰ章一三一〜四ページ。
(23) Thirsk, 'Projects for Gentlemen', 149.
(24) Thirsk, 'Horn and Thorn in Staffordshire: the Economy of a Pastoral County', *North Staffs. Jnl. of Field Studies*, 9 (1969), 8-10.
(25) 金属製道具類の商人については、Rowlands, *Masters and Men*, 27-34, 39-40.
(26) Thirsk, 'New Crops and their Diffusion', 82; E. S. Godfrey, *The Development of English Glassmaking, 1560-1640* (Oxford, 1975), 169-72.
(27) Ⅴ章一七七〜八ページ。
(28) Ⅲ章一〇八ページ。
(29) Thirsk, 'Projects for Gentlemen', 158.
(30) Philip Miller, *The Method of Cultivating Madder* (London, 1758), 19, 21.
(31) エリザベス時代の大青工場の建築費は次の陳述に示されている。つまり、ロバート・ソープが大青栽培を始めるにあたって、リンカンシャのクラックスビィに建てたベルハウスという建物は「部屋なし」の場合、一六ポンド、「部屋つき」の場合は二〇ポンドであった (PRO E 134, 39 Eliz., Hil. 27)。

(32) Thirsk, 'New Crops and their Diffusion,' 83-4.
(33) Thirsk, 'Horn and Thorn in Staffordshire,' 11.
(34) Ⅳ章一四九～五〇ページ。
(35) 金属製品製造業における同様の結論については、Rowlands, op. cit. 40 参照。
(36) E. A. Wrigley, 'A Simple Model of London's Importance in Changing English Society and Economy, 1650-1750,' *Past and Present*, 37 (1967), 47.
(37) このファクターは最近つぎの論文で強調されている。Neil McKendrick, 'Home Demand and Economic Growth: a New View of the Role of Women and Children in the Industrial Revolution,' in *idem* (ed.), *Historical Perspectives: Studies in English Thought and Society in Honour of J. H. Plumb* (London, 1974), 171-3.
(38) 本章註(12)(13)に引用した一七世紀の資料に次の研究を補足する。Phyllis Deane and W. A. Cole, *British Economic Growth, 1688-1959* (Cambridge, 1962), 75. ここには、一八世紀前半、農業人口の増加は工業のさかんな(つまり牧畜地域の)七州に集中したという類似の見解が示されている。
(39) Thirsk and Cooper, 782-3.
(40) Bland, Brown, and Tawney, op. cit. 361.
(41) *The Rev. Richard Baxter's Last Treatise*, ed. F. J. Powicke (Manchester, 1926), 22-6.
(42) D. Defoe, *A Tour Through England and Wales* (Everyman edn.), ii. 161-3.

(43) Thirsk and Cooper, 782-3; G. Chalmers, *An Estimate of the Comparative Strength of Great Britain...* (London, 1804), 67.

(44) Dean and Cole, op. cit. 74.

(45) Ibid. 76.

(46) Ibid. 61. Table 19, p. 78. この表によれば、一七〇〇年の実質生産高にたいする国内市場向け製造業の生産高は一二パーセント、輸出製造業のそれは一八パーセント、農業生産高は四三パーセントであった。

(47) A. H. John, 'Agricultural Productivity and Economic Growth in England, 1700-1760', *Jnl. Econ. Hist.* xxv (1965), 19 ff; D. E. C. Eversley, 'The Home Market and Economic Growth in England, 1750-1780', in *Land, Labour, and Population in the Industrial Revolution*, ed. E. L. Jones and G. E. Mingay (London, 1967) 206-59.

(48) 一七〇〇～四〇年の期間もおそらく同様の状況であった。N. F. R. Crafts, 'English Economic Growth in the Eighteenth Century: a Re-examination of Deane and Cole's Estimates', EcHR 2nd Ser. xxix. 2 (1976), 226-35.

(49) Thirsk and Cooper, 758, 759.

訳者あとがき

本書は、Joan Thirsk, *Economic Policy and Projects: The Development of a Consumer Society in Early Modern England*, Clarendon Press, Oxford, 1978 の邦訳である。著者は一九二二年六月、ロンドンに生れ、ロンドン大学（ウェストフィールド・カレッヂ）卒業後、大学院に進み、一九五〇年、博士号を取得した。ついで著者は、ロンドン大学スクール・オブ・イコノミックスで一年間助手を勤めたあと、レスタァ学派のメッカ、レスタァ大学の地方史学科の研究員（シーニア・リサーチ・フェロウ）となり（一九五一〜六五年）、やがて、オックスフォド大学の経済史の教授に迎えられた（一九六五〜八三年）。この間、著者は、一九五五年、国立歴史学協会会員に選出され、一九七六〜八〇年にはその評議員をつとめた。一九七四年、イギリス学士院会員に推挙され、一九七七年以降、同学士院刊行の社会経済史資料集成の刊行委員をつとめている。一九七五年冬、著者は歴史研究者にとって最高の栄誉といわれるオックスフォド大学のフォード講義を委嘱された。六回にわたるこの講義の原稿に多少加筆されたものが、本稿冒頭に記した本訳書の底本である。

著者は今日、イギリス一六、一七世紀の経済史の第一人者として揺ぎない地位を占めているが、同時に、もっとも魅力的な歴史家の一人として、中世史、近・現代史の分野からも嘱望され、まことに八面六臂というべき活動をつづけている。たとえば著者は、イギリスを代表するいくつかの学術雑誌（*Economic History Review, Agricultural History Review, Past and Present,* etc.）の編集委員や代表委員をつとめ、また、イギリス国内の大学・研究所のみならず、東欧圏をふくむ欧米諸国の研究機関から、ほとんど毎年のように学術講演・講義等を依頼されている。一九七二年秋、招かれてわが国にも四週間ほど滞在されたが、一九八四年一〇月には、立教大学の招聘を受け、再びわが国でその学殖の一部を披瀝される予定と聞いている。このほか著者は、オックスフォド州史協会会長（一九八一年以降）など五指に余る史料編纂協会の役職を兼務している。アメリカ哲学協会はこのような著者の功を多として、一九八二年四月、きわめて栄誉ある特別会員に著者を推挙した。

では、著者の学問の魅力はどこにあるのか。かつて米川伸一氏はその著書『イギリス地域史研究序説』（未来社、一九七二年）第一章において、イギリス歴史学界の動向を紹介された折、レスタァ学派との関連で著者の業績についてすぐれた位置づけを試みられた（なお、同書には、著者に関するいくつかの邦語文献も丹念に紹介されている）。しかし、同書刊行以来、すでに一〇年以上の歳月が過ぎた。レスタァ学派にたいする当時の危惧、あるいは毀誉褒貶をよそに、レスタァ学派は著者を領袖として協力の実をあげ、今や学界の主流を占めるにいたった。それはなぜであろうか。

そもそも、レスタァ学派とは、R・H・トーニィの提唱にもとづき、H・P・R・フィンバーグ、W・G・ハスキンズ等の努力によって、レスタァ大学の地方史学科（一九四七年創設）を中心として組織された研究グループの呼称である。すでに述べたように、著者はごく初期の頃からこの研究グループの重要メンバーの一人であり、著者の『イングランド農民の農業経営――テューダァ朝から現代にいたるリンカンシャの農業史』(Joan Thirsk, *English Peasant Farming: The Agrarian History of Lincolnshire from Tudor to Recent Times*, London, 1957) はこの研究グループの初期の活動の成果を語る最良の研究の一つといわれている。また、著者の 'The Common Fields,' *Past & Present*, 30 (1964) もこの研究グループの評価を著しく高めた。

では、この研究グループの主張は何か。かれらは、地方史（ローカル・ヒストリ）という新しい分野を主張したのであるが、それは単なる地方史的関心にもとづくそれではなく、権力を中心とする国制史への挑戦であった。つまり、はじめに国家があって個々の地域社会が成立しているのではなく、国家は個々の地域社会の集合の上に成立している。したがって、社会的統合体である地域社会（米川前掲書、二六～七ページ参照）こそ、歴史研究の端緒であるというのが、このグループの主張である。この主張は本書の随所に生きているが、権力にたいするこの反骨的主張はイギリスの知識人層の心を深く把えた。

かれらはまた、「歴史家にとって必要なものは書物（ブック）より長靴（ブーツ）である」という名言を残したトーニィの衣鉢をつぎ、実地調査を重視し、実証性を尊重する。実証性という点において、かれらはまさにイギリス正統派実証主義史学を継承するものである。ただ後者とちがい、このグループの尊重する実証は、記述史料だけに依拠するものではない。注意深い読者はすでに気づかれたことと思うが、本訳書の中に非常にしばしば証拠ということばが使用されている。これはかれらの主張を端的に語るものである。かれらは具体的に存在するもの一つ一つを、記述史料と同じく、証拠として重視する。この研究方法は正統派実証主義史学にも深い影響を与えるようになった。さらに、イギリス人は、経験からの抽象を学問の精髄として尊ぶ伝統をもっている。したがって、眼に見、手で把えることのできる具体的事象・経験をも証拠として利用するレスタァ学派の歴史研究法は、多くのイギリス人によって支持されるようになった。多少の揶揄をこめて使われたレスタァ学派という呼称は今はもうきかれない。かれらはそれだけ学界の主流を占めるようになったのである。

このような学界の潮流を示す一つの証拠は、著者を編集総責任者とする『イングランドおよびウェールズの農業史』全八巻（第一巻はⅠ・Ⅱの二分冊のため、実際は九巻。Joan Thirsk, General Editor, *The Agrarian History of England and Wales*, 8 vols., Cambridge, 1967–）の刊行であろう。本叢書はきわめて大部なもので、多数の歴史研究者の協力なしには刊行をつづけることができないものである。一九六七年、著者の責任編集による第四巻が上梓されて以来、現在までに三巻四冊が刊行され、近刊の第五巻が予告されている。今や、レスタァ学派の主張・業績を無視してイギリス史を語れないという状況が成立しているのである。

本書は以上のようなレスタァ学派の最高の、そして最新の成果の一つである。具体的な証拠をつみ重ね、日常経験から演繹して歴史学の真髄を考えていこうとするこの研究グループの主張、また権力をもたぬ庶民が歴史に果す役割を無視しないかれらの観点は、ジョオン・サースクという著者を得てみごとに開花した。かつて本訳書の書名について著者と話しあったとき、著者の口から、『ソープ・スターチ・ストッキングズ（石けん・糊・靴下）』という書名が提案された。まことに、本書はそれほど具体的に、ものの需要の発生、これを生産・供給する新事業の成立、およびその拡がりが、一つの社会を貫通する経済の動脈とどのように関係するかを明らかに示すものである。

ここで著者は、きわめて自由、闊達に叙述をすすめているかのようにみえる。しかし、著者の叙述は確固とした証拠に由らないものはない。その証拠の典拠として、原著書には実に膨大な量の脚註がついているが、本訳書では割愛した。なお、巻末附録も割愛した。本書についてさらに深く知りたいと思われる読者は是非原著書を繙いていただきたい。

第二に、訳者がとくに深い感銘をうけた点は、イギリスの富が毛織物や穀物などの主要輸出品や、外国貿易商人が取扱う高級商品によって創り出されたのではなく、種々雑多な新事業が生産するさまざまな品質の商品によって創り出されたという考え方である。つまり、大青やタバコの葉摘みなどの新事業がつくり出した妻子の副業が貧しい農民の家計に多少のゆとりを与え、このゆとりが新事業の生産するさまざまな種類の品質の商品にたいする購買力を生み出し、国内市場の拡大を保証したというのである。品質の種類の多いこと、それ故にこそ、より広範囲の庶民がそれぞれの財布に見合う品質の商品の顧客となった。まさに消費社会の誕生である。著者はこの点に、一五四〇年代に始まる新事業の「新」の意味を見出すのである。

なお、著者の主要著書、編著書、論文等の大部分は本書の註で、あるいはこの小稿の中ですでに述べられているので、フォード講義以後の著者の労作を以下に記す。

'The European Debate on Customs of Inheritance, 1500-1700' in *Family and Inheritance: Rural Society in Western Europe 1200-1800*, by Jack Goody, Joan Thirsk and E.P. Thompson, Cambridge, 1976.

Horses in Early Modern England: for Service, for Pleasure, for Power (The Stenton Lecture, 1977), University of Reading, 1978.

'Ausländische Wahrnehmungen des englischen Landlebens im 16 und 17 Jahrhundert' in *Reiseberichte als Quellen europäischer Kulturgeschichte*, ed. A. Maczak and H.J.

Teuteberg, Wolfenbüttler Forschungen, Band 21, 1982.
'The Rural Economy' in *Our Forgotten Past*, ed. Jerome Blum, London, 1982.
'Plough and Pen: Agricultural Writers in the Seventeenth Century', in *Social Relations and Ideas: Essays in Honour of R. H. Hilton*, ed. Aston, Coss, Dyer, and Thirsk, Cambridge, 1983.
The Rural Economy of England: Collected Essays, London, 1984.

また、本書については次の邦語文献がこれまでに公刊された。

道重一郎「イギリス絶対王政の経済政策と経済発展――J・サースク『経済政策と新企画』を中心に」『立教大学経済学研究』三五―二（一九八一・九）
梅津順一「『消費者社会』としての初期資本主義――サースク教授の近著に関説して」『社会科学ジャーナル』（国際基督教大学学報）二〇（1）（一九八一・一〇）

ところで、これまでの記述から、著者の人柄をどのように想像されたことであろうか。一九四五年、著者はジェームズ・サースクと結婚した。以来、主婦として、ついで二児の母（現在、長男二六歳、長女二四歳、既婚）として、多忙をきわめる学究生活の中にあって、着ていることも、ここに記しておこう。

著者は家庭生活をひと一倍大切にしてきた。ある時、著者はわたくしにこんな話をした。「夫や子供たちと一緒にいられる時間が少ないので、なるべく自分で料理したものを冷凍庫に入れて出かけて来る」と。著者はまた裁縫が大好きで、たいてい自分で縫ったものを着ていることも、ここに記しておこう。

著者は友人にたいしてもその心の動きをすばやく洞察し、惜しみなく援助の手をさしのべる人である。たとえば、著者は歴史学部の図書館で日本の大学教授らしい人に出会うと、かれが誰かをたずね、アイデンティティが成立するとすぐ、「食事に招待しなくてもよいか」と案じるような人である。誰にたいしても同じ態度をとる人だが、一二年前の来日以来、日本人の語学力の状態をよくよく理解し、日本人にたいしては特別の好意を寄せているようである。著者自身、「自分はジャパノファイルだ」というのを訳者は何回か耳にした。日本人が留学のための身許保証書などの作成を依頼すると、著者はいつもこれを快くひきうけ、当人の滞英中の生活を暖かく見守るのである。訳者もまた、そのような日本人の一人であった。

ところで、フォード講義とは、「簡潔が知の真髄」(『ハムレット』二―二)ならば、これもまた知の真髄(「序文」冒頭)と著者自身述べているように、当代第一級の歴史学者がその豊かな蘊蓄を僅か六回という短いスペースに圧縮して巧みに調理し、年一回、オックスフォドの文人諸士が一堂に会してこの料理を賞味するというまさに知の饗宴である。したがって、専門に偏らない知の提言という意味で、本書は邦訳に格好の書である。その上、本書は、さきに述べたように、イギリスの歴史学界の最近の動向を知るために、最良の著書の一つであり、さらに、これを邦訳することは、日本人にたいする著者の長年の好意に答えることにもなる。このように考えて、わたくしは浅学の身をも省みず、あえて邦訳を決意した。しかし、本訳書は非常に多くの方々の御好意なしには今日の形をとることはなかった。以下に、その一部の方々について記し、わたくしにさまざまなものの考え方や知識を教えて下さったそれよりもはるかに多くの方々にたいしても感謝の意を表したい。

まず、翻訳のきっかけを作って下さったのは、著者の最も古い日本の友人の一人、椎名重明氏（東京大学農学部教授）であり、低地地方の人名・地名などの読み方について御教示いただいたのは森本芳樹氏（九州大学経済学部教授）であった。また、訳者が著者の真意を理解しかねて少なからず苦しんでいた折も折、著者の弟子の一人、メアリ・プライア（Dr. Mary Prior――*Fisher Row: Fishermen, Bargemen, and Canal Boatmen in Oxford, 1500–1900*, Oxford, 1982 の著者）は、ニュージーランドへの旅行の途次、ふらりと日本にやってきた。彼女のおかげでわたくしの苦しみの大部分は氷解した。

畏友酒田利夫氏（青山学院大学国際政治経済学部助教授）は訳了した拙稿を原文と照合しつつ通読され、不適切な訳語、誤訳等を数多く御指摘下さった。彼我の境界をこえた氏の学問にたいする良心と社会的責任感に深い敬意を抱くとともに、氏の朱筆によって、本書の価値が著しく高くなったことを、ここで特に記しておきたい。しかし、まだかなり多くの誤りが残っていると思うが、それはひとえに訳者の未熟・不注意によるものであり、読者諸賢の御教示を仰ぐ次第である。本稿に記した著者の詳細な経歴は、現在・立教大学において著者招聘の準備を進めておられる畏友鵜川馨氏（立教大学経済学部教授）から借用した資料に拠るものである。十余年前の留学の折、訳者を著者に始めて御紹介下さったのも同氏であった。また、何回にもわたって、訳業を中途で断念しようとした訳者を励まし、貴重な文献を貸与され、ついに訳業の完成にまで訳者を導いて下さったのは田中正義先生（立教大学名誉教授）であった。

なお、索引の作成は東京都立大学大学院生竹野雅人・徳橋曜両君が手伝ってくれた。また、東京大学出版会の大江治一郎氏にも大変お世話になった。本書が、訳者を助け、励まして下さった多くの方々の期待にそむかぬものであってほしいと願っている。

一九八四年六月一九日

訳　者

解説　新規事業プロジェクトからみえる近世と現代

山本浩司

1　新規事業ブームについての本格的歴史研究

イノベーションを目指す新規事業は社会を豊かにするのだろうか。それとも軋轢を生み出すのだろうか。思想家で経済史家でもあったヨーゼフ・シュンペーター（Joseph Schumpeter, 1883-1950）は、イノベーションこそが「創造的破壊」（creative destruction）によって市場の静的均衡を崩し、経済に変化と発展をもたらすと説いた。では、その「変化」とは、実際にはどのようなものだろう。現在を生きる私たちにも直結するこの問いに、実は四〇〇～五〇〇年前のイギリス社会も、別の仕方で直面していた。[1]本書が対象とする「プロジェクト」とは、端的にはイノベーションを目指した新規事業のことであり、一六～一七世紀のイギリスは、そうしたプロジェクトを政府が国策として初めて組織的に後押しし始めるという重要な画期を迎えていた。こうした新規事業の波は、イギリス社会に何をもたらしたのか。この問いについての最も重要な歴史研究の一つが、このたびちくま学芸文庫に収められたジョオン・サースク（Joan Thirsk, 1922-2013）による本作である。そこからはイノベーションを目指す様々な営為がもたらす思わぬ副作用や、加速する経済競争の功罪など、二一世紀の日本を生きる私たちとも繋がる問題群への意外な展望がひらけることだろう。

2　近世イングランドにおけるプロジェクトとは

まず、近世イングランドにおけるプロジェクトがどのようなものだったのか、整理しよう。それはイノベーションを目指す現代のスタートアップと類似点が多い。シュンペーターの議論がここで参考になる。均衡を壊すイノベーションの核心には「新たな組み合わせ」（もしくは新結合：new combinations）があったことをシュンペーターは重視する。例えば、既存技術を組み合わせた新製品やサービスの開発、既存技術・サービスの別分野への転用、既存のビジネスモデルにおける新たな市場開拓などである。[2]

この議論は次の二点において重要である。第一に、新規事業の多くが、実際には技術革新ではなく「組み合わせの妙」によって成立している点[3]、そして第二に、特許取得済の明らかな新技術を伴う新規事業の場合も、その内実をよく観察すれば、実際は既存の技術を組み合わせ、改良をおこない、新たな文脈で実用化・商品化するなど、より微細かつ地道なステップの集積である点だ。例えば、アップライト型掃除機を発明したのはJ・M・スペングラーだが、後世に名を残したのは、彼が商業化の話を持ちかけた同じ町にある皮革製品メーカーだったことが象徴的だ。そのメーカーは、掃除機について専門知識も持たなかったが、販路を見つけるための良いアイデアを持っていた。それがW・H・フーヴァーである。イノベーションの根底にあるのは、技術的発明それ自体ではなく、むしろ機会を見い出し、それをビジネスに昇華することなのだ。[4] サースクが本書でとりあつかう近世イングランドの新規事業プロジェクトもまた、多くが技術移転や新市場開拓を目指す地道なものだった。

シュンペーター的な「新たな組み合わせ」が近世に始まった訳ではないことは異論の余地がない。また近世の新規事業の特徴は、事業利益とリスクの分配方法でもなかった。利益とリスクの分配を目的とする経営体の歴史は長く、すくなくとも一四世紀フランスのトゥールーズ地方では、水車の運用益と事業リスクを分割して管理した事例が知られている。経済史家の大塚久雄が注目したコメンダも同様に利益とリスクを共同管理する仕組みといえる。[5] 利益配分の方式については、一六～一七世紀のプロジェクトのほとんどが旧態依然たる状況で、無数のスタートアップ企業が株券を発行して資金を募り始めるのは、イギリスでは一六八八年の名誉革命以降の金融市場においてである。[6]

本書が扱うプロジェクトの特徴は、次の三点に整理できる。第一に政府の支援と介入の存在である。商人が果たす社会的役割については、西ヨーロッパではすでに一三世紀には議論が進んでいた。しかし、当時の先進的議論を牽引したピエール・ジャン・オリーヴィの議論も「商人たちの儲けがキリスト教徒の共同体にとって正当であるならば、それはどのような意味においてか」を問うものだった[7]。商人だけでなく職人もふくめ、彼らの生産活動・通商活動を保護し支援することが人々を豊かにし、ひいては都市国家や君主国家の偉大さの証拠にすらなることが強調されたのは一六世紀になってからのことである。イタリアの思想家ジョヴァンニ・ボテロに代表されるこの思想とそれを支えた特許状などの技術保護の実践は、エリート層の大陸旅行などを通じて一六世紀半ばには宗教改革後のイングランドにももたらされた。サースクが扱う一六～一七世紀のイングランドは、産業の中心地であったイタリアや、フランドルなど低地地方の産業政策を模倣し、技術移転を試みていた地域であった。本書で紹介される無数のプロジェクトは、こうした経済領域における知識と経験がもつ社会的・経済的重要性を為政者が理解し、それを意図的に支援するなかで隆盛したものである。事業者が明確な形で自身の公共善（bonum publicum, public good, commonwealth）（本文では「コモンウェルス」）への貢献を強調したのは以上の国家が寄せた関心の裏返しといえる。

近世の新規事業の第二の特徴は、西ヨーロッパ諸国の覇権争いを背景としていることである。一六世紀はプロテスタント宗教改革とカトリックの対抗改革（counter-reformation）、そして大西洋を跨いだ長距離貿易が競争的に拡大した時代だった。経済領域においても競争がおこった。産業を興し戦略的通商により外貨を獲得し、もって国家繁栄と権益拡大を目指す考えが支配的になった。攻撃的な輸出促進による外貨獲得と、輸入削減による貿易バランス（balance of trade）の向上を目指すもので後世には「重商主義」として知られている。本書が扱う多くのプロジェクトは、重商主義的政策の中で、貿易バランス改善の手段として輸入代替を目指す事業だった。例えばポルトガル領アゾレス諸島やフランスからの輸入に頼っていた染料の原材料である大青、オランダやバルト海沿岸から輸入され、海運で使用するロープなどの材料となった亜麻などの商品作物を栽培し、関連商品の生産を目指す事業などがそれである。一六世紀半ば以降になると栽培や生産技術移転と保護のために積極的に特許制度が活用され、ほかにも原材料の輸出禁止、競争相手となる輸入品への課税、自国生産者への税制優遇など、産業振興のための様々な施策が行われたことは本書に示されるところである。グローバル化する商品経済を背景に国内で隆盛したのが近世の新規事業プロジェクトだった。[8]

第三の特徴は、政府機能を補完することが新規事業に期待されたことである。現在の尺度でみれば近世当時の国家機構は未発達で、結果として税の徴収、市場での不正の取り締まり、雇用の創出、貧民の救済などは公的枠組みだけでは十分に実現できなかった。そこで、新規事業は経済領域における貿易バランスの改善だけでなく、雇用創出、税収アップなど、様々な役割を期待されることになった。現代であれば国家が組織の運用と政策の実行をとおして実現することになる社会的機能を、近世には新規事業が自らもって任ずることなった。これは現在の視点からみれば、官民協働体制（public private partnership：PPP）として整理されるような公共財の非政府系アクターによる提供でもあり、政府機能の民営化でもあった。結果として、場合によっては事業目的が輸入代替なのか、税収アップなのか、権益確保なのか曖昧になることがあった。本書が扱う近世のプロジェクトの多くが、こうして社会性を強調しつつも、腐敗の可能性を秘めていたこと、そこに社会的混乱の萌芽があったことは、本書前半が示すとおりである。ビジネスをつうじた社会課題解決、その難しさを示した歴史としても本書を読むことができるだろう。

3　近世プロジェクトの評価——サースク以前

理由は分からないが、本書の独創性について、サースクは先行研究に位置づけながらの明示をしていない。ここでは文脈を補うことで、本書の学術的貢献を明らかにする。近世プロジェクトに対する評価が、それを解釈する私たちの資本主義理解を問う試金石となっていることが示されるだろう。(9)

サースク以前の研究では、経済近代化との関係において一六～一七世紀の新規プロジェクトの評価が対立していた。一方では、プロジェクトを資本主義の発展を阻む「初期独占」と評価する解釈がある。例えばウィリアム・ハイド・プライス（William Hyde Price, 1880–1921）は一九〇六年の著作においてプロジェクトがいわゆる絶対主義王制と癒着して、産業独占をなしていたこと、そしてピューリタン革命によって両者が決定的に失敗したことが、後にイギリスにおいて経済的自由を確立し、産業革命の素地を作ったと指摘した。同様にジョージ・アンウィン（George Unwin, 1870–1925）の一九〇八年の著作も、そうした独占的プロジェクトを可能にする土壌が一七世紀後半にも温存されていたならば、産業革命は決して起こらなかっただろうと主張した。エドワード・ヒューズ（Edward Hughes, 1899–1965）も一九三四年に同様の主張を展開し、一九八〇年にも著名なマルクス主義歴史研究者クリストファー・ヒル（Christopher Hill, 1912–2003）が同様の主張をしている。

一九三〇年以降は、プロジェクトを障害ではなくむしろ「近代化の象徴」としてとらえる解釈が散見された。例えばＨ・Ｍ・ロバートソン（H. M. Robertson, 1905–1984）は、植民地事業、沼地干拓、鉱山開発などに注目する。確かに当時のプロジェクトには詐欺まがいで「たかり」の事業（fraudulent and piratical）もあり、これらは皆「利益追及の精神」（spirit of gain）に突き動かされていたことをロバートソンは強調した。これらが新たな「ビジネス哲学」を生み出し、資本主義的な大規模ビジネスをも可能にしたという主張だ。近代の象徴としてのプロジェクト解釈をさらに一歩すすめたのが一九六九年のＪ・Ｗ・ゴウ（J. W. Gough, 1900–1976）の著作だ。ゴウは、利益の追求がプロジェクト発起人たちの動機の一端にすぎなかったとする。近世の起業家たちは「まさに活力にあふれ、リスクと責任を自らすすんで引き受けることで新規事業の立ち上げを可能にしたような個人」、つまり初期産業革命の「典型的リーダー」だったと主張したのである。

以上のように、サースク以前の研究は、主に、近世イングランドのプロジェクトを近代化への障壁、もしくは近代化の象徴としてとらえるものに二分される。この潮流について警鐘を鳴らしたのがドナルド・コールマン（Donald Coleman, 1920-1995）だった。彼は一九七七年の著書において、一六〜一七世紀に産業革命の知られざる起源を発見したというような、そして近代的物質文明誕生の現場にあたかも立ち会っているかのような、そうした大げさな解釈に飛びつくことは厳に慎むべきだとした。確かにサースク以前の多くの研究は、既存の理論的枠組み（近代経済理解）に照らして限られた史料を解釈したものだった。またこれらの研究は、一六〜一七世紀当時の政治社会に密接に関連付けてプロジェクトの歴史的意義を評価するものでもなかった。そしてここまでに紹介した研究では、近世以前（特に中世）において利益の積極的追求は否定されたと想定される。これは「暗黒の時代」（dark ages）という極端に戯画化された中世解釈を前提にした安易な近代化論という印象を拭いきれない(10)。

サースクの研究が結実した本書の意義は、以上の潮流をふまえて初めて適切に評価できる。本書は既存の理論的枠組みの乗り越えと、論証の基礎となる史料の拡大・深化において、それまでの議論を大きく更新したのである。

4 サースクによる近世プロジェクトの再評価

サースクの論証は、生き生きとしており、躍動感にあふれている。その醍醐味は本書を読んで是非味わっていただきたい。ここでは、次節で本書の学術的意義を示すために概要のみを記す。

まずサースクは「近代的物質文明の台頭」という大きなストーリーを一度脇におく。そして新規プロジェクトの在り方を、当時の政治・社会・経済的文脈に即して再評価した。その際に、すでに研究者が使用してきた中央政府の史料（例えば枢密院の議事録や state papers など）はもちろん、同時に、英国図書館（British Library）のなかでも六〇年代当時は注目されていなかった手稿群（Cotton Mss や Lansdown Mss など）を渉猟した。以上をもとにして、近世のプロジェクトの歴史を「創設時代」とスキャンダルを巻き起こした「腐敗の時代」に段階を分けて整理した。

創設段階においては、特許制度が技術移転をつうじた輸入代替の実現のために期待通りに機能していたとサースクは評価する。しかし次の段階において問題が生じ始める。輸入代替を目論んで物品生産を目指す特許の場合、予測された輸入関税の減少を埋め合わせるために、事業者たちが利益の一部を国庫に納める提案をしたことを、サースクは指摘する。つまり、国王の大権に由来する特許を授与することは、君主にとって議会の承認を経ずに資金繰りをする手段となることを意味した。また、特許状を与えることが寵臣への庇護（パトロネージ）の手段としても利用されるようになった。これにより、特許が関連する産業について知識や経験をもたない宮廷人や各地の有力貴族が政治的目的で特許を授与されることが増えた。特許を利用して、これらの寵臣たちは輸入代替ではなく、例えば特定商品の包括的品質管理や宿屋などの営業活動に許認可制を敷くなど、経済活動の統制に乗り出す。こうした活動でさえも、経済領域の活性化する、公共善にかなった活動として正当化されたのである。

以上のように、近代的物質文明とそれを支える精神（エートス）を論ずる大風呂敷を避けたサースクは、代わりにプロジェクトを近世の君主制における王権の委譲（delegation）がしわ寄せを生み出した事例として再評価した。政治史の視点からみても、この解釈は先駆的と言える。一九八〇年代後半以降、政治史研究者たちは、近世ヨーロッパにおける「国家中枢と地域エリートあるいは地域社会」の緊張関係に注意を促したが、サースクの研究は、特許の悪用に着目することで、既にこの緊張関係を実証しているのである。[11] 現代風に言い換えるならば、グローバルな競争を背景に官民協働体制（ＰＰＰ）がなし崩し的に国内に広がりをみせ、それが不正と腐敗の温床となったのだ。この歴史的再評価を二一世紀の私たちが読むことの意義については、のちほど確認しよう。

サースクの議論の真骨頂は、こうしてしわ寄せをもたらすことにもなったプロジェクトの長期的影響についての分析である。起業家たちの行動様式もしくは失敗を資本主義の台頭に直結させることを避けたサースクは、代わりに地域社会レベルでのプロジェクトの中長期的影響を論ずる。ここでサースクは、それまで等閑視されていた地方史・郷土史的史料を駆使して、一六世紀中ごろには生産されていなかった商品作物や生活用品が、世紀末そして一七世紀前半になると各地で生産されはじめ、人々に副職（by-employment）を創出していたことを指摘する。大都市ロンドンと地方都市だけでなく、農村に生きる人々にも購入可能な安価な消費財の生産・消費が広がりつつあったことを証明したのである。

この実証的成果の先見性と重要性は強調に値する。第一に、発見することのできた非刊行史料を使って事例ごとの労働者数と賃金の額を割り出し、そこからサースクが示して見せた消費行動の拡大は、のちに各地の遺産目録（probate inventory）のより体系的な分析によって実証されていった。またジェンダー史を踏まえた経済史においては、男性についての情報に偏りがちだった職業と賃金関連の史料ではなく、裁判記録に記述されている日常の作業をデータ化することで男女の労働・生産活動と性別間分業のあり方を検証する研究が進められている。この手法を南西部イングランドに応用したジェイン・ウィッテル（Jane Whittle）とマーク・ヘールウッド（Mark Hailwood）は、サースクが議論したような靴下やレースなどの消費財の生産を主に女性が担っていたことを確認している。生産活動だけでなく、消費行動の側面でも、サースクの主張を裏付ける成果がでている。例えば、アレクサンドラ・シェパード（Alexandra Shepard）は、裁判所の記録に残された三〇〇〇以上の女性の証言を史料として用いることで、家庭における消費財の適切な購買と蓄積が、転売可能な日用品への計画的投資という側面をもっていたことを指摘している。消費行動が社会の下層にまで広がっていた一七世紀後半には、こうした所有物が、家系や出自と並んでステータス・シンボルとして機能しつつあった。[12]

こうして本作に連なる形で精緻化された消費社会論の意義は大きい。特に、アナール学派の大家フェルナン・ブローデル（Fernand Braudel, 1902-1985）の資本主義論に重要な修正を迫っている点で注目すべきである。ブローデルは、近世ヨーロッパにおける消費文化は、最も豊かな貴族と土地所有者に限られており、農民や貧しい商人たちは変化の乏しい静的な「物質生活」をおくっていたと主張した。[13]サースクは、地域社会に根ざした史料を駆使することで、比較的貧しい農村社会においても新たな生活用品が広がり、人々がより多くのピンや櫛、ナプキンや鍋、ポットなどを購買したことを示した。消費行動は、ブローデルが想像した以上の地理的・社会的広がりをもっていたのだ。[14]

以上のように、サースクは一六～一七世紀の文脈に即してより広範囲の史料を駆使することで「近代資本主義の勃興」に短絡しがちだったそれまでのプロジェクト理解を刷新した。近世のプロジェクトを資本主義への障壁と理解する否定的評価については、近世の君主制国家における脆弱性の一例として再評価した。従来の肯定的評価については、一七世紀農村社会における小規模生産活動と消費行動の拡大を強調し、それが当時の経済思想に反映されたことを示した。このように本書は、それまで積極的評価と否定的評価に二分されてきた近世イングランドのプロジェクトを近世の具体的文脈に即して統合的に再評価した画期的研究と評価できる。(15)

5　二一世紀に日本語で本書を読むこと

以上、近世とサースクが書いた一九七〇年時点の二つの地平に即して本書の意義を解説した。第三の地平、現在に視座を移そう。原著出版から半世紀近くの時間の流れを経て、二一世紀に日本語で本書を読むことに、どのような意味があるのだろうか。消費社会の勃興を緻密な史料分析に基づいて理解すること、その意義を資本主義文明論に短絡させずに再評価することそれ自体に価値があることを、なによりも強調したい。より正確な歴史理解は、それ自体として価値がある。では、より正確に歴史を理解することの意義には、どんなものがあるのだろうか。

歴史研究は、確かにその実証の解像度を高めるほど、対象となる時代の具体性に根ざすことになるが、そうした実証性の追究と現代的意義の発見は、両立困難であるとの印象を多くの読者がもたれるかもしれない。しかし、ここには再考の余地があると、私は考えている。喩えれば、異国での長期滞在のようなものだ。言語や習慣そして価値観までもが大きく異なる場所に長く滞在することで、現地の人々の生活様式や風習を深く理解する可能性がひらけてくる。その深い「他者理解」の中から、自他に共通する人間社会の共通の豊かさと難しさを理解することが時として可能となるはずである。歴史研究においても同じように、実証性を高めることで、逆説的に現代の私たちの経験にも通ずる問題が過去から立ち現れることがある。これは「地平の融合」と哲学者ハンス・ゲオルグ・ガダマー(Hans-Georg Gadamer, 1900-2002)が呼んだような事象だが、それは、本書のように緻密な実証にささえられた歴史研究に学ぶことによってこそ、起きるはずである。[16] 解説の最後に、本書が二一世紀の読者に示しうる視座について、暫定的な解釈を提示したい。

問題は四つの次元で整理することができるだろう。第一に、企業の社会的責任(corporate social responsibility：CSR)について。本書が示すのは、企業の社会的責任が、行き過ぎた資本主義社会に歯止めをかけるために一九～二〇世紀になって初めて考案されたのではなく、スローガンとして少なくとも一六世紀から形を変えながら存在していたということだ。[17] 本書前半はこうした公共善への貢献を強調した多くのプロジェクトが、結果としては、国家権力と癒着をおこし、事実上の独占を許し、市場での競争を阻害し、人々の生活に悪影響をあたえたことを示した。これを現代の私たちと無関係のことがら――官僚組織と経済規制が未発達だった前近代的経済システムの限界を示す事例――として切り捨てることは、できるだろうか。私はそのように切り捨てることはできないと考えている。なぜなら、本書が扱っている近世の社会状況と問題群を、私たちが生きる二一世紀の社会が様々な仕方で受け継いでいるからだ。

本書が示す近世の視点から現代を見直すことで浮かび上がる第二の論点は「イノベーション」の語られ方についてだ。近世イングランドの起業家（projecter）達は、雇用創出と貿易バランスの向上を盛り込んだ野心的計画を、パトロン達に熱心に説き続けた。当時の文筆家たちは、その様子を舞台やパンフレットを通じて風刺した。そうした風刺を世に売り出すことこそが、世直しにつながるのだと主張し、人々はそれを娯楽として消費した。スタートアップ企業の創始者たちはエンジェル投資家たちに「ピッチ」（事業計画のプレゼンテーション）をおこない、事業立ち上げの実現をめざし続けている。現代においても、シリコン・バレーの実業家達の栄枯盛衰はドキュメンタリーとして放送され、風刺コメディが制作されている。現代のイノベーションの語られ方・消費のされ方そのものは、歴史をひもとけば新規性に乏しいものではないか。本書を読み、近世の新規事業に触れることは、私たちがいまだに「プロジェクト」を生み出し・消費する社会に生き続けている可能性を示唆するだろう。(18)

近世の「プロジェクト」というレンズで現代のビジネスを見渡すことで、より重大な問題群が見えてくる。サースクの研究が示したのは、政府が「貿易バランス」などの国家的目標達成の手段としてビジネスを動員するのと同時に、ビジネスの側も特許制度などの制度を利用して商機を拡大し、競争優位を作りだそうとした事実だ。この制度的枠組みと新規事業の危うい関係が、本書を通じて読者が現代社会にも見い出すことになる第三の論点である。

実際、あらたな技術開発と実用化が急ピッチで進む自動運転、ゲノム編集作物、再生医療、ビッグデータの商的・行政的利用などの多くの領域では、既存の法的枠組みが想定していない技術と応用の事例が増えている[19]。近世の歴史をふまえてこれらの諸領域を見渡すときに見えてくるのは、二一世紀においても規制の枠組みの構築・修正・変更そのものが競争優位確立のための一つのフロンティアとなっていること、そして何がそもそもビジネスを通した「社会貢献」や「社会課題解決」にあたるのかについての共通了解がそもそも成立しておらず、それ自体が再定義の対象となり、問題を含みうることの二点である。近世においては、輸出向けの高品質商品の生産増を目論む大規模商人達の影響下で、政府は安価で低品質な国内向けの毛織物生産者にも品質基準を一括して適応しようとしたことをサースクは指摘している。様々な価格帯の商品を流通させることよりも技術力を持つ大規模生産者が「低劣な商品」を取り締まることこそが公共善に資するとの主張である。現代のビジネスと科学技術のフロンティアにおいて、社会貢献はどのように定義されているだろうか。イノベーションの社会的便益を測る指標（metric）は、的確に多様なステークホルダーの利害を測定できているだろうか。また規制のための法的枠組みの構築過程は、公共の利益に適合しているだろうか。[20]

近世から見えてくる第四の論点は、現代において「新たな組み合わせ」を見つけ出そうとするプロジェクトが結果として社会に害悪をもたらす可能性である。例えば、アメリカ合衆国では、モルヒネを上回る強力な鎮痛作用を持つフェンタニルやオキシコドン等の合成オピオイド・半合成オピオイドが、一九九〇年代以降鎮痛剤として広く処方されるに至った。様々なPR戦略をおこなった製薬会社が莫大な利益をあげる一方で、過剰摂取による死者数は二〇一三年の年間三一〇五人から二〇一九年の三万六三五九人と一〇倍以上に増加した（人口一〇万人あたりの死者数は一・〇人から一一・四人へと増加）。これが「オピオイド問題」である。[21] 例えば、半合成オピオイド「オキシコンチン」の販売によって莫大な利益をあげたパーデュー・ファーマがおこなった施策には、(1)医療関係者をシンポジウムに無料招待し合成・半合成オピオイドの有効性について周知する、(2)規制当局の審査能力を超える大量の宣伝材料を作成し提出する、(3)既にオピオイドの処方実績の高い医師・薬局への積極的なマーケティングを促し、地域のセールス担当者には販売量に応じたボーナスを付与するなどがあったことが知られている。[22]

パーデュー・ファーマの事例では、「より安全で常習性が低い」という謳い文句の違法性がのちに指摘され、同社は巨額の罰金を課せられ二〇一九年に破産申請をしたが、いずれにせよ「新市場の開拓」という点においては、典型的なイノベーションの試みだった点にこそ、私たちは注目する必要がある。実際に、二〇一七年に大手経営コンサルティング会社がパーデュー・ファーマに提示した文書では、オピオイド問題への対処を公的に強調しながら販路を拡大するための方策として三つの異なる「斬新な販売契約オプション」(innovative contracting options) が提示されている。[23] ビジネスをする側の視点からみれば、あくまでも「新たな組み合わせ」が目指されているのである。

シュンペーターは一九四七年の古典的論文において「事業開拓の成功 (entrepreneurial success) が社会を利するか害するかは、個別事例の実態に即して判断されるべき問題である」と指摘した。[24] 近世プロジェクトの歴史に学び、その地平から現代社会におけるビジネスの功罪を見渡すとき、医薬品産業に限らず、私たちは「新たな組み合わせ」を模索する試みが結果としてしわ寄せや腐敗をひき起こすことがあることに気づく。同時に、その社会の只中において起こりつつある問題を「個別事例の実態に即して」的確に把握し、その問題性を指摘し、改善することがいかに困難であるかについて学ぶのである。[25]

二一世紀の状況が近世(そしてシュンペーターが書いた一九四七年)と異なるのは、新たな科学技術に関わる「倫理的・法的・社会的課題」(Ethical, Legal, and Social Issues: ELSI) を解明する取り組みが、開発者と社会科学者、政策担当者と企業を巻き込んだ形で進められつつあることである。この取り組みは、すでに開発が進んだ技術の実用を前提にした議論から、「責任のある研究・イノベーション」(Responsible Research and Innovation: R

RI）をどのように担保し、取り組みをどう評価するのかという方向で議論が深まりつつあり、行く末が注目される。[26] 近世のプロジェクトの歴史が示唆するのは、このような議論を大学や研究所などの先端技術にのみ適応するのではなく、企業が取り組む「新たな組み合わせ」の追求全般にも応用する可能性だろう。サースクの研究は、シュンペーターのいう「創造的破壊」を目指した活動が、実際には社会秩序の破壊をひき起こしうるという、今なお続く危険性を雄弁に物語っているのである。本書を通して近世イングランドのプロジェクトの歴史を振り返ることは、人々の生活や自然を破壊せずに「創造的破壊」の力を引き出すための不可欠な条件について考えるきっかけとなるだろう。[27]

以上、本書が扱う近世イングランドの地平から私に見えてきた現代社会の展望を示した。しかしこれらの現代的見通しは、次の一点と比べれば瑣末なものかも知れない。それは、サースクが本文中で縦横無尽に発揮する、社会経済の複雑さと生活世界の豊かさに向けられた確かな眼差しである。序文が認める通り、本書のきっかけは、大型の史料集 *Seventeenth-Century Economic Documents* を編集した際に、索引を作ったことにある。一五四七年には舶来のぜいたく品として非難されていた真鍮の鍋、帽子、ナイフ、リボン、石鹸などの生活用品の数々が、史料集に掲載された一七世紀の史料においては、人々の生活に根付いた国内商品として言及されていた。索引作りをとおして日用品の普及に気がついたサースクは、その背後に貧しい農業労働者をも巻き込んだ消費社会の勃興という大きな世界史的な変化があることを突き止めたのだった。[28] サースクは日用品の普及をどのような史料から説き起こしているだろうか。どのような人々の生活や労働に焦点が当たっているだろうか。ロンドンで批判を集めることになった腐敗の背後では、どのような地域で、どのような人々が生産活動に携わっていたのだろうか。そうした地道な生産活動の名残を、サースクはどこに見出しただろうか。本書の本文を読む際には、経済政策からシルクストッキングの調達、郊外に咲く花々にまで及ぶサースクの豊かな視野を是非確認してみてほしい。グローバルなモノ・カネの動きから、人々の消費欲、経済思想までを射程に入れたサースクの視野を追体験すること、その視点で我々が現在を生きることにこそ、本書を二一世紀に読み解くことの醍醐味がある。

二〇二一年七月
新型コロナウイルス感染拡大下でのオリンピック開催をひかえた東京にて

（やまもと・こうじ　東京大学大学院経済学研究科准教授）

（1）　サースクが本文中で用いる「イギリス」という用語については注意が必要である。一六世紀のイングランド、スコットランドには、それぞれに君主がいたがイングランドのエリザベス一世が一六〇三年に死去すると、スコットランドの王ジェームズ六世がイングランドの王としても即位し、ジェームズ一世ともなり、両国を統治しはじめる。本書が対象とするのはイングランドである。一人の君主が異なる制度・法律をもつ政体に同時に君臨し統治する現象は、近世に幅広くみられ、研究者はそれを「複合君主政」(composite monarchy)として分析してきた。スコットランドが正式にイングランドと合併し、実質的にイングランドの影響下に置かれることとなるのは「合同法」が可決されグレートブリテン連合国が誕生する一七〇七年である。歴史的背景については近藤和彦『イギリス史10講』(岩波新書、二〇一三年)第5～6講を、複合君主政については古谷大輔・近藤和彦編『礫岩のようなヨーロッパ』(山川出版社、二〇一六年)を参照。

(2) New combinationsと創造的破壊についてはDavid A. Harper, 'New Combinations' in Schumpeter's Economics: The Lineage of a Concept', *History of Economics Review*, 75 (2020), 22-30;根井雅弘『経済学者はこう考えてきた――古典からのアプローチ』(平凡社新書、二〇一八年)一一五～三〇頁を参照。

(3) 特許取得や企業秘密(trade secret)を含めた現代のスタートアップ企業の経営戦略についての体系的データは少ない。例外の一つ「The 2008 Berkeley Patent Survey」によれば、取得済もしくは申請中の特許を持つスタートアップ企業の割合は、バイオテクノロジーと医療機器産業では七五パーセント程度と高い一方、ソフトウェア・インターネット産業では、二四パーセントにとどまっている。このサーベイは二〇〇八年時点で創業一〇年以内の一三三二の企業を対象にした調査である。Stuart J.H. Graham et. al. 'High Technology Entrepreneurs and the Patent System: Results of the 2008 Berkeley Patent Survey,' *Berkeley Technology Law Journal*, 24 (2009), 1255-1327, p. 1277. イノベーションと特許の関係は、本解説の範囲を超える複雑な問題である。

（4）ジョー・ティッド他、後藤晃、鈴木潤訳『イノベーションの経営学――技術・市場・組織の統合的マネジメント』（NTT出版、二〇〇四年）五〇頁。「機会」の発見方法については、以下も参照。三宅秀道『新しい市場のつくりかた――明日のための「余談の多い」経営学』（東洋経済新報社、二〇一二年）。

（5）William N. Goetzmann, *Money Changes Everything: How Finance made Civilization Possible* (Princeton, NJ: Princeton University Press, 2017), pp. 295-302; 大塚久雄『大塚久雄著作集第一巻　株式会社発生史論』（岩波書店、一九六九年）一〇七～一一二頁。

（6）一六〇〇年創設のイギリス東インド会社もある種の「プロジェクト」である。ただし規模の点と長距離貿易が後に植民地運営に転換する点など、サースクが取り扱う小規模の新規事業とは異なる点に注意。

（7）オリーヴィの思想については大黒俊二『嘘と貪欲――西欧中世の商業・商人観』（名古屋大学出版会、二〇〇六年）が詳しい。

（8）グローバル・ヒストリーについてはゼバスティアン・コンラート、小田原琳訳『グローバル・ヒストリー——批判的歴史叙述のために』(岩波書店、二〇二一年)を、近世の世界経済については後述の川北稔の仕事を参照(注15)。

(9) 詳しくは Koji Yamamoto, *Taming Capitalism before its Triumph: Public Service, Distrust and 'Projecting' in Early Modern England* (Oxford: Oxford University Press, 2018), pp. 9–19 を参照のこと。

(10) こうした西洋中世理解の問題点については、大黒『嘘と貪欲』に加えてウィンストン・ブラック、大貫俊夫監訳『中世ヨーロッパ——ファクトとフィクション』(平凡社、二〇二一年)を参照。

(11) ハラルド・グスタフソン、古谷大輔訳「礫岩のような国家」(古谷他編『礫岩のようなヨーロッパ』)一〇四頁。以下も参照せよ。M・J・ブラディック、酒井重喜訳『イギリスにおける租税国家の成立』ミネルヴァ書房、二〇〇〇年。

(12) Craig Muldrew, The Economy of Obligation, *The Culture of Credit and Social Relations in Early Modern England* (Basingstoke: Palgrave, 1998); Mark Overton et. al. *Production and Consumption in English Households, 1600–1750* (Abingdon: Routledge, 2004); Jane Whittle and Mark Hailwood, 'The Gender Division of Labour in Early Modern England', *Economic History Review*, 73 (2020), 3032; Alexandra Shepard, *Accounting for Oneself: Worth, Status, and the Social Order in Early Modern England* (Oxford: Oxford University Press, 2015).

(13) フェルナン・ブローデル、村上光彦訳『物質文明・経済・資本主義 15-18世紀 I-1 日常性の構造1』(みすず書房、一九八五年)四二〇〜一、四二三、四二七〜八頁。

(14) 消費行動の歴史で重要なのがヤン・ド・フリース、吉田敦、東風谷太一訳『勤勉革命——資本主義を生んだ17世紀の消費行動』(筑摩書房、二〇二一年)である。

(15) サースクが着目したイングランド内部における消費社会の勃興を、北米植民地、西インド諸島、インドを含む大英帝国の世界貿易網の発展と結びつけて論じたのが川北稔の先駆的業績である。川北稔『工業化の歴史的前提——帝国とジェントルマン』(岩波書店、一九八三年)、川北稔『洒落者たちのイギリス』(平凡社、一九八六年/一九九三年)。なお、サースクによる本作は、江戸時代に諸藩がおこなったさまざまな「興利策」の研究においても「問題の所在」を明らかにする際に参照されている。藤田貞一郎『国益思想の系譜と展開——徳川期から明治期への歩み』(清文堂、一九九八年)二二〜三頁。日英の歴史的経験には多くの類似点があるが、その詳細は私が知る限りまったく明らかにされていない。共同での比較検討が望まれる。

(16) ガダマーの解釈学が念頭におくのは、他者が過去の文脈において生成した「テクスト」を理解する際の、歴史的地平と解釈者のたつ現在の地平との融合である。まさに歴史を学び、歴史から学ぼうとする際の助けとなりうる視点だ。実証的歴史研究にとってのガダマー解釈学の意義については、さらなる考究が望まれる。さしあたっては、巻田悦郎『ガダマー入門——語りかける伝統とは何か』(アルテ、二〇一九年新装版)六二〜七二頁を参照のこと。

(17) Yamamoto, *Taming Capitalism before its Triumph*, pp. 23, 232, 254, 264; William A. Pettigrew and David Chan Smlth (eds.) *A History of Socially Responsible Business, c.1600-1950* (Cham: Palgrave, 2017) を参照。

(18) 近世プロジェクトのスキャンダルについては、ベン・ジョンソンが最も重要な舞台作品を残している。プロジェクトの歴史からジョンソンの劇を分析する論文として以下を参照のこと。Peter Lake and Koji Yamamoto, 'Alchemists, Puritans and Projectors in the Plays of Ben Jonson', in Koji Yamamoto (ed.), *Stereotypes and Stereotyping in Early Modern England: Papists, Puritans and Projectors* (Manchester: Manchester University Press, forthcoming). 舞台と教会の両者が相互を社会貢献を笠に着た悪しき「プロジェクト」として批判しあう構図が成立していた可能性があり、当時の文学、メディア、宗教、経済の相互関係は、さらに掘り下げる余地がある。背景についてはPeter Lake and Michael Questier, *The Antichrist's Lewd Hat: Protestants, Papists and Players in Post-Reformation England* (New Haven, CT: Yale University Press, 2002), pp. 462-79を参照。現代のスタートアップを扱ったnon-fictionについては、Gimlet Media, 'StartUp' とNational Public Radio, 'How I Built This' の二つのラジオ/ポッドキャスト番組を、コメディテレビ番組については、Mike Judge, John Altschuler and Dave Krinsk, 'Silicon Valley' (2014-2019) を参照。近世と現代におけるプロジェクトの連続性については、山本浩司

「生命の経済——資本主義と公共善」（西尾宇広編『生命の経済——生命の教養学16』慶應義塾大学出版会、二〇二〇年）一九七〜二二三頁；Frédéric Graber and Martin Giraudeau (eds.), *Les Projets. Une histoire politique* (*XVIe-XXIe siècles*) (Paris: Presses des Mines, 2018) を参照。

(19) 例えば再生医療については、標葉隆馬『責任ある科学技術ガバナンス概論』（ナカニシヤ出版、二〇二〇年）二〇二〜八頁を、ビッグデータについてはキャシー・オニール、久保尚子訳『あなたを支配し、社会を破壊する、AI・ビッグデータの罠』（インターシフト、二〇一八年）を参照。

(20) 評価基準がしばしばもたらす悪影響と、それを回避するための方法についてはジェリー・Z・ミュラー著、松本裕訳『測りすぎ——なぜパフォーマンス評価は失敗するのか？』（みすず書房、二〇一九年）を参照。法制度整備において企業が果たすべき役割を整理したものとして山本浩司「世界史からみた日本建築法制の現在とまちづくりの未来」（『建築雑誌』二〇一九年六月、一三四巻、一七二五号）三六頁がある。

(21) 引用した数値は、Christine L. Mattson et. al, 'Trends and Geographic Patterns in Drug and Synthetic Opioid Overdose Deaths — United States, 2013-2019', *Morbidity and Mortality Weekly Report*, 70 (2021), 202-207 を、全体像はベス・メイシー、神保哲生訳『DOPESICK——アメリカを蝕むオピオイド危機』（光文社、二〇二〇年）を参照。

(22) Art Van Zee, 'The Promotion and Marketing of OxyContin: Commercial Triumph,

Public Health Tragedy', American Journal of Public Health, 99 (2009), 221-227.

（23） 'McKinsey Apologizes For Helping Purdue Pharma 'Turbocharge' Opioid Sales', [https://www.npr.org/2020/12/09/944563257/mckinsey-apologizes-for-helping-purdue-pharma-turbocharge-opioid-sales] 2021/07/07 アクセス。Innovative options については、裁判の過程で公開された以下の資料の一九頁を参照せよ。[https://www.documentcloud.org/documents/20421781-mckinsey-docs] 2021/07/07 アクセス。

（24） Joseph A. Schumpeter, 'The Creative Response in Economic History', *Journal of Economic History*, 7 (1947), 149-159, at p. 153, n. 9.

（25） 個別事例の悲惨な実態が間髪入れずに指摘されたケースもある。「サブプライム住宅ローン危機」については、二〇〇八年五月に、米公共ラジオ局（ＮＰＲ）のジャーナリスト達が、回収の見込みが低い住宅ローンを担保とした債務担保証券（ＣＤＯ：Collateralized Debt obligation）が現実に見合わない信用格付けのもとで大量に販売されていることを突き止め、詳細な報道をしている。リーマン・ブラザーズはその三ヶ月後、二〇〇八年九月に破綻した。Alex Blumberg et. al, 'This American Life: The Giant Pool of Money', [https://www.thisamericanlife.org/355/the-giant-pool-of-money] 2021/07/07 アクセス。五八分にわたる本ドキュメンタリー作品は、その文化的・歴史的重要性を評価され二〇二一年に全米録音資料登録簿（National Recording Registry）に登録された。イノベーションが引き起こしうる社会的歪みをその只中において認知し回避することの難しさを雄弁に物語っている。

(26) ELSIとRRIについては標葉『責任ある科学技術ガバナンス概論』一〇〜一一章を参照。例えば自動運転については Tom Cohen et. al. 'A constructive role for social science in the development of automated vehicles', *Transportation Research Interdisciplinary Perspectives*, 6 (2020), Article 100133。

(27) プロジェクトがもたらす腐敗と社会的害悪に、近世イングランドの人々はどのように向き合ったのだろうか。サースクが扱わなかったこの「資本主義のてなずけ」という問題に注目して近世イングランドを見直したのが、現在邦訳を準備中の拙著、Yamamoto, *Taming Capitalism before its Triumph* である。

(28) サースク以前の多くの男性研究者は、日用品の社会経済史を瑣末なテーマとみなしがちだった。これをふまえるならば、本作は、ジェンダー・バランスを欠いた学問環境で見落とされてきた視点から大きな物語を描きなおす「問題提起の書」として読むこともできるだろう。経済史におけるジェンダー・バイアスについては以下を参照。Jane Whittle, 'A Critique of Approaches to "Domestic Work": Women, Work and the Pre-Industrial Economy', *Past & Present*, 243 (2019), 35-70; 浅田進史、榎一江、竹田泉編著『グローバル経済史にジェンダー視点を接続する』(日本経済評論社、二〇二〇年)。

ワ　行

ヤ　行

ラ　行

マ　行

ハ 行

ナ　行

タ　行

サ　行

カ　行

索　　引

ア　　行

本書は一九八四年に東京大学出版会より刊行された『消費社会の誕生——近世イギリスの新企業』を、改題の上、文庫化したものである。

日本社会再考　網野善彦

歴史の虚像の数々を根底から覆してきた網野史学。漁業から交易まで多彩な活躍を繰り広げた海民に光をあて、知られざる日本像を鮮烈に甦らせた名著。

図説　和菓子の歴史　青木直己

饅頭、羊羹、金平糖にカステラ、その時々の外国文化の影響を受けながら多種多様に発展した和菓子。その歴史を多数の図版とともに平易に解説。

今昔東海道独案内　東篇　今井金吾

いにしえから庶民が辿ってきた幹線道路・東海道。日本人の歴史を、著者が自分の足で辿りなおした名著。東篇は日本橋より浜松まで。（今尾恵介）

物語による日本の歴史　石母田正／武者小路穣

古事記から平家物語まで代表的古典文学を通して、国生みからはじまる日本の歴史を子ども向けにやさしく語り直す。網野善彦編集の名著。（中沢新一）

増補　学校と工場　猪木武徳

経済発展に必要とされる知識と技能は、どこで、どのように修得されたのか。学校、会社、軍隊など、人的資源の形成と配分のシステムを探る日本近代史。

居酒屋の誕生　飯野亮一

寛延年間の江戸に誕生しすぐに大発展を遂げた居酒屋。しかしなぜ他の都市ではなく江戸だったのか。一次資料を丹念にひもとき、その誕生の謎にせまる。

すし　天ぷら　蕎麦　うなぎ　飯野亮一

二八蕎麦の二八とは？　握りずしの元祖は？　なぜうなぎに山椒？　膨大な一次史料を渉猟しそんな疑問を徹底解明。これを読まずに食文化は語れない！

天丼　かつ丼　牛丼　うな丼　親子丼　飯野亮一

身分制の廃止で作ることが可能になった親子丼、関東大震災が広めた牛丼等々、どんぶり物二百年の歴史をさかのぼり、驚きの誕生ドラマをひもとく！

増補　アジア主義を問いなおす　井上寿一

侵略を正当化するレトリックか、それとも真の共存共栄をめざした理想か。アジア主義を外交史的観点から再考し、その今日的意義を問う。増補決定版。

土方歳三日記(上)　菊地明編著
幕末を疾走したその生涯を、綿密な考証で明らかに。上巻は元治元年まで。新選組結成、芹沢鴨斬殺、池田屋事件……時代はいよいよ風雲急を告げる。

土方歳三日記(下)　菊地明編著
鳥羽伏見の戦に敗れ東走する新選組。近藤亡き後、敗軍の将・土方は会津、そして北海道へ。下巻は慶応元年から明治二年、函館で戦死するまでを追う。

独立自尊　北岡伸一
国家の発展に必要なものとは何か——。福沢諭吉は生涯をかけてこの課題に挑んだ。今こそ振り返るべき思想を明らかにした画期的福沢伝。（細谷雄一）

賤民とは何か　喜田貞吉
非人、河原者、乞胸、奴婢、声聞師……。差別と被差別の根源的構造を歴史的に考察する賤民研究の決定版。『賤民概説』他六篇収録。（塩見鮮一郎）

増補 絵画史料で歴史を読む　黒田日出男
歴史学は文献研究だけではない。絵巻・曼荼羅・肖像画など過去の絵画を史料として読み解き、斬新な手法で日本史を掘り下げた一冊。（三浦篤）

滞日十年(上)　ジョセフ・C・グルー　石川欣一訳
日米開戦にいたるまでの激動の十年、どのような外交交渉が行われたのか。駐日アメリカ大使による貴重な記録。上巻は1932年から1939年まで。

滞日十年(下)　ジョセフ・C・グルー　石川欣一訳
知日派の駐日大使グルーは日米開戦の回避に奔走。下巻は、ついに日米が戦端を開き、1942年、戦時交換船で帰国するまでの迫真の記録。（保阪正康）

東京裁判 幻の弁護側資料　小堀桂一郎編
我々は東京裁判の真実を知っているのか？　準備されたものの未提出に終わった膨大な裁判資料から18篇を精選。緻密な解説とともに裁判の虚構に迫る。

一揆の原理　呉座勇一
虐げられた民衆たちの決死の抵抗として語られてきた一揆。だがそれは戦後歴史学が生んだ幻想にすぎない。これまでの通俗的理解を覆す痛快な一揆論！

甲陽軍鑑　佐藤正英校訂・訳

武田信玄と甲州武士団の思想と行動の集大成。大部から、山本勘助の物語や川中島の合戦など、その白眉を収録。新校訂の原文に現代語訳を付す。

機関銃下の首相官邸　迫水久常

二・二六事件では叛乱軍を欺いて岡田首相を救出し、終戦時には鈴木首相を支えた著者が明かす、天皇・軍部・内閣をめぐる迫真の秘話記録。（井上寿一）

増補　八月十五日の神話　佐藤卓己

ポツダム宣言を受諾した「八月十四日」や降伏文書に調印した「九月二日」でなく、「終戦」はなぜ「八月十五日」なのか。「戦後」の起点の謎を解く。

考古学と古代史のあいだ　白石太一郎

巨大古墳、倭国、卑弥呼。多くの謎につつまれた日本の古代。考古学と古代史学の交差する視点からその謎を解明するスリリングな論考。（森下章司）

江戸はこうして造られた　鈴木理生

家康江戸入り後の百年間は謎に包まれている。海岸部へ進出し、河川や自然地形をたくみに生かした都市の草創期を復原する。（野口武彦）

増補　革命的な、あまりに革命的な　絓（すが）秀実

「一九六八年の革命は「勝利」し続けている」とは何を意味するのか。ニューレフトの諸潮流を丹念に跡づけた批評家の主著、増補文庫化！（王寺賢太）

考古学はどんな学問か　鈴木公雄

物的証拠から過去の行為を復元する考古学は時に歴史的通説をも覆す。犯罪捜査さながらにスリリングな学問の魅力を味わう最高の入門書。（櫻井準也）

戦国の城を歩く　千田嘉博

室町時代の館から戦国の山城へ、そして信長の安土城へ。城跡を歩いて、その形の変化を読み、新しい中世の歴史像に迫る。（小島道裕）

性愛の日本中世　田中貴子

稚児を愛した僧侶、「愛法」を求めて稲荷山にもうでる貴族の姫君。中世の性愛信仰・説話を介して、日本のエロスの歴史を覗く。（川村邦光）

琉球の時代　高良倉吉

いまだ多くの謎に包まれた古琉球王国。成立の秘密や、壮大な交易ルートにより花開いた独特の文化を探り、悲劇と栄光の歴史ドラマに迫る。（与那原恵）

博徒の幕末維新　高橋敏

黒船来航の動乱期、アウトローたちが歴史の表舞台に躍り出てくる。虚実を腑分けし、稗史を歴史の中に位置付けなおした記念碑的労作。（鹿島茂）

朝鮮銀行　多田井喜生

植民地政策のもと設立された朝鮮銀行。その銀行券等の発行により、日本は内地経済破綻を防ぎつつ軍費調達ができた。隠れた実態を描く。（板谷敏彦）

近代日本とアジア　坂野潤治

近代日本外交は、脱亜論とアジア主義の対立構図により描かれてきた。そうした理解が虚像であることを精緻な史料読解で暴いた記念碑的論考。（苅部直）

増補　モスクが語るイスラム史　羽田正

モスクの変容――そこには宗教、政治、経済、美術、人々の生活をはじめ、イスラム世界の全歴史が刻み込まれている。その軌跡を色鮮やかに描き出す。

日本大空襲　原田良次

帝都防衛を担った兵士がひそかに綴った日記。各地の空爆被害、斃れゆく戦友への思い、そして国への疑念……空襲の実像を示す第一級資料。（吉田裕）

陸軍将校の教育社会史（上）　広田照幸

戦時体制を支えた精神構造は、「滅私奉公」ではなく「活私奉公」だった。第19回サントリー学芸賞を受賞した歴史社会学の金字塔、待望の文庫化！

陸軍将校の教育社会史（下）　広田照幸

陸軍将校とは、いったいいかなる人びとだったのか。前提とされていた「内面化」の図式を覆し、「教育社会史」という研究領域を切り拓いた傑作。

餓死（うえじに）した英霊たち　藤原彰

第二次大戦で死没した日本兵の大半は飢餓や栄養失調によるものだった。彼らのあまりに悲惨な最期を詳述し、その責任を問う告発の書。（一ノ瀬俊也）

城と隠物の戦国誌　藤木久志

村に戦争がくる！　そのとき村人たちはどのような対策をとっていたか。命と財産を守るため知恵を結集した戦国時代のサバイバル術に迫る。（千田嘉博）

裏社会の日本史　フィリップ・ポンス　安永愛訳

中世における賤民から現代社会の経済的弱者まで、また江戸の博徒や義賊から近代以降のやくざまで——フランス知識人が描いた貧困と犯罪の裏日本史。

古代の朱　松田壽男

古代の赤色顔料、丹砂。地名から産地を探ると同時に古代史が浮き彫りにされる。標題論考に、「即身佛の秘密」、自叙伝「学問と私」を併録。

横井小楠　松浦玲

欧米近代の外圧に対して、儒学的理想である仁政を基に、内外の政治的状況を考察し、政策を立案し遂行しようとした幕末最大の思想家を描いた名著。

古代の鉄と神々　真弓常忠

弥生時代の稲作にはすでに鉄が使われていた！　原型を遺さないその鉄文化の痕跡を神話・祭祀に求め、古代史の謎を解き明かす。（上垣外憲一）

増補 海洋国家日本の戦後史　宮城大蔵

戦後アジアの巨大な変貌の背後には、開発と経済成長という日本の「非政治」的な戦略があった。海域アジアの戦後史に果たした日本の軌跡をたどる。

日本の外交　添谷芳秀

憲法九条と日米安保条約に根差した戦後外交。それがもたらした国家像の決定的な分裂をどう乗り越えるか。戦後史を読みなおし、その実像と展望を示す。

世界史のなかの戦国日本　村井章介

世界史の文脈の中で日本列島を眺めてみるとそこには意外な発見が！　戦国時代の日本はそうとうにグローバルだった！（橋本雄）

増補 中世日本の内と外　村井章介

国家間の争いなんておかまいなし。中世の東アジア人は海を自由に行き交い生計を立てていた。私たちの「内と外」の認識を歴史からたどる。（榎本渉）

1492 西欧文明の世界支配　ジャック・アタリ　斎藤広信 訳

1492年コロンブスが新大陸を発見したことで、アメリカをはじめ中国・イスラム等の独自文明は抹殺された。現代世界の来歴を解き明かす一冊。

憲法で読むアメリカ史(全)　阿川尚之

建国から南北戦争、大恐慌と二度の大戦をへて現代まで。アメリカの歴史は常に憲法を通じ形づくられてきた。この国の底力の源泉へと迫る壮大な通史！

専制国家史論　足立啓二

封建的な共同団体性を欠いた専制国家・中国。歴史的にこの国はいかなる展開を遂げてきたのか。中国の特質と世界の行方を縦横に考察した比類なき論考。

暗殺者教国　岩村忍

政治外交手段として暗殺をくり返したニザリ・イスマイリ教国。広大な領土を支配したこの国の奇怪な活動を支えた教義とは？　（鈴木規夫）

増補 魔女と聖女　池上俊一

魔女狩りの嵐が吹き荒れた中近世、美徳と超自然的力により崇められる聖女も急増する。女性嫌悪と礼賛の熱狂へ人々を駆りたてたものの正体に迫る。

ムッソリーニ　ロマノ・ヴルピッタ

統一国家となって以来、イタリア人が経験した激動の歴史。その象徴ともいうべき指導者の実像とは。既成のイメージを刷新する画期的ムッソリーニ伝。

資本主義と奴隷制　エリック・ウィリアムズ　中山毅 訳

産業革命は勤勉と禁欲と合理主義の精神などではなく、黒人奴隷の血と汗がもたらしたことを告発した歴史的名著。待望の文庫化。　（川北稔）

中華人民共和国史十五講　王丹　加藤敬事 訳

八九年天安門事件の学生リーダー王丹。逮捕・収監後、亡命先で母国の歴史を学び直し、敗者たちの透徹した認識を復元する、鎮魂の共和国六〇年史。

増補 中国「反日」の源流　岡本隆司

「愛国」が「反日」と結びつく中国。この心情は何に由来するのか。近代史の大家が20世紀の日中関係を解き、中国の論理を描き切る。　（五百旗頭薫）

世界システム論講義　川北稔

近代の世界史を有機的な展開過程として捉える見方、それが〈世界システム論〉にほかならない。第一人者が豊富なトピックとともにこの理論を解説する。

インド文化入門　辛島昇

異なる宗教・言語・文化が多様なまま統一された稀有な国インド。なぜ多様性は排除されなかったのか。共存の思想をインドの歴史に学ぶ。（竹中千春）

中国の歴史　岸本美緒

中国とは何か。独特の道筋をたどった中国社会の変遷を、東アジアとの関係に留意して解説。初期王朝から現代に至る通史を簡明かつダイナミックに描く。

大都会の誕生　喜安朗／川北稔

都市型の生活様式は、歴史的にどのように形成されてきたのか。この魅力的な問いに、碩学がふたつの都市の豊富な事例をふまえて重層的に描写する。

共産主義黒書〈ソ連篇〉　ステファヌ・クルトワ／ニコラ・ヴェルト　外川継男訳

史上初の共産主義国家〈ソ連〉は、大量殺人・テロル・強制収容所を統治形態にまで高めた。レーニン以来行われてきた犯罪を赤裸々に暴いた衝撃の書。

共産主義黒書〈アジア篇〉　ステファヌ・クルトワ／ジャン＝ルイ・マルゴラン　高橋武智訳

アジアの共産主義国家は抑圧政策においてソ連以上の悲惨を生んだ。中国、北朝鮮、カンボジアなどでの実態は我々に歴史の重さを突き付けてやまない。

ヨーロッパの帝国主義　アルフレッド・W・クロスビー　佐々木昭夫訳

15世紀末の新大陸発見以降、ヨーロッパ人はなぜ次々と植民地を獲得できたのか。病気や動植物に着目して帝国主義の謎を解き明かす。（川北稔）

民のモラル　近藤和彦

統治者といえど時代の約束事に従わざるをえなかった18世紀イギリス。新聞記事や裁判記録、ホーガースの風刺画などから騒擾と制裁の歴史をひもとく。

台湾総督府　黄昭堂

清朝中国から台湾を割譲させた日本は、新たな統治機関として台北に台湾総督府を組織した。抵抗と抑圧と建設。植民地統治の実態を追う。（檜山幸夫）

増補 大衆宣伝の神話　佐藤卓己

祝祭、漫画、シンボル、デモなど政治の視覚化は大衆の感情をどのように動員したか。ヒトラーが学んだプロパガンダを読み解く「メディア史」の出発点。

ユダヤ人の起源　シュロモー・サンド　高橋武智監訳　佐々木康之／木村高子訳

〈ユダヤ人〉はいかなる経緯をもって成立したのか。歴史記述の精緻な検証によって実像に迫り、そのアイデンティティを根本から問う画期的試論。

中国史談集　澤田瑞穂

皇帝、彫青、男色、刑罰、宗教結社など中国裏面史を彩った人物や事件を中国文学の碩学が独自の視点で解き明かす。怪力乱「神」をあえて語る！（堀誠）

ヨーロッパとイスラーム世界　R・W・サザン　鈴木利章訳

〈無知〉から〈洞察〉へ。キリスト教文明とイスラーム文明との関係を西洋中世にまで遡って考察し、読者に歴史的見通しを与える名講義。（山本芳久）

図説 探検地図の歴史　R・A・スケルトン　増田義郎／信岡奈生訳

世界はいかに〈発見〉されていったか。人類の知が全地球を覆っていく地理的発見の歴史を、時代ごとの地図に沿って描き出す。貴重図版二〇〇点以上。

同時代史　タキトゥス　國原吉之助訳

古代ローマの暴帝ネロ自殺のあと内乱が勃発。絡みあう人間ドラマ、陰謀、凄まじい政争を、臨場感あふれる鮮やかな描写で展開した大古典。（本村凌二）

明の太祖 朱元璋　檀上寛

貧農から皇帝に上り詰め、巨大な専制国家の樹立に成功した朱元璋。十四世紀の中国の社会状況を読み解きながら、元璋を皇帝に導いたカギを探る。

歴史（上・下）　トゥキュディデス　小西晴雄訳

野望、虚栄、裏切り――古代ギリシアを殺戮の嵐に陥れたペロポネソス戦争とは何だったのか。その全貌を克明に記した、人類最古の本格的「歴史書」。

日本陸軍と中国　戸部良一

中国スペシャリストとして活躍し、日中提携を夢見た男たち。なぜ彼らが、泥沼の戦争へと日本を導くことになったのか。真相を追う。（五百旗頭真）

カニバリズム論　中野美代子

根源的タブーの人肉嗜食や纏足、宦官……。目を背けたくなるものを冷静に論ずることで逆説的に人間の真実に迫る血の滴る異色の人間史。（山田仁史）

帝国の陰謀　蓮實重彦

一組の義兄弟による陰謀から生まれたフランス第二帝政。「私生児」の義弟が遺した二つのテクストを読解し、近代的現象の本質に迫る。（入江哲朗）

交易の世界史（上）　ウィリアム・バーンスタイン　鬼澤忍訳

絹、スパイス、砂糖……。新奇なもの、希少なものへの欲望が世界を動かし、文明の興亡を左右してきた。数千年にもわたる交易の歴史を一望する試み。

交易の世界史（下）　ウィリアム・バーンスタイン　鬼澤忍訳

交易は人類そのものを映し出す鏡である。圧倒的な繁栄をもたらし、同時に数多の軋轢と衝突を引き起こしてきたその歴史を圧巻のスケールで描き出す。

フランス革命の政治文化　リン・ハント　松浦義弘訳

フランス革命固有の成果は、レトリックやシンボルによる政治言語と文化の創造であった。政治文化とそれを生み出した人々の社会的出自を考察する。

戦争の起源　アーサー・フェリル　鈴木主税／石原正毅訳

人類誕生とともに戦争は始まった。先史時代からアレクサンドロス大王までの壮大なるその歴史をダイナミックに描く。地図・図版多数。（森谷公俊）

近代ヨーロッパ史　福井憲彦

ヨーロッパの近代は、その後の世界を決定づけた。現代をさまざまな面で規定しているヨーロッパ近代の歴史と意味を、平明かつ総合的に考える。

イタリア・ルネサンスの文化（上）　ヤーコプ・ブルクハルト　新井靖一訳

中央集権化がすすみ緻密に構成されていく国家あってこそ、イタリア・ルネサンスは可能となった。ブルクハルト若き日の着想に発した畢生の大著。

イタリア・ルネサンスの文化（下）　ヤーコプ・ブルクハルト　新井靖一訳

緊張の続く国家間情勢の下にあって、類稀な文化と個性的な人物達は生みだされた。近代的な社会に向かう時代の、人間の生活文化様式を描ききる。

はじめてわかる ルネサンス
ジェリー・ブロトン　高山芳樹訳
ルネサンスは芸術だけじゃない！ 東洋との出会い、科学と哲学、宗教改革など、さまざまな角度から光をあてて真のルネサンス像に迫る入門書。

増補 普通の人びと
クリストファー・R・ブラウニング　谷喬夫訳
ごく平凡な市民が無抵抗なユダヤ人を並べ立たせ、ひたすら銃殺する——なぜ彼らは八万人もの大虐殺に荷担したのか。その実態と心理に迫る戦慄の書。

叙任権闘争
オーギュスタン・フリシュ　野口洋二訳
十一世紀から十二世紀にかけ、西欧では聖職者の任命をめぐり教俗両権の間に巨大な争いが起きた。この出来事を広い視野から捉えた中世史の基本文献。

大航海時代
ボイス・ペンローズ　荒尾克己訳
人類がはじめて世界の全体像を識っていく大航海時代。その二百年の膨大な史料を、一般読者むけに俯瞰図としてまとめ上げた決定版通史。（伊高浩昭）

20世紀の歴史（上）
エリック・ホブズボーム　大井由紀訳
第一次世界大戦の勃発が20世紀の始まりとなった。この「短い世紀」の諸相を英国を代表する歴史家が渾身の力で描く。全二巻、文庫オリジナル新訳。

20世紀の歴史（下）
エリック・ホブズボーム　大井由紀訳
一九七〇年代を過ぎ、世界に再び危機が訪れる。不確実性がいやますなか、ソ連崩壊が20世紀の終焉を印した。歴史家の考察は我々に何を伝えるのか。

アラブが見た十字軍
アミン・マアルーフ　牟田口義郎／新川雅子訳
十字軍とはアラブにとって何だったのか？ 豊富な史料を渉猟し、激動の12、13世紀をあざやかに、しかも手際よくまとめた反十字軍史。

バクトリア王国の興亡
前田耕作
ゾロアスター教が生まれ、のちにヘレニズムが開花したバクトリア。様々な民族・宗教が交わるこの地に栄えた王国の歴史を描く唯一無二の概説書。

ディスコルシ
ニッコロ・マキァヴェッリ　永井三明訳
ローマ帝国はなぜあれほどまでに繁栄しえたのか。その鍵は〝ヴィルトゥ〟。パワー・ポリティクスの教祖が、したたかに歴史を解読する。

戦争の技術　ニッコロ・マキァヴェッリ　服部文彦訳

出版されるや否や各国語に翻訳された最強にして安全な軍隊の作り方。この理念により創設された新生フィレンツェ軍は一五〇九年、ピサを奪回する。

マクニール世界史講義　ウィリアム・H・マクニール　北川知子訳

ベストセラー『世界史』の著者が人類の歴史を読み解くための三つの視点を易しく語る白熱の入門講義。本物の歴史感覚を学べます。文庫オリジナル。

古代ローマ旅行ガイド　フィリップ・マティザック　安原和見訳

タイムスリップして古代ローマを訪れるなら？　そんな想定で作られた前代未聞のトラベル・ガイド。必見の名所・娯楽ほか情報満載。カラー頁多数。

古代アテネ旅行ガイド　フィリップ・マティザック　安原和見訳

古代ギリシャに旅行できるなら何を観て何を食べる？　そうだソクラテスにも会ってみよう！　神殿等の名所・娯楽ほか現地情報満載。カラー図版多数。

古代ローマ帝国軍非公式マニュアル　フィリップ・マティザック　安原和見訳

帝国は諸君を必要としている！　ローマ軍兵士として必要な武器、戦闘訓練、敵の攻略法等々、超実践的な詳細ガイド。血沸き肉躍るカラー図版多数。

世界市場の形成　松井透

世界システム論のウォーラーステイン、グローバルヒストリーのポメランツに先んじて、各世界が接続される過程を描いた歴史的名著を文庫化。（秋田茂）

甘さと権力　シドニー・W・ミンツ　川北稔／和田光弘訳

砂糖は産業革命の原動力となり、その甘さは人々のアイデンティティや社会構造をも変えていった。モノから見る世界史の名著をついに文庫化。（川北稔）

オリンピア　村川堅太郎

古代ギリシア世界最大の競技祭とはいかなるものであったのか。遺跡の概要から競技精神の盛衰まで、綿密な考証と卓抜な筆致で迫った名著。（橋場弦）

アレクサンドロスとオリュンピアス　森谷公俊

彼女は怪しい密儀に没頭し、残忍に邪魔者を殺す悪女なのか、息子を陰で支え続けた賢母なのか。大王母の激動の生涯を追う。（澤田典子）

ちくま学芸文庫

消費社会の誕生
近世イギリスの新規プロジェクト

二〇二一年八月十日　第一刷発行

著者　ジョオン・サースク
訳者　三好洋子（みよし・ようこ）
発行者　喜入冬子
発行所　株式会社　筑摩書房
東京都台東区蔵前二―五―三　〒一一一―八七五五
電話番号　〇三―五六八七―二六〇一（代表）
装幀者　安野光雅
印刷所　株式会社精興社
製本所　株式会社積信堂

ISBN978-4-480-51065-5　C0122